예영세계선교신서 ⑲

현대선교신학

예영세계선교신서 ⑲

현대선교신학

저자 안승오

현대선교신학

펴낸 날 · 2010년 12월 10일 | **초판 1쇄 찍은 날** · 2010년 12월 15일
지은이 · 안승오 | **펴낸이** · 김승태
등록번호 · 제2-1349호(1992. 3. 31) | **펴낸 곳** · 예영커뮤니케이션
주소 · (136-825) 서울시 성북구 성북1동 179-56 | **홈페이지** www.jeyoung.com
출판사업부 · T. (02)766-8931 F. (02)766-8934 e-mail: edit1@jeyoung.com
출판유통사업부 · T. (02)766-7912 F. (02)766-8934 e-mail: sales@jeyoung.com

copyright ⓒ 2010. 안승오
ISBN 978-89-8350-742-6 (04230)
　　　978-89-8350-542-2 (세트)

값 12,000원

선교는 신학적인 이해 위에서 행해지는 활동이며, 그런 점에서 어떤 신학적 이해를 갖는가 하는 것은 선교의 방향을 결정하는 데 근본적인 역할을 한다. 전통적으로 선교는 "그리스도만이 구원의 유일한 길"이라는 그리스도 이해와, "이 구원의 소식을 전하는 유일한 기관은 교회"라는 교회 이해와, "인간은 전적으로 타락한 죄인이므로 그리스도를 통한 구원이 아니고는 멸망할 수밖에 없는 존재"라는 인간 이해와, "주님의 재림은 언제 임할지 알 수 없으므로 하루라도 속히 땅 끝까지 이 복음을 전해야 한다."라는 종말 이해 위에서 행해져 왔다. 최근 들어 이러한 전통적인 이해에 근거한 선교 신학은 여러 가지 많은 비판에 직면하고 있지만 역사적으로 기독교의 근대적 선교가 시작된 이후 불과 200여 년 정도의 길지 않은 시간에 기독교 교회가 전 세계 거의 모든 지역에 세워질 수 있었던 것은 이상과 같은 전통적인 신학에 근거한 헌신적인 선교 활동이 있었기에 가능한 것이었다는 것은 부인하기 어려운 사실이다.

그런데 2차 세계 대전 이후 전통적인 서구 선교에 대한 깊은 반성 가운데서 전통적인 선교를 가능케 했던 신학적 기반은 점차 많은 도전에 직면하게 되었다. 물론 여전히 대부분의 복음주의 진영은 전통적인 신학 기반 위에서 선교를 실천하고 있지만, 에큐메니칼(Ecumenical) 진영을 중심으로 한 다른 진영은 전통적인 신학 이해와는 다른 신학적 기반을 가지고 다른 방향의 선교를 추구하고 있다. 그 결과 전통적인 진영과 에큐메니칼 진영의 신학과 선교 이해는 상당히 다른 관심과 방향을 향해 나아가고 있다. 물론 최근 들어 두 진영이 서로 많이 양보를 하고 가까워지려는 노력을 하는 모습을 보이는 경우도 있지만 여전히 두 진영 사이에는 근본적으로 다른 시각과 관심이 존재하며, 이러한 것이 양 진영의 선교의 성격과 방향을 다르게 하고 있다.

이 책은 에큐메니칼 신학이 어떤 이론적 영향을 받아서 새로운 변화를 추구하게 되었는지, 이러한 영향 가운데 태어난 에큐메니칼 신학은 전통적인 선교 신학에 비하여 어떤 특징적인 경향들을 지니는지, 그리고 그 신학이 선교에 미치는 영향은 어떤 것인지를 분석하여 바람직한 선교의 방향을 추구하는 데 그 주된 목적을 두고 있다.

에큐메니칼 진영은 에큐메니칼 신학이 전통적인 선교 신학의 핵심을 포함하고 전통적인 선교의 문제점을 해결하므로 에큐메니칼 신학이 전통적인 신학을 대체할 수 있는 대안이 될 수 있을 것으로 생각하는 경향이 있다. 그러나 전통적인 신학에 제한점이 있듯이 에큐메니칼 신학 역시 많은 약점을 지니고 있다고 생각된다. 마치 무겁고 투박하고 만들기 어려운 전통적인 토기 그릇에 이어 가볍고 편리하고 만들기 용이한 플라스틱 그릇이 나왔지만 여전히 그런 그릇들 역시 편리한 점과 함께 상당한 약점도 지니고 있고, 그러기에 플라스틱 그릇이 전통적인 토기 그릇을 완전히 대체할 수 없는 것처럼 에큐메니칼 신학 역시 많은 기여점에도 불구하고 상당한 한계점을 지니고 있으므로 이런 점을 잘 보완할 필요가 있다고 여겨진다. 따라서 에큐메니칼 신학이 제시하는 신학을 무조건 거부하거나 무비판적으로 수용하기보다는 그 신학이 어떤 배경에서 탄생하여 어떤 특징을 지니게 되었는지 그리고 그러한 신학이 가지고 있는 기여점과 한계점 등을 잘 파악하는 것은 선교를 수행하는 데 있어서 매우 중요한 작업이 될 것이다.

이 책은 조직 신학의 주요 범주를 따라서 에큐메니칼 신학을 분석하여 보았다. 즉 '신 이해', '그리스도 이해', '성령 이해', '인간 이해', '구원 이해', '교회 이해', '종말 이해' 등으로 나누어서 에큐메니칼 신학이 어떤 이해를 지니고 있는지를 분석하여 보았다. 그런데 에큐메니칼 진영에서 나온 문서들이 이런 이해들을 구체적으로 정리하여 제시하는 것이 아니기 때문에 이런 분석을 한다는 것은 다소 주관적이고 제한적인 작업이 될 소지가 있다는 점을 미리 언급하고자 한다. 그러나 에큐메니칼 진영의 문서들을 자세히 살펴보면 거기에는 전통적인 신학 이해와 구별되는 분명한 경향이 발견된다. 여기에서 특별히 '경향'이란 용어를 자주 사용하였는데, 그것은 에큐메니칼 신학을 결정적으로 단정짓기보다는 전통적인 신학과 대조되는 어떤 특징적인 경향들을 기술한다는 이유에서이다.

이 책은 에큐메니칼 신학의 특징적인 경향과 그것이 선교에 미치는 영향을 파악하고자 하는 기본적인 방향을 가지고 오랜 시간 동안 여러 곳에 기고한 글들을 모으고 약간씩 손질하여 만들었다.[1] 처

1) 본서에 수록된 글들의 출처는 다음과 같다. 제1장 "신 이해 : 선교의 근원이 되

음 글을 기고할 때부터 선교에 관심이 있는 분은 누구나 쉽게 에큐메
니칼 선교의 신학적 기반과 방향이 어떤 것인지를 잘 이해할 수 있도
록 돕고자 하는 의도를 가지고 글을 써 왔다. 이런 점에서 이 책은 다
음과 같은 점에서 독자들에게 도움을 줄 수 있으리라고 생각한다.

첫째, 이 책은 에큐메니칼 신학을 신학의 가장 중심적인 뼈대인
신 이해, 기독 이해, 성령 이해, 인간 이해, 구원 이해, 교회 이해,
종말 이해의 틀로 나누어서 분석하였기 때문에 에큐메니칼 신학의
심층기저를 볼 수 있는 눈을 열어 줄 수 있을 것이다. 에큐메니칼 진
영에서 나온 문서들을 표면적으로만 보면 그 신학이 전통적인 선교
신학과 어떤 차이를 지니는지 쉽게 이해하기가 어렵다. 그러나 이 책
은 에큐메니칼 신학의 가장 깊은 뿌리 부분에 놓여 있는 핵심 신학
을 분석하였기 때문에 누구든지 이 책을 보면 에큐메니칼 신학의 출
발과 현재 그리고 미래를 파악할 수 있을 것이다.

둘째, 이 책을 읽으면서 독자들은 에큐메니칼 신학이 지니고 있는
장단점을 객관적으로 볼 수 있는 시각을 얻게 될 것이다. 대부분의 경
우 에큐메니칼 신학에 대하여 좋은 점만을 강조하든지 아니면 문제점
만을 지적하는 경향이 있다. 그러나 이 책은 에큐메니칼 신학이 지니
고 있는 기여점과 문제점을 최대한 객관적으로 공정하게 분석하고자

시는 하나님은 어떤 분이신가?"는 "에큐메니칼 신 이해와 선교"(선교신학 22집,
2009년), 제2장 "기독 이해 : 선교의 모델이신 그리스도는 어떤 분이신가?"는
Ecumenical Understanding of Christ and Its Impact on Mission" (*Jour-
nal of Asian and Asian American Theology*, X, 2010), 제3장 "성령 이해: 선
교를 가능케 하시는 성령은 어떤 분이신가?"는 "에큐메니칼 성령 이해"(신학과 목
회 29집, 2008), 제4장 "인간 이해: 선교의 대상인 인간은 어떤 존재인가?"는 "에
큐메니칼 선교 신학에 나타난 인간 이해와 선교"(신학과 목회 31집, 2009), 제5장
"구원 이해: 선교는 어떤 구원을 전해야 하는가?"는 "세계교회협의회에 나타난 구
원 이해"(신학과 목회 27집, 2007), 제6장, "교회 이해: 선교에 있어서 교회는 어
떤 위치에 있는가?"는 "세계교회 협의회에 나타난 교회 이해"(선교와 신학 17집,
2008), 제7장 "종말 이해: 선교가 지향하는 마지막은 어떤 때인가?"는 "에큐메니칼
종말 이해와 선교"(신학과 목회 33집, 2010)로 수록되었음을 밝혀 둔다.

노력하였으므로, 이 책을 읽으면서 독자들은 에큐메니칼 신학의 핵심 분야들에 대한 객관적인 시각들을 얻을 수 있을 것이다.

셋째, 독자들은 이 책을 통하여 현대 신학의 흐름을 볼 수 있는 눈도 얻을 수 있을 것이다. 세계교회협의회(World Council of Churches)는 세계 주요 교회들의 모임이며 이 모임에서는 세계 교회의 대표적인 신학자들과 목회자들이 모여서 많은 신학적인 고민과 토론을 나눈다. 이러한 노력의 결과물로 생겨나는 에큐메니칼 신학은 최근의 신학을 대표하는 가장 대표적인 신학이라고 말해도 과언이 아닐 것이다. 따라서 에큐메니칼 신학을 파악하는 것은 곧 현대 신학을 이해하는 데도 아주 큰 도움이 된다. 특별히 이 책은 전통적인 신학과 대비되는 에큐메니칼 신학의 특징들을 핵심 주제별로 일목요연하게 정리하였으므로 신학의 길에 들어선 신학생들이나 현장 사역을 담당하는 목회자들과 선교사들이 현대 신학의 흐름을 이해하는 데 많은 도움이 되리라 믿는다.

마지막으로, 이 책은 에큐메니칼 신학이 지니고 있는 기여점과 한계점을 분석하여 제시함으로써 기독교가 추구해야 할 바람직한 신학과 선교의 방향에 대한 기본적인 방안을 제시하였다. 따라서 이 책을 읽으면서 독자들은 현대 선교가 어떤 신학적 기반을 추구해야 하며, 그러한 기반 위에서 어떤 방향의 선교를 추구해야 할 것인가에 대한 전반적인 지혜를 얻을 수 있을 것이다. 아무쪼록 이 책이 나오기까지 많은 도움을 주신 모든 분들께 감사를 드리며 이 책이 한국 교회와 세계 선교의 발전에 미약하나마 보탬이 되기를 바란다.

2010년 10월 영남신학대학교 선지동산에서

안승오

❧ 목차 ❧

1장

신 이해 :

선교의 근원이 되시는 하나님은 어떤 분이신가?

신학은 본래 신(deos)에 관한 이론(logia) 즉 신론을 뜻하므로 신학에 있어서 가장 핵심적인 중점은 바로 신 이해라 할 수 있다. 신 이해가 이토록 중요하기 때문에 '기독교가 신앙하고 있는 하나님이 어떤 분이신가'에 대한 이해는 기독교의 신앙 내용과 기독교의 미래를 결정하는 데 결정적인 영향을 미친다. 이런 이유 때문에 신학은 언제나 신 이해에 관한 문제들을 많이 다루어 왔고 최근에 일어나고 있는 신학적 토의들 역시 신에 관한 논의들이 많다.

이와 같이 중요한 신 이해는 선교에서도 매우 중요한 주제이다. 예를 들어 기독교에서 하나님의 주된 관심이 세상을 구원하는 데 있는지 아니면 창조 세계를 유지하고 완성하는 데 있는지에 따라서 기독교 선교의 목표는 달라질 것이다. 또 기독교의 하나님이 그리스도를 통해서만 인식될 수 있고 접근가능한지 아니면 다른 수단들을 통하여서도 하나님 인식이 가능한지에 대한 이해에 따라서 기독교 선교가 전하는 내용이 달라질 것이다. 따라서 1장 에큐메니칼 신 이해에서는 다양한 신 이해의 경향들과 이러한 경향이 선교에 어떤 영향을 주는지 살펴볼 것이다.

신학은 본래 신(deos)에 관한 이론(logia), 즉 신론을 뜻하므로 신학에 있어서 가장 핵심적인 중점은 바로 신 이해라 할 수 있다. 신 이해가 이토록 중요하기 때문에 '기독교가 신앙하고 있는 하나님이 어떤 분이신가'에 대한 이해는 기독교의 신앙 내용과 기독교의 미래를 결정하는 데 결정적인 영향을 미친다. 이런 이유 때문에 신학은 언제나 신 이해에 관한 문제들을 많이 다루어 왔고 최근에 일어나고 있는 신학적 토의들 역시 신에 관한 논의들이 많다.[2] 이와 같이 중요한 신 이해는 선교에서도 매우 중요한 주제이다. 예를 들어 기독교에서 하나님의 주된 관심이 세상을 구원하는 데 있는지 아니면 창조 세계를 유지하고 완성하는 데 있는지에 따라서 기독교 선교의 목표는 달라질 것이다. 또 기독교의 하나님이 그리스도를 통해서만 인식될 수 있고 접근가능한지 아니면 다른 수단들을 통하여서도 하나님 인식이 가능한지에 대한 이해에 따라서 기독교 선교가 전하는 내용이 달라질 것이다.

　　이 장에서는 오늘날 선교에 있어서 가장 큰 영향력을 미치는 진영 중의 하나인 에큐메니칼 진영의 신학에 내포되어 있는 신 이해를 분석하면서 주요한 경향을 살펴보고 이러한 경향이 선교에 어떤 영향을 미칠 수 있는지를 파악해 보고자 한다.[3] 그리고 이러한 에큐

---

2) 근자에 들어서 중심 주제가 신에 관한 문제들을 다룬 저서들을 살펴보면 다음과 같다. 로빈슨의 『신에게 솔직히』(Honest to God), 알타이저의 『기독교 무신론의 복음』(The Gospel of Christian Atheism), 해밀톤의 『기독교의 새로운 본질』(The New Essence of Christianity), 몰트만의 『십자가에 달리신 하나님』(Der Gekrereuzigte Gott), 한스 큉의 『하나님은 존재하는가?』(Existiert Gott?) 등이 있다.

3) 에큐메니칼 신학이 신 이해를 따로 정리하고 있지 않기 때문에 에큐메니칼 신 이해를 말하는 것은 자칫 저자의 주관성이 개입될 가능성이 크다는 것을 미리 전제한다. 이 장에서는 에큐메니칼 신 이해를 주로 에큐메니칼 신학이 출현하기 이전에 기독교가 오랫동안 지녀온 전통적인 신 이해와 대조되는 측면의 경향을 정리하면서 표현하고자 한다. 이것은 에큐메니칼 신 이해 속에 전통적인 신 이해가 전혀 없다는 뜻이 아니라, 에큐메니칼 신 이해가 전통적인 이해를 내포하는 면이 있지만, 전통적인 이해와는 대조적으로 특별히 강조되는 경향을 찾아본다는 의미이다.

메니칼 신 이해가 형성되게 된 배경에 어떤 것들이 있었는지도 파악해 보고자 한다. 이러한 연구는 오늘날 바람직한 선교를 위하여 우리가 지녀야 할 신 이해의 성격이 어떤 것이어야 하는가에 대한 지혜를 조명해 줄 수 있을 것이다.

I. 에큐메니칼 신 이해의 주요 배경

1. 하나님 선교(Missio Dei)의 하나님 이해

1992년 교통사고로 타계한 남아프리카 공화국의 선교 신학자 보쉬(David Bosch)는 그의 마지막 역작 『변화하고 있는 선교』(Transforming Mission)에서 선교 신학의 중요한 패러다임의 변화로서 'Missio Dei(하나님의 선교)'가 지난 반세기를 지배하여 왔음을 밝히고 있다. 실제로 1952년 빌링엔 IMC총회(International Missionary Council) 이후 세계의 거의 모든 개신 교회들은 물론 그리스 정교회도 'Mission Dei'를 받아들였고, 이 개념은 로마 가톨릭 교회의 제2바티칸 공의회에도 중요한 영향을 끼쳤다.[4]

그렇다면 이러한 용어를 사용하게 된 배경은 무엇인가? 이것은 서구 교회가 행한 죄악에 대한 깊은 반성과 맞닿아 있다. 즉 자신들이 행하여 온 선교가 제국주의 팽창과 깊이 연루되어서 제국주의 세력과 타협하는 죄악을 범하였고, 또한 두 번에 걸친 야만적인 세계대전이 소위 기독교 국가들의 주도로 이루어졌고, 서구뿐만 아니

---

4) 데이비드 보쉬, 『변화하고 있는 선교』, 김병길, 장훈태 공역(서울: 기독교문서선교회, 2000), 578–579.

라 비서구 세계까지 말할 수 없는 피해를 주었다는 사실 또한 통렬하게 깨닫게 되었다. 이러한 문제들은 근본적으로 사람이 중심이 되고 교회가 주도세력이 되어 선교를 수행한 결과 생겨난 것이라고 분석했다. 그래서 오직 하나님만이 선교의 주체와 근원이시며, 선교하는 자는 오직 그의 속죄에 근거하여야 한다는 의미에서 '하나님의 선교' 개념이 등장하게 되었던 것이다.[5]

하나님의 선교 개념의 등장은 전통적인 선교의 한계를 극복하는 데 큰 기여를 하면서, 에큐메니칼 진영의 신 이해에 다음과 같은 큰 변화를 가져다주었다. 첫째, 하나님의 관심에 대한 새로운 이해를 갖게 되었다. 전통적인 신 이해에서는 하나님의 최대 관심이 인류 구원이라고 생각하는 데 거의 이견이 없었다. 그러나 하나님의 선교 개념에서는 하나님의 관심이 구원이 아니라 인류 세계의 샬롬이다. 전통적인 신학에서는 하나님께서 구원사의 완성을 위해 끊임없이 활동해 오신 것으로 이해되었지만, 하나님의 선교 신학에서는 인류의 세속 역사 가운데서 활동하시는 것으로 이해된다. 따라서 하나님의 활동은 구속사가 아닌 일반 역사 특히 혁명 운동, 민권 운동, 교육 개혁 운동 등과 같은 활동 가운데서 가장 뚜렷이 나타나는 것으로 보며, 이런 점에서 하나님의 선교에 동참하는 선교란 이 세상에 샬롬을 구현하기 위한 교회의 모든 활동으로 보게 되었다.[6] 하나님은 이미 온 세상을 그리스도가 완성한 구속 사업 안에서 자기와 화해시켰다고 보며, 이런 이유 때문에 복음을 비기독교인들에게 전파하는 것을 선교 활동이라고 보기보다는 이 세상에 샬롬을 이루어 가는 작업을 선교로 보는 경향이 강한 것이다.

---

5) 게오르그 F. 비체돔, 『하나님의 선교』, 박근원 역(서울: 대한기독교출판사, 1980), 130–131.
6) 데이빗 보쉬, 『변화하고 있는 선교』, 579.

둘째, 하나님은 교회를 통하여 그의 구원 역사를 이루어 오시는 분이라는 생각에서 세상의 다양한 기구들을 통하여 일을 하시는 분으로 생각이 바뀌게 되었다. '하나님의 선교' 개념에서 교회는 폐쇄된 성곽인 구원의 방주가 아니라 주님의 명령에 따라서 언제나 떠나야 하는 일시적인 장막으로서의 교회의 성격과 성육신의 연장으로서가 아니라 희생적인 사랑으로 세계와 연대하는 교회의 성격이 강하다. 과거에는 교회와 세상 사이에는 철저한 분리가 있었다. 멸망해 가는 세상으로부터 교회로 와야만 구원을 받을 수 있는 길이 있기 때문이다. 세상과 교회 사이에는 멸망과 구원이라는 엄청난 차이가 존재한다.

그러나 이제 세상에서의 샬롬의 구현이 하나님의 최대의 관심이며, 이러한 일을 위해서라면 꼭 교회가 아니어도 다양한 기구들을 통해서 하나님이 샬롬을 이루실 수 있다고 보기 때문에 이제 교회와 세계는 협력적인 동반자의 관계가 형성되는 것이다. 과거에는 오직 교회만을 통하여 구원을 받는다는 믿음 때문에 교회의 위상이 절대적이었던 반면에, 이제는 교회의 위상이 여러 다양한 기구들 중의 하나로 약화되었다. 또한 과거에는 하나님과 교회 사이에는 독점적인 관계가 있었지만, 이제는 교회와 하나님 사이의 관계가 세상과 하나님의 관계와 별다른 차이가 없어지거나 덜 중요한 관계로 인식되면서 결국 구원사에 있어서 교회의 독보적인 위치가 사라지게 되는 것이다.

2. 인간다운 삶에 관심을 두는 인간화 개념

'인간화'라는 개념은 에큐메니칼 선교 신학에 있어서 가장 핵심적인 개념 중 하나로 1968년에 열린 웁살라 세계교회협의회(WCC) 대회 때부터 본격적으로 대두된 개념이라 할 수 있다. 웁살라 대회는 인간의 참 인간성과 사회가 어느 때보다 여러 가지 파괴적인 힘에 의해 위협받고 있는 것으로 보았다. 또한 인종차별주의가 모든 인권의 의미를 앗아가고 있으며 세계 평화에 대한 절박한 위험이 되고 있고, 많은 나라에서 인종폭력이 증대되며, 또 부국과 빈국 간의 차이가 인종적 요소에 의해 더욱 커지는 것으로 보았다.[7] 이런 이유에서 웁살라는 물질적 빈곤을 해결하는 것이 영적 빈곤 못지않게 중요함을 강조했다.

그리하여 웁살라 대회는 세계 문제를 인간에 대한 문제로 이해하며, 모든 비인간화의 현상을 극복하고 인간을 인간답게 하는 것이 참된 선교의 방향이라고 보면서, 선교를 '새 인간성의 창조'라고 정의하였다. 즉 완전히 도덕적이고 윤리적인 예수 그리스도의 인간성을 닮는 것이 참된 선교라는 것이다. 그리고 선교의 현장도 복음이 전해지지 않은 곳이 아니라 아직 인간화가 되지 않고 비인간화된 곳이라고 보았다. 웁살라는 비인간화된 것을 인간화하는 모든 것을 전부 선교라고 보았다. 즉 건강과 사회봉사, 청소년을 위한 활동, 정치적 관심을 가지고 모인 집단과의 관계 안에서의 일이나 폭력을 건설적으로 사용하는 것, 인권옹호 등을 모두 선교의 범주에 포함시켰다.[8]

이와 같은 인간화의 개념이 하나님의 이해에 어떤 영향을 주었을까? 전통적인 신 이해는 신이 모든 것의 중심이었고, 신이 목적이었고, 신의 영광이 신학의 최대 관심이었다. 인간은 단지 신의 피조물

---

7) WCC, "제4차 총회: 스웨덴 웁살라(1968)", 『역대총회종합보고서』, 이형기 역(서울: 한국장로교출판사, 1993), 291.
8) 데이빗 보쉬, 『선교 신학』, 전재옥 역(서울: 두란노서원, 1985), 225.

이었고, 신의 뜻을 순종하는 것이 인간의 의무였고, 신의 영광을 위하여 사는 것이 인간의 최대 행복이었다. 즉 신이 최우선이었고 인간은 그 다음이었다. 그러나 인간화가 선교의 목표로 대두되면서 이제 신과 인간의 순서가 바뀌는 경향이 나타났다. 인간화, 즉 인간이 인간답게 사는 것이 신의 뜻이라는 것을 내세우면서 이제 신의 뜻을 순종하는 것이나 신의 영광을 드러내는 것보다 인간이 어떻게 인간답게 행복하게 살도록 만들 것인가가 신학의 주된 관심 영역으로 떠오른 것이었다. 즉, 인간화 개념의 출현과 함께 신의 위치는 인간의 행복 다음으로 낮추어질 수 있는 가능성이 대두되게 된 것이었다. 이것이 강조될 경우 자칫 신에 대한 관심 약화로 이어질 수 있는 가능성이 나타나게 된 것이다. 이와 같은 가능성을 우리는 사르트르의 글을 인용한 김균진의 다음 글에서 엿볼 수가 있다.

> 인본주의적 무신론의 견해에 의하면, 인간이 참으로 자유롭게 되고 자율적인 존재가 되기 위하여 하나님의 존재는 부인되어야 한다. 예를 들어 사르트르는 다음과 같이 말한다: "만일 하나님이 존재한다면 인간은 부자유하다." 인간은 전적으로 자유로운 존재이며 또 모든 것으로부터 자유로워야 한다. 인간의 부자유는 인간성의 상실을 뜻한다. 하나님에 대한 신앙은 하나님의 계명을 인간에게 요구함으로써 인간의 자유를 제한한다.[9]

에큐메니칼 신학이 주장하는 인간화가 위에서 말하는 인본주의와 동일한 것은 아니지만, 이것 역시 인간의 행복이 주된 관심 영역이 되면서 인본주의적 무신론과 연결될 수 있는 잠재적 가능성을

---

9) 김균진, 『기독교조직신학』(서울: 연세대학교출판부, 1984), 313.

지닌다고 볼 수 있다. 즉, 인간화를 지나치게 강조할 경우 신의 뜻이 인간의 행복에 있다는 것을 앞세워 신보다는 인간에 더 깊은 관심을 갖게 될 가능성이 존재하는 것이다. 결국 인간화 개념에 내포되어 있는 에큐메니칼 신 이해는 신을 인간의 행복을 위해 존재하는 분으로 오해할 수 있는 가능성이 있으며, 이러한 이해는 자칫 신의 뜻이라는 미명 아래 인간의 행복을 신의 뜻보다 더 우선순위에 놓을 수 있는 위험성이 존재한다고 할 수 있다.[10]

3. 신의 창조에 관심을 두는 생명신학

앞에서 에큐메니칼 진영의 주된 관심인 '하나님의 선교' 개념과 '인간화' 개념을 살펴보았는데, 에큐메니칼 진영의 또 다른 중요한 관심은 '생명살림' 개념이다. 에큐메니칼 진영의 주된 기관인 세계교회협의회는 1983년 밴쿠버 회의에서 회의의 전체 주제를 "예수 그리스도-세상의 생명"으로 잡고, '하나님의 선물인 생명', '죽음에 직면하여 죽음을 극복하는 생명', '충만한 가운데 있는 생명', '일치 속의 생명' 등에 대한 관심을 나타냈다.[11]

또한 1991년 캔버라에서는 전체 주제 "성령이여 오소서, 전 창조의 세계를 새롭게 하소서"와 제1분과의 주제 "생명의 시여자시여, 당신의 창조 세계를 지탱하소서"에서 '창조 세계의 보전' 문제를 강

---

10) 인간의 행복이 곧 신의 뜻이라는 입장을 가지고 핵심적인 교리와 요구들을 약화시키는 경향은 진보적인 교단에서 많이 나타나는 반면, 신의 뜻을 분명하게 선포하고 순종을 요구하면서 그것이 바로 참된 인간 행복의 지름길이라고 강조하는 경향은 보수적인 교단에서 많이 나타나는데, 전 세계적으로 보수적인 교단들은 왕성하게 성장하는 반면, 진보적인 교단들은 심각한 감소현상을 보이고 있다. 안승오, 『성장하는 이슬람 약화되는 기독교』(서울: CLC, 2010), 91-92.
11) 세계교회협의회, "제 6차 총회: 캐나다 밴쿠버(1983)", 『역대총회종합보고서』, 413-417.

조하였음을 볼 수 있다. 특별히 제1분과에 나오는 "창조의 신학: 우리 시대의 도전"이 주장하는 삼위일체 하나님과 예수 그리스도, 무엇보다 창조 세계 속에 현존하시는 '성령'에 대한 주장은 '창조의 신학', 나아가서는 '생명의 신학'의 신학적 근거를 제시하고 있다.[12] 특히 캔버라는 '세계적인 생태학적 위기'가 '세계적인 사회 정의의 위기' 및 '세계적인 경제 정의의 위기'와 맞물려 있는 것으로 보았다. 계속해서 1993년 산티아고의 신앙과 직제 제5차 세계대회에서도 WCC의 JPIC(Unit III, Justice, Peace, Integrity of Creation)는 '생명의 신학'(Theology of Life)에 관심을 집중하였다. 또 1998년에 열린 하라레 총회도 "하나님을 돌이키라–희망 중에 기뻐하라"라는 주제로 열렸는데, 이 대회에서 가장 큰 관심을 둔 것은 '생명의 신학'이었다. 이 대회는 '생명'을 주제로 하여 정의, 평화, 창조 세계의 문제에 접근하였으며, 이 주제를 위하여 세계 22개 지역의 사례연구를 통하여 생명의 신학을 적용하고 검토하는 방식으로 진행되었다.[13]

에큐메니칼의 생명살림 개념은 전통적인 신 이해에 어떤 변화를 가져올 수 있을까? 전통적으로 기독교는 창조와 구원 가운데 창조보다는 구원에 더 많은 관심을 기울여 온 경향이 있다. 창조를 강조할 때는 하나님이 창조한 세계를 보존하고 종국적으로 피조 세계를 모두 구원하는 방향으로 강조점이 주어질 수 있는 반면에 구원을 강조할 경우에는 그리스도 밖에 있는 자들에게는 구원이 없다는 방향

---

12) 호주 캔버라 회의는 다음과 같이 말한다. "성경은 하나님이 만물의 창조자이시며, 만물이 창조되었을 때에 '매우 좋았다'라고 증언한다(창 1:31, 딤전 4:4 참조). 하나님의 영은 이 지구를 계속해서 지탱하시고 또 새롭게 하신다(시 104:30). 인간은 피조계의 일부이면서 동시에 피조계에 대한 하나님의 청지기로서의 책임이 있다(창 1:26-27, 2:7). 우리는 지구를 이어받을 축복받은 온유함의 태도로서 지구를 '보전하고' '섬겨야' 할 책임이 있다(창 2:15)." WCC, "제8차 총회: 호주 캔버라(1991)", 『역대총회종합보고서』, 508.
13) 안승오, 박보경, 『현대 선교학 개론』(서울: 대한기독교서회, 2008), 300-301.

으로 강조점이 주어질 수 있다. 즉, 창조를 강조하면 모든 우주 만물이 구속을 얻는 방향으로 갈 가능성이 높아지고, 구원을 강조하면 구원을 받는 자와 구원을 받지 못한 자가 나뉘게 된다.

구원을 강조하는 전통적인 하나님 이해에 따르면 하나님은 그리스도를 보내시고, 그 그리스도를 중심으로 구원 안에 있는 자와 구원 밖에 있는 자를 나누시고 종국적으로 구원 안에 있는 자들은 영생으로 이끄시고, 구원 밖에 있는 자들은 멸망에 처하게 하시는 것이다. 반면에 창조를 강조하고 창조로 인해 생겨난 생명의 보존과 생명살림을 강조할 경우에는 종국적으로 모든 생명을 보존하고 구원하시는 하나님 이해로 귀결될 가능성이 높아지는 것이다. 즉, 생명살림을 강조할 때 하나님은 그리스도를 통하여 구원받을 자와 구원받지 못할 자를 나누시는 하나님이 아니라, 온 우주 속에 있는 생명을 구원하시는 사랑의 하나님으로 인식될 가능성이 높아지는 것이다.

II. 에큐메니칼 신 이해의 주된 경향

1. 하나님의 사랑에 강조점을 두는 경향

앞에서 우리는 에큐메니칼 신 이해에 영향을 주었다고 보이는 배경들을 살펴보았다. 이러한 이해에 기초하여 이제 우리는 에큐메니칼 신 이해에 특징적으로 나타나는 주된 경향들을 살펴보고자 하는데, 여기에서는 주로 전통적인 신 이해와 비교해 볼 때 다소 두드러지게 드러나는 경향을 살펴보고자 한다.

첫째, 에큐메니칼 신 이해의 가장 주된 경향 중 하나는 인간을 향한 하나님의 성품인 공의와 사랑 중에서 '사랑'에 더 많은 강조점을 두는 경향이라고 할 수 있다. 하나님은 분명 사랑의 하나님이시다. 그분은 그가 창조하신 만물을 사랑하시고, 심지어 그를 반역하는 사람들을 위해서도 그들의 구원을 위하여 하나밖에 없는 독생자를 보내시어 구원하실 정도로 세상을 사랑하신 분이셨다. 그분은 사랑의 원천이시고 사랑 그 자체이시다.

그러나 그 하나님은 동시에 철저히 공의로우신 분이시며 공의의 심판을 실행하시는 분이시다. 즉 하나님의 사랑은 그리스도 안에서 나타났지만, 그리스도의 십자가를 거부하는 자에게는 심판을 내리시는 공의의 하나님이시다. 이런 이유 때문에 개혁자 칼빈은 "…그리스도를 떠나면 하나님께서는 우리를 원수로 여기신다는 사실을 성경에서 배워야 한다. 우리는 죄인이며, 하나님은 우리에게 있는 죄를 좋아하시지 않는다."[14]라고 강조하였다. 우리 모두를 사랑하시지만, 그럼에도 불구하고 그리스도를 저버린 자에게는 무서운 심판을 내리시는 하나님이라는 것이 전통적인 신학의 하나님 이해였다. 전통적인 신학은 사랑의 하나님과 심판을 내리시는 하나님을 함께 강조하면서도 사랑을 거부하는 자에게는 심판을 하시는 하나님을 분명하게 부각하는 경향이 있었다.

이와 같은 전통적인 신학의 경향과 달리 에큐메니칼 신학은 하나님을 심판의 하나님보다는 사랑의 하나님으로 강조하는 경향이 많다. 에큐메니칼 신학은 처음부터 온 세계를 하나의 집으로 보면서 온 세계의 구원과 샬롬에 대해 깊은 관심을 가져왔다. 그래서 온 세계의

---

14) 존 칼빈, 『기독교 강요(상)』, 원광연 역(고양: 크리스천 다이제스트, 2003), 16:4.

하나 됨과 일치,[15] 그리고 온 세계와 하나님의 화해[16] 등에 많은 강조를 두는 경향이 있다. 따라서 온 세상과 화해하시고 온 세상을 구원으로 이끄시는 하나님을 십자가 밑으로 오지 않는다고 심판하시는 하나님으로 그리는 것은 에큐메니칼 정신과 잘 어울리지 않는다.

이런 이유 때문인지 에큐메니칼 문서들 가운데 그리스도를 믿지 않는 자들에 대한 엄중한 심판과 멸망을 강조하는 곳은 거의 발견하기가 어렵다. 오히려 모든 만물을 구원으로 이끄는 하나님에 대한 언급이 더 자주 언급된다고 할 수 있다. 웁살라는 "비록 우리가 이 세상에서는 인간적 삶을 위한 완전한 질서를 세울 수는 없지만 하나님께서 친히 이루실 만물의 새롭게 됨을 대망할 때 사정은 나아질 수 있다고 확신한다."[17]라고 말하는데, 여기에서도 그리스도 밖에 있는 자를 심판하시는 공의의 하나님을 말하는 전통적인 신학과 달리 모든 만물을 사랑하시고 종국적으로 새롭게 하시는 사랑의 하나님에 강조점을 두는 에큐메니칼 신 이해의 한 측면을 발견할 수 있다.

2. 하나님의 창조 사역에 강조점을 두는 경향

전통적으로 기독교는 그리스도 안에서만 참된 하나님 이해가 가능하다고 보았다. 즉, 그리스도의 계시 안에서 참된 하나님 이해가

---

15) 인류의 하나 됨에 대하여 웁살라는 "하나님의 말씀은 창조의 하나 됨과 그리스도 안에서 모든 사람들의 하나 됨을 증언하고 있다."라고 말한다. WCC, "제4차 총회: 스웨덴 웁살라(1968년)", 『역대총회종합보고서』, 286.
16) 하나님과 인류의 화해에 대하여 웁살라는 "하나님의 말씀은 하나님의 화해 사역이 모든 분열과 적대를 끝장낼 것임을 증언하고 있다."라고 주장한다. WCC, "제4차 총회: 스웨덴 웁살라(1968년)", 『역대총회종합보고서』, 287.
17) WCC, "제4차 총회: 스웨덴 웁살라(1968년)", 『역대총회종합보고서』, 307-308.

가능하며 창조에 대한 인식도 그리스도 안에서 얻을 수 있다고 보았다.[18] 이런 점에서 전통적으로 기독교는 구원 이해 위에서 창조를 바라보았으며,[19] 이런 점에서 전통적인 하나님 이해는 하나님을 창조주 하나님과 구속주 하나님으로 고백하면서도, 창조주로서의 하나님보다는 구원사를 이루어 가시는 분으로서의 하나님을 더 강조하는 경향이 있었다.

그런데 에큐메니칼 신 이해는 구속주 하나님보다는 창조주 하나님에 더 많은 무게를 두는 경향을 보인다. '온 인류가 거하는 집'이라는 뜻을 갖는 '오이쿠메네'를 어원으로 하는 에큐메니칼 운동은 그 용어에서 볼 수 있듯이 처음 태동부터 전 창조 세계에 대한 깊은 관심을 가져왔다. 자연히 에큐메니칼 신학은 창조주 하나님에 깊은 관심을 가지는 경향이 강하다.

WCC에서 나온 『세계교회가 고백해야 할 하나의 신앙고백』은 '전능하신 아버지'에 대한 해석에서 하나님 아버지는 아들의 아버지, 이스라엘의 아버지, 그리스도인의 아버지일 뿐만 아니라 창조와 지탱자로서 모든 만물의 아버지이시기도 하시다는 것을 강조하면서, "…창조 세계는 하나님에 의해서 보존될 뿐만 아니라 그는 이 창조 세계의 지고의 주님으로서 그의 뜻을 쫓아 창조 세계 안에 있는 모든 것을 다스리시고 그의 계획에 따라 마지막 완성으로 인도하시고, 그것들을 악의 세력의 파괴적 결과에 내맡기시지 않으신다."[20]라고

---

18) 이와 연관하여 김균진은 "우리는 계시와 창조의 존재적(ontisch) 관계에서 창조 신앙을 그리스도 계시에 의해서만 얻게 된다고 말할 수 있다. 왜냐하면 하나님은 그리스도를 통하여, 그의 영원한 말씀을 통하여 모든 것을 창조하였기 때문이며(요 1:3, 골 1:16), 따라서 창조에 대한 모든 인식은 말씀을 통하여 곧 그리스도를 통하여 중재될 수 있기 때문이다."라고 말한다. 김균진, 『기독교조직신학I』(서울: 연세대학교출판부, 1984), 326.
19) 이와 연관하여 김균진은 "이런 의미에서 창조론의 근거는 기독론에 있다고 말할 수 있다"라고 표현한다. 김균진, 『기독교조직신학I』, 327.
20) WCC, 『세계교회가 고백해야 할 하나의 신앙고백』, 이형기 역(서울: 한국장로

고백하였다. 또한 그리스도의 구원 사역도 단순히 인간의 구원으로 보았던 전통적인 견해와 달리 전 창조 세계의 구원의 관점으로 보는 경향이 있다.[21]

하나님을 창조주 하나님으로 강조하는 경향은 자연히 창조하신 하나님이 종국적으로 창조를 완성하실 것이며 이 완성 속에는 만물의 구원이 포함되는 것을 암시하는 경향으로 이어진다. 우리는 이러한 경향을 『세계교회가 고백해야 할 하나의 신앙고백』에서 발견할 수 있는데, 이 고백은 "창조 세계는 인간에 의한 자연의 공해와 착취뿐만 아니라 '허무한 데 굴복'하고 있으며 '썩어짐의 종노릇(롬 8:20-21)'을 하고 있다."[22]라고 말한 후, "… 인간은 새 창조의 첫 열매들로서 중생하고, 나머지 피조물들과 함께 신천신지에 참여를 고대하면서 신음하고 있다(롬 8:11, 19-20)."[23]라고 고백하였다. 또 생태계의 문제를 피조물의 구원 관점에서 피조 세계가 하나님의 은혜로 성화된다고 보면서, "성령은 성경에서 하나님의 숨 자체로, 하나님의 살아 계시고 생명을 창조하시는 능력과 진리와 사랑으로 묘사된다(비교, 요 20:22-23). …피조된 세계는 성령을 통하여 하나님의 은혜로 성화된다."[24]라고 강조하였다.

더 나아가 창조주 하나님을 강조하는 경향은 하나님의 자녀들이 창조 세계를 잘 관리해야 하는 사명으로 이어지게 된다. 윱살라는 말하기를, "교회는 신학교육을 포함하여 복음 전파와 가르침에 있어서 하나님이 주신 인류의 하나 됨이라는 성경의 입장을 천명하고 인간의 세계적 연대와 이 땅의 자원을 돌볼 청지기 직이 주는 구체적

교출판사, 1996), 66.
21) WCC, "제7차 총회: 호주 캔버라 1991년", 『역대총회종합보고서』, 508.
22) WCC, 『세계교회가 고백해야 할 하나의 신앙고백』, 114.
23) Ibid.
24) WCC, 『세계교회가 고백해야 할 하나의 신앙고백』, 113.

의미들을 지적해 내야 한다."[25]라고 하였고, 캔버라도 "구원받은 공동체요 그리스도 안에서 '새로운 피조물'의 징표인 교회는 피조물의 갱신에 중요한 역할을 맡도록 하나님에 의해 부르심을 받았다."[26]라는 말로 그 책임을 강조하였다.

3. 하나님의 낮아지심과 해방 사역을 강조하는 경향

전통적인 하나님 이해는 하나님을 존귀와 영광 가운데 높이 계신 분으로 그리는 경향이 강하다. 따라서 하나님이 낮아지셔서 고난을 받으신다고 하는 개념은 전통적인 신 이해에서는 상당히 낯선 개념이라고 할 수 있다.[27] 이에 반하여 에큐메니칼 신학에서는 하나님을 스스로 낮아지셔서 고난을 스스로 짊어지시는 하나님으로 강조하는 경향이 강하다. 마쎄이(Jacques Matthey)는 에큐메니칼의 '하나님의 선교 개념'이 지향하는 바의 핵심 중 하나를 "고통당하는 자들과 함께 하는 곳에 하나님의 의도적 위치가 있다."[28]라고 요약한 바 있다. 고난받는 자와 자신을 동일시하시는 하나님에 대하여 케냐 나이로비는 "그리스도 안에 나타난 하나님은 인간의 죄와 연약성의 모든 짐을 홀로 걸머지셨다."[29]라고 말한다.

---

25) WCC, "제4차 총회: 스웨덴 웁살라(1968년)", 『역대총회종합보고서』, 280-281.
26) WCC, "제7차 총회: 호주 캔버라(1991년)", 『역대총회종합보고서』, 513.
27) 이런 점을 김균진은 다음과 같이 설명한다. "…하나님은 창조자요, 인간과 그의 세계는 하나님의 피조물이다. 하나님은 거룩한 존재인 반면 인간과 그의 세계는 악하고 죄 된 존재이다. 하나님은 절대적으로 자유로운 존재인 반면 인간과 그의 세계는 의존적 존재이다. 하나님과 세계 사이에는 무한하게 질적인 차이가 있다. 이 차이를 인간이 극복할 수 없으며 인간은 자신의 힘으로 하나님과의 관계를 맺을 수 없다." 김균진, 『기독교조직신학I』, 231.
28) Jacques Matthey, "Missiology in the World Council of Churches", in Lalsangkima Pachuau, *Ecumenical Missiology*(Bangalore, India: The United Theological College, 2002), 75.
29) David M. Paton, ed., *Breaking Barriers Nairobi 1975*(Grand Rapids:

하나님께서 이처럼 스스로를 낮추시고 고난받는 자들과 자신을 동일시하신 이유는 무엇인가? 그것은 바로 억눌린 자들을 해방시키기 위함이었다. 하나님은 그의 사랑하시는 자녀들이 억압 가운데 있는 것을 참지 못하시며 그들의 해방을 위하여 친히 고난을 당하시는 하나님이 되시는 것이다. 이 하나님의 고난은 그리스도에게서 분명하게 드러났고, 성령 역시 해방의 영으로서 억눌린 자들의 해방을 이루어 가시는 것이다.[30] 에큐메니칼의 이와 같은 해방을 주도하시는 하나님 이해는 자연스럽게 교회를 향하여 투쟁에의 참여를 주문한다. 예를 들어 케냐 나이로비는 다음과 같이 주문한다.

사회 정의와 인간 해방을 위한 오늘의 투쟁 속에서 교회는 자신만의 위치를 찾기 위해서 교회는 끊임없이 하나님의 명령(divine mandate)에 따라 인도함을 받아야 한다. …하나님은 용서받은 죄인들의 공동체인 교회가 그리스도를 따라 가난한 자들, 눌림받은 자들, 멸시받은 자들을 위하여 몸 바치는바 같은 길을 따라가도록, 그리고 말과 삶 전체로서 하나님의 사랑을 선포하도록, 또 십자가를 받아들이도록 요구하고 계시다.[31]

웁살라 역시 해방에의 참여를 강조하였는데, "우리가 이 일에 대해 아무런 일도 하지 않고 있다면 우리도 이 폭력행사에 동참하고

WCC & Eerdmans, 1976), 101.
30) 성령을 해방의 영으로 묘사하는 것을 우리는 캔버라의 다음의 글에서 엿볼 수 있다. "기독교인으로서 우리는 사회 및 경제 정의의 세계를 추구한다. 우리는 WCC와 그 회원교회들이 정의와 자유를 위해 진력하며, 또 인권 남용에 반대하는 국내 및 국제 기구들에 속한 사람들과 더불어 그들의 노력에 합류함으로써 해방시키시는 하나님의 영을 증거할 수 있다고 믿는다." WCC, "제7차 총회: 호주 캔버라(1991년)", 『역대총회종합보고서』, 515.
31) WCC, "제5차 총회: 케냐 나이로비(1975년)", 『역대총회종합보고서』, 374 – 376.

있는 것이다. …어떠한 삶의 양식도 만약 그것이 다른 사람들의 고통에 무관심하다면 그것은 기독교적이지 않다."[32]라고 말함으로써 해방자 하나님을 따라서 해방 운동에 동참하지 않는 것은 바른 기독교가 아님을 강조한다. 그리하여 교회가 "…지엽적이고 편협한 연대의식을 극복하고 모든 이를 위한 정의로운 전 세계적인 책임사회에의 동참의식을 창조하는 투쟁의 제일선에 서야 할 것이다."[33]라고 강조한다.

4. 다양한 계시의 가능성에 문을 열어 놓는 하나님 이해의 경향

전통적인 하나님 이해는 철저히 그리스도를 통한 하나님 이해였다. 즉 전통적으로 기독교는 하나님의 계시가 그리스도를 통해서 나타날 수 있으며, 그리스도를 통해서만 구원의 길에 들어갈 수 있다는 점을 강조해 왔다. 하나님의 계시가 자연이나 다른 매개물들을 통해서도 나타날 수 있지만 그런 것들은 불완전한 것들이고, 오직 그리스도를 통해서만 화해와 구원의 복음이 완전하게 계시될 수 있다는 것이 전통적 신앙이었다.[34] 이런 점에서 전통적인 신앙은 성자 중심의 삼위일체 이해의 특징, 즉 성자의 구속 사역을 중심으로 성부와 성령의 사역을 해석하는 경향을 지닌다고 말할 수 있다.

반면에 에큐메니칼의 삼위일체 이해는 성부 중심의 삼위일체 이해라고 할 수 있다. 즉 성부의 창조사역을 중심으로 성자와 성령을 이해하는 경향을 지닌다.[35] 성자를 중심으로 하는 삼위일체 이해에

---

32) WCC, "제4차 총회: 스웨덴 웁살라(1968년)", 『역대총회종합보고서』, 311.
33) Ibid., 274.
34) Donald G. Bloesch, *Essentials of Evangelical Theology*, Vol.2(New York: Harper and Row Publishers, 1979), 248-249.
35) 이러한 이해와 연관하여 산 안토니오는 "서방교회의 그리스도 중심주의는 삼

서는 성부를 계시하는 통로가 성자로 제한되는 반면, 성부를 중심으로 하는 삼위일체 이해에서는 다양한 계시의 가능성이 열리며, 실제로 에큐메니칼 신 이해에서는 그리스도 이외의 계시 가능성에 대해서도 문을 여는 경향이 있다. 예를 들어 웁살라는 "기독교인으로서 우리는 그리스도께서 이러한 대화 가운데서 말씀하시고 그를 모르는 이에게 자신을 계시하시며, 예수님을 아는 자라도 그의 제한되고 왜곡된 지식을 바로 잡는다는 것을 믿는다."[36]라고 말하며, 밴쿠버도 "우리는 우리가 증거하고 있는 예수님의 출생, 삶, 죽음, 그리고 부활의 독특성을 확신하고 있지만 우리는 타종교인들 가운데서 종교적 진리를 추구하시는 하나님의 창조적인 사역을 인정한다."[37]라고 말한다. 케냐 나이로비는 대화의 필요성을 강조하면서 다음과 같이 천명하였다.

> 비록 우리가 그리스도께서 다른 종교에 나타나고 계신지 그렇지 아니한지, 또 어떻게 나타나고 계신지에 대해 일치할 수는 없겠지만 하나님께서는 어떤 세대, 어떤 사회에서도 그들에게 예수를 증거하지 않은 채로 방치하지 않으셨다고 진정 믿는다.[38]

이상과 같이 그리스도 외의 다양한 계시의 가능성을 열어 놓으면서 에큐메니칼 신학은 전통적인 신학에 비하여 그리스도만이 유일한 계시와 구원의 길이라는 중심적인 사고가 많이 약화되는 경향이

위일체 교리의 보다 폭넓은 맥락에서 이해되어야 한다."라고 말한다. Frederick R. Wilson, ed., *The San Antonio Report: Your Will be Done: Mission in Christ's Way*(Geneva: WCC, 1990), 103–104.
36) WCC, "제4차 총회 스웨덴 웁살라(1968년)", 『역대총회종합보고서』, 263.
37) WCC, "제6차 총회 캐나다 밴쿠버(1983)", 『역대총회종합보고서』, 429.
38) WCC, "제5차 총회: 케냐 나이로비(1975)", 『역대총회종합보고서』, 326–327.

나타난다. 이와 같은 이해에 근거하여 에큐메니칼 운동은 타종교와의 대화와 협력 등을 왕성하게 추구해 나가고 있다.

III. 에큐메니칼 신 이해가 선교에 미칠 수 있는 영향

1. 생명살림에 기여하는 선교로의 가능성 확대

앞장에서 전통적인 신 이해와 대비되는 에큐메니칼 신 이해의 특징적 경향들을 살펴보았다. 이제 이러한 신 이해가 선교에 어떤 영향을 줄 수 있을지를 살펴보자. 먼저 우리는 에큐메니칼의 하나님 이해가 구속주 하나님보다는 창조주 하나님에 더 많은 관심을 갖는 경향이 있음을 보았다. 구속주 하나님이 예수의 십자가와 부활 사건에 나타난 하나님이라면, 창조주 하나님은 천지를 창조하신 하나님이다. 예수 안에 나타난 하나님은 예수의 십자가에 이루어진 구속을 믿음으로 수용한 사람에게만 구원을 주시는 하나님이시므로 이러한 신 이해에 따르면 인류는 구원받을 자와 구원 얻지 못할 자로 구분된다.

반면에 창조 안에 나타난 하나님은 스스로 창조하신 만물을 종국적으로 완성하실 분이라는 것을 강조하면서 자연히 강조점은 만물의 구원 쪽으로 흐를 가능성이 높아진다. 여기에서는 자연히 심판보다는 만물에 대한 하나님의 사랑이 더 강하게 부각되게 된다. 즉 창조주 하나님을 강조하게 되면 자연히 심판보다는 사랑을 더 강조하게 되는 것이다. 이런 점에서 에큐메니칼 신 이해는 전통적인 이해와 달리 구속자보다는 창조주로서의 하나님 그리고 심판하시는 하나님보다는 사랑으로 만물을 구원하시는 하나님을 강조하는 경향이 강하다.

이러한 경향이 선교에는 어떤 영향을 가져다 줄 수 있을까? 전통적인 선교는 창조 세계의 보존 및 생명살림 등에 대해서는 거의 무지했다. 창조 질서 문제나 생명 문제가 신학의 주제로 대두된 것 자체가 상당히 최근의 일이기 때문이기도 하고, 동시에 전통적인 신학에서는 이 세상에 어차피 큰 기대를 갖지 않고 있었기 때문이다. 세상은 어차피 멸망할 세상으로 여겨졌다. 이런 이유 때문에 기독교는 창조 질서 보존 등의 차원을 등한시하는 경향이 있어 왔다.

그러나 에큐메니칼 신학이 창조주 하나님을 강조하게 되면서 기독교는 창조 세계에 대하여 매우 긍정적인 시각을 갖게 되었고,[39] 또한 기독교 선교는 창조 세계에 대한 책임감과 생명을 살리는 선교 차원을 많이 강조하게 되었다. 전통적인 선교가 주로 영혼 구원에 대한 책임만을 많이 강조한 반면, 에큐메니칼 선교는 창조주 하나님을 강조하면서 통전적인 생명살림을 함께 추구하는 폭넓은 선교를 추구하게 되었는데, 이러한 것은 에큐메니칼 신 이해가 선교에 미치는 주된 기여점 중 하나로 보인다.

이와 같이 에큐메니칼 신 이해가 선교에 미치는 긍정적인 기여가 있는 반면, 창조주 하나님을 강조하는 경향은 부작용도 가져올 수 있다. 창조를 강조할 때 하나님은 만물을 창조하고 결국 그 창조 세

---

39) 세상을 긍정적으로 보는 견해는 김균진의 다음 글에도 잘 나타난다. "그것은 '하나님께서 보시기에 좋은' 세계이다. 그것은 하나님께서 너무도 사랑하셔서 그의 외아들을 희생시키기까지 한 세계이다. 그것은 예수 그리스도 안에서 성령의 능력과 함께 창조되었다. 그것은 예수 그리스도 안에 근거되어 있으며 성령의 능력 가운데에 있다. 이러한 의미에서 세계는 '영원성(Konstanz)'을 가진다. 그것은 카오스와 무의미에 내맡겨져 있는 세계가 아니라 하나님이 긍정하신 세계이며 하나님의 파트너이다. 세계에 대한 하나님의 긍정(Ja)이 세계의 영속성을 형성한다. 이 영속성은 철회될 수 없다. 하나님이 긍정한 것을 인간이 부인해서는 안 된다." 김균진, 『기독교조직신학』, 341.

계를 완성할 것이며 그것은 만물의 구원으로 이어지는 신학의 경향을 보인다. 이것은 명확하게 만인구원설로 드러나지는 않지만 종국적으로 만물이 완성될 것이라는 표현 아래에서 만인 구원이 은연중에 드러난다.[40] 이와 같이 창조를 강조하게 되면 자연히 만유 구원의 경향으로 흐르게 되고, 이러한 사고 속에서는 그리스도 구속의 십자가가 별로 의미가 없어진다.

물론 만물이 구원의 반열에 들 것이라는 사고는 세상을 향해서는 매우 희망적인 소식이 될 수 있다. 종말의 날은 심판이 아니라 해방의 날이라는 말도 매우 소망적인 소식이 될 것이다. 그러나 모두가 종국적으로 구원에 들어가게 되고, 어느 누구도 심판을 받지 않게 된다고 하면 사람들은 예수 믿을 필요를 별로 느끼지 못하게 될 수 있으며, 심판대 앞에 서게 될 날을 생각하면서 늘 경건하게 하나님의 뜻을 따라 살아야 할 이유가 희박해져 버리고 말 것이다.

마르크스가 빈부 간의 격차 없이 모두가 함께 잘 사는 사회주의 사회를 건설해야 한다고 주장했을 때, 그 이상은 그럴듯했지만 결국 현실로 나타난 것은 모두가 함께 못사는 사회가 되었던 것처럼, 하나님이 종말의 날에 창조를 완성하신다는 말은 매우 희망적으로 들리지만, 현실적으로는 방탕과 방종을 불러오고 십자가를 무의미하

---

40) 우리는 몰트만의 다음 말에서 이러한 경향을 발견할 수 있다. "하나님의 심판은 복수나 보복이 아니라, 창조하고 구원하는 하나님의 정의의 승리이다. '그리스도의 심판대' 앞에서 이루어지는 것도 우리의 죗값을 치르는 것이 아니라, 정의를 창조하고 올바르게 세우며 의롭게 하는 하나님의 정의이다. 심판은 저주를 위한 것이 아니라, 죄인들을 하나님의 나라로 재사회화(再社會化)하기 위한 것이다. 최후의 심판 날에 내려질 하나님의 판결은 하나님의 마지막 말씀이 아니다. 그의 마지막 말씀은 다음과 같다. "보라, 내가 만물을 새롭게 하노라." 최후의 심판은 잠정적인 것이다. 궁극적인 것은 새 창조이다. 심판은 새 창조를 위한 것이다. 그러므로 그것은 두려움의 대상이 아니라 희망의 대상이다. 이제는 더 이상 사람들을 하나님의 심판으로 협박하고 그들에게 심판의 불안을 주입하지 말아야 할 때가 무르익었다. 하나님의 마지막 심판의 소식은 기쁜 소식, 해방의 소식이다. 즉 그것은 정의가 존재하며 정의를 끝까지 보장하는 자가 존재한다는 소식이다." 위르겐 몰트만, 『오늘 우리에게 그리스도는 누구신가?』, 175-176.

게 만들며, 그 십자가를 전하는 교회와 선교를 불필요하게 만들 가능성이 높아진다. 창조주 하나님과 사랑의 하나님만을 강조하는 경향은 결국 전도와 회개를 외치는 선교의 약화를 가져오고, 자연히 교회를 약화시키는 선교로 이어질 가능성이 높아질 수 있다.

2. 약한 자를 품는 선교의 가능성 확대

전통적인 신학은 하나님의 내재성과 초월성 가운데 초월성을 많이 강조해 왔다. 즉, 신과 인간은 전적으로 다른 존재이며 신은 초월적인 존재라는 사실을 강조하고, 하나님과 인간 사이에는 절대로 극복될 수 없는 엄청난 차이가 있으며 이러한 차이는 심지어 계시를 통해서도 극복될 수 없는 것이라는 견해를 가져 왔다.[41] 이에 반해 에큐메니칼 선교가 강조하는 하나님은 또한 약자와 함께 하는 하나님 그리고 가난한 자들을 위하여 친히 고통을 당하신 하나님의 경향이 강하다. 이 하나님은 초월적인 분이시기보다는 세상의 삶과 고난에 구체적으로 동참하시는 하나님이시다.[42]

그렇다면 초월적인 하나님 그리고 전능한 하나님 대신 낮은 자와 자신을 동일시하시는 하나님 그리고 고통을 스스로 자초하시는 하나님을 강조할 때 선교는 어떠한 방향으로 흐르게 될까? 아마도 교회의 선교는 약자들과 함께 하시는 하나님의 이해를 따라서 약자들에게 열린 선교, 약자들의 구체적인 문제를 해결하는 데 힘쓰는 선교, 세상의 고통과 멀리 떨어져서 자신들의 문제에만 집중하는 것이 아니라 세상의 문제 해결에 구체적으로 참여하는 선교를 수행하는

---

41) Donald G. Bloesch, *Essentials of Evangelical Theology*, Vol.2(New York: Harper and Row Publishers, 1979), 242.
42) 김균진, 『기독교조직신학』, 330.

데 도전을 받게 될 것이다.

몰트만은 "무슨 목적으로 하나님은 그리스도의 고난을 친히 감당했는가?"라고 물은 후, 두 가지 이유를 설명하였다. "첫째로는 우리가 고통당할 때 우리 곁에 있기 위하여, 그리고 우리가 괴로워할 때 우리와 함께 있기 위하여, 이것은 우리와 함께 하는 하나님의 연대(聯帶)이다. 둘째로는 우리가 죄를 지을 때 우리를 위해 존재하기 위하여, 우리에게서 죄의 짐을 벗기게 하기 위하여, 이것은 우리를 위한 하나님의 대리(代理)이다."[43] 몰트만이 잘 설명한 것처럼 고난받는 하나님을 강조할 경우 교회는 고통받는 자들과 하나 되는 교회가 되기 쉽고, 교회의 선교는 고난받는 하나님을 전하면서 위로와 힘을 주는 선교가 될 수 있을 것이다.

이처럼 낮은 자와 자신을 동일시하시는 하나님 그리고 고통을 스스로 자초하시는 하나님을 강조할 때 이러한 장점을 갖게 되는 반면 동시에 상당한 한계점도 지닌다. 몰트만은 전통적인 신학이 '고난받는 하나님 개념'을 거부해 왔다고 말하면서 그렇게 한 이유를 "(1)하나님은 그의 본질적인 고난 불가능성으로 인하여, 무상함과 죽음만이 아니라 고난도 벗어날 수 없는 인간, 신이 아닌 사물들과 구분된다. (2)하나님이 인간을 그의 영원한 생명에 참여시킴으로써 구원한다면, 이 구원은 인간을 불멸성, 불후성으로 인도하며, 그래서 또한 고난불가능성으로 인도한다."[44]라고 두 가지로 설명한다.

몰트만의 이 말을 바꿔 말하면, 낮아지면서 고난받는 신을 강조할 경우, 하나님의 초월성이 약화되어 하나님은 인간들과 별 차이가 없는 존재라는 인식을 심어 줄 가능성이 높아지며, 하나님이 인간을

---

43) 위르겐 몰트만, 『오늘 우리에게 그리스도는 누구신가?』, 54.
44) Ibid., 61.

불멸성으로 인도할 능력이 약한 존재라는 인식을 심어 줄 가능성 또한 높아질 수 있다는 것이다. 하나님이 약자들과 함께하면서 약자들의 문제를 해결해 주기 위하여 그들의 고난에 동참했는데, 여전히 그 고통의 상황이 끝나지 않는다면 그 신은 무능한 신이라고 여겨질 가능성은 없을까? 인간들이 종교를 갖는 중요한 이유 중 하나는 절대적인 신의 존재에 의지함으로 말미암아 자신들 스스로 해결할 수 없는 이생과 내생의 문제를 해결하고자 하는 동기에서 비롯되는데, 스스로 고난을 받으면서도 그 문제를 해결하지 못하는 신이라면 그런 신을 믿을 사람은 그리 많지 않을 수도 있다. 즉 고난 받는 신을 전하는 선교는 아마도 사람들을 교회로 인도하는 데는 실패하는 선교가 될 수 있고, 그러한 선교는 종국적으로 교회의 약화와 더 나아가서 교회들의 연합인 세계교회협의회의 약화로 이어질 수 있다.

3. 세계 참여적인 선교의 가능성 확대

이스라엘의 존재 목적이 그러했듯이 교회의 존재 목적 역시 세상을 위한 것이다. 교회는 결코 교회만을 위해 존재할 수 없고 세상의 구원을 위해 존재해야 하는 것이다. 이런 점에서 세상을 사랑하시는 하나님 이해나 낮은 자와 동일시하며 낮은 자들의 해방을 주도하시는 에큐메니칼의 하나님 이해는 교회의 선교를 보다 세계 참여적인 선교로 거듭나게 하는 데 도움을 줄 수 있다고 보인다. 전통적으로 교회는 종종 희랍적인 사고방식을 가지고 교회와 세계를 지나치게 이원론적으로 보아 온 경향이 있다. 교회는 종종 자신만을 위한 담을 높이 쌓고 자신의 이익만을 위해 존재하는 모습을 보여 오곤 했다. 이런 상황에서 에큐메니칼 하나님 이해는 하나님의 일차적인 관심이 바로 세계에 있음을 강하게 일깨워 주었고, 이로 인해 격변하는 세계와 역사 속에서 그리스도인의 사회적 책임의식을 강화시키는 데 기여하였다고 할 수 있다. 아울러 세계에 대한 눈을 열어 줌으로써 사회, 경제, 정치, 문화 등 폭넓은 분야에서의 선교의 영역과 과제를 획득할 수 있게 해 주었다고 할 수 있다.

그러나 이와 같은 장점 뒤에는 약점도 포함되어 있다는 것을 알 필요가 있다. 에큐메니칼 신학의 '세상을 위한 하나님'의 개념은 '하나님의 선교' 개념으로부터 그 출발점을 지니고 있다고 할 수 있는데, 이 개념 속에 나타난 하나님은 멸망 받을 세상으로부터 사람들이 교회로 나오기를 원하시는 하나님이시기보다는 세상을 직접 바꾸어서 샬롬이 넘치는 세상으로 만드시기를 원하시는 하나님으로 더 강하게 부각된다. 즉 전통적인 신학의 관점에서는 세상이 매우 부정적으로 인식되었지만, 에큐메니칼 신학에서는 세상이 하나님의 특별한 사랑과 관심의 대상이 되면서 매우 긍정적으로 인식된다. 신학의 관심은 더 이상 교회가 아니라 세상이 된다. 하나님의 계획의 초점은 교회 안에서가 아니라 세계 속에서 발견되고, 그리하여 세상은 하나님의 구원 역사의 출발점이요, 현장이 된다.

전통적인 신학에서는 하나님의 관심이 교회에 있었다고 생각되었지만, 하나님의 선교 개념에서는 하나님의 주된 관심이 교회가 아니라 세상이다. 교회는 단지 세상의 샬롬을 위한 하나의 도구에 지나지 않는 것이다. 또한 교회가 선교의 내용을 제시하는 것이 아니라 세상이 선교의 내용을 제시할 정도로 선교에 있어서 세상이 교회보다 더 주도권을 지니게 된다.[45] 즉 교회보다 세상이 훨씬 더 중요한

---

45) Jacques Matthey, "Missiology in the World Council of Churches", in Lalsangkima Pachuau, ed., *Ecumenical Missiology*(Bangalore, India: The United Theological College, 2002), 75.

위치에 놓이게 된 것이다.

　세상을 교회 위에 두고 세상을 우선순위에 두는 이러한 시각은 선교에 어떤 영향을 줄 수 있을까? 물론 앞에서도 언급했듯이 교회는 훨씬 더 세계 참여적인 선교를 수행하도록 도전을 받을 것이다. 그러나 교회가 아니어도 하나님이 세상의 다양한 기구들을 통해서 그의 선교를 이루어 가신다고 할 때, 교회는 더 이상 선교를 위한 절박한 책임감을 갖지 않게 될 것이다. 하나님이 다 알아서 하시고 교회가 아니어도 세상의 다양한 기구들을 통하여 선교를 이루어 가신다고 하므로, 교회가 복음 전도를 위해 목숨을 바쳐야 할 절박성은 당장에 감소될 것이다.

　이러한 현상은 에큐메니칼 운동에서 잘 드러나는데, 비숍 아리아스(Arias)의 말을 인용하여 호에크스트라가 지적한 "사실 WCC의 구조와 프로그램에서는 복음 전도의 중요성이 갈수록 감소된다."[46] 라는 표현이 그 현실을 잘 지적해 주는 것 같다. 또 전통적인 신학에서는 복음을 전하여 죽어 가는 영혼들을 살리고 그 결과로 교회가 성장해 가는 것을 선교의 중요한 목표로 생각했었는데, 이제 교회 성장이 아니라 세상의 샬롬을 이루는 것이 하나님이 주된 관심이라고 말하므로, 교회들은 더 이상 복음을 전하고 교회를 성장시키는 일을 위하여 헌신할 필요를 못 느끼게 될 것이다. 이러한 것은 자연히 교회들의 감소로 이어질 가능성을 높인다.[47] 교회가 복음 전도의

---

46) Harvey Hoekstra, "Eye Witness Report from Nairobi" in *The Conciliar-Evangelical Debate: The Crucial Documents 1964–1976*, ed. by Donald McGavran(Pasadena, CA: William Carey Library, 1977), 330.
47) 에큐메니칼 신학은 복음 전도, 영혼 구원, 영생 등과 같은 가장 핵심적인 기독교의 개념들에 대하여 큰 관심을 보이지 않는 경향이 있다. 이런 모습을 보고 바티칸에 그의 사무실이 있는 '복음화를 위한 모임'의 대표인 제롬 하버(Fr. Jerome Haber)는 방콕 대회에 참여한 후 다음과 같이 말했다. "여러분들이 오늘의 구원과 그 모든 효과를 매일 논하지만 사도바울이 말한 구원에 대하여는 귀를 기울이지 않는다는 것이 놀랍다. 방콕에서 나는 믿음으로 의롭게 된다는 것을 말하는 것

동력을 상실하고 그로 인해 교회가 심각하게 감소하는 것은 교회들의 모임인 에큐메니칼 운동을 약화시키는 결과를 가져올 것이므로 이것은 결코 쉽게 간과할 수 있는 문제가 아니다.

4. 협력의 폭을 넓히는 선교의 가능성 확대

에큐메니칼 하나님 이해가 그리스도 이외의 다양한 계시의 가능성에 문을 여는 것은 분명 많은 장점을 지닌다. 그것은 기독교가 독선적이라는 인식을 불식시키는 데 도움을 줄 수 있고, 타종교와의 열린 대화가 보다 원활하게 이루어지면서 기독교의 잘못을 수정할 수 있는 지혜를 얻을 수도 있을 것이며, 타종교 등과의 협력을 통하여 인류 공동체 발전을 위한 다양한 협력 사역을 진행하는 데도 많은 도움이 될 것이다.[48]

그러나 이러한 많은 것들을 얻는 반면 또한 동시에 중요한 것들을 잃게 될 수도 있다는 점을 기억할 필요가 있다. 기독교는 기본적으로 그리스도가 유일하고도 온전한 하나님의 계시이며 구세주라는 믿음 위에 세워진 종교이다. 따라서 다양한 계시의 가능성을 열수록 기독교의 그 근본자체는 위태로워질 수 있다. 또 다양한 계시의 가능성을 열수록 기독교는 만유구원론, 만인구원론, 종교 다원주의 등으로 연결될 가능성이 높아질 것이며, 이렇게 될 경우 그리스도만이 구원이라는 믿음 위에 서 있는 기독교는 점차적으로 설 자

___

을 들어 본 적이 없다. 영원한 생명에 대해서 말하는 것도 들어 보지 못했다. 악에 대한 하나님의 정의로운 진노에 대해서는 어떤가?" Arthur Glasser, "Bangkok: An Evangelical Evaluation" in *The Conciliar-Evangelical Debate: The Crucial Documents 1964-1976*, ed. by Donald McGavran(Pasadena, CA: William Carey Library, 1977), 302.

48) 안승오, 『현대 선교의 핵심 주제 8가지』(서울: 기독교문서선교회, 2006), 186-192.

리를 상실하게 될 것이다.

물론 에큐메니칼 신학이 그리스도가 유일한 계시임을 부인하는 것은 아니다. 그러나 그리스도 외의 다른 계시의 가능성 역시 인정하면서, 에큐메니칼 신학은 그리스도 계시의 고유성을 점차적으로 양보하는 경향을 보인다. 그런데 그리스도가 유일한 계시요, 구원의 길이 아니라면 굳이 목숨을 내놓아 가면서 그리스도의 복음을 전할 필요성은 점차 사라질 것이다. 또 모두가 함께 평화롭게 잘 사는 샬롬을 이루는 것을 목표로 삼는다면 전도를 해서 교회로 오게 하고 교인으로 살도록 할 필요는 사라질 것이다. 그리고 그 결과는 자연히 교회의 쇠퇴로 이어질 것이다.[49] 결국 계시의 다양한 가능성을 여는 것은 얻는 것이 많지만, 동시에 기독교의 근본 기초를 허물게 되고 복음 전도의 동력이 심각하게 약화될 수 있다는 점은 신중하게 고려해야 할 약점이라 아니할 수 없다.

요약 및 전망

지금까지 우리는 에큐메니칼 신 이해의 배경, 주된 경향, 그리고 그러한 특징이 선교에 미치는 영향 등에 대하여 살펴보았다. 에큐메니칼 신 이해는 분명 전통적인 신 이해의 약점들을 극복하는 데 많은 기여를 하였다. 즉 생명살림에 기여하고, 약한 자를 품는 데 기여

---

49) 계시의 다양성을 인정할수록 기독교와 비기독교의 차이는 사라질 것이다. 이와 연관하여 글라서는 "보편주의자들은 기독교인과 비기독교인 사이에 근본적인 차이점이 있는지를 의심하고 있다는 것을 인식하는 것은 참으로 흥미 있는 일이다."라고 말하기도 하였다. Arthur Glasser, "Bangkok: An Evangelical Evaluation" in *The Conciliar-Evangelical Debate: The Crucial Documents 1964–1976*, ed. by Donald McGavran (Pasadena, CA: William Carey Library, 1977), 300.

하고, 세계 참여적인 선교를 가능케 하고, 협력의 폭을 넓히는 선교를 가능케 하는데 일정 부분 기여한다고 평가될 수 있다.

그러나 세상에 완벽한 신학이란 없듯이 에큐메니칼 신학 역시 상당한 약점을 내포하고 있다. 또한 세상의 모든 약이 병을 치료하지만 동시에 부작용도 내포하고 있듯이 에큐메니칼 신 이해 역시 상당한 부작용을 내포하고 있다고 보인다. 즉 사랑의 하나님을 너무 강조하다 보면 심판하시는 하나님을 간과하여 회개의 필요성을 약화시킬 수 있으며, 낮아지는 하나님을 강조하다 보면 모든 계층의 모든 사람을 향하신 전능하신 하나님을 놓치게 될 수 있으며, 세상을 사랑하시는 하나님을 강조하다 보면 세상이 회개하고 교회에 나와야 할 필요성을 약화시킬 수 있으며, 다양한 계시의 가능성을 향해 문을 열다 보면 그리스도의 유일성과 그 위에 세워진 교회의 뿌리를 흔들 수 있는 가능성 등이 있다. 결국 에큐메니칼 신 이해는 이와 같은 약점을 고려하면서 보다 균형 잡힌 시각을 갖출 때 보다 통전적이고 효과적인 선교를 위한 신 이해로 거듭나지 않을까 생각해 본다.

2장

그리스도 이해 :

선교의 모델이신 그리스도는 어떤 분이신가?

기독교는 기본적으로 "예수가 주님이시며 구세주이시다."라는 믿음 위에서 탄생되었다. 이런 점에서 기독교가 신앙하고 있는 하나님은 그리스도 안에서 자신을 계시하고 활동하시는 하나님이시며, 이런 이유 때문에 기독교 신앙의 모든 내용은 예수 그리스도와의 관계 속에서 인식되고 서술되며, 그리스도는 기독교 신앙과 신학의 중심이요 근거가 되신다.

이와 같은 그리스도 이해는 선교에 있어서도 매우 중요한 의미를 지니고 있다. 그리스도를 어떻게 이해하는가에 따라서 선교의 방향이 크게 달라지기 때문이다. 예를 들어 그리스도께서 이루신 구원이 어떤 성격의 구원인가에 따라서 선교 사역이 추구해야 하는 구원의 성격이 달라진다. 또 그리스도께서 어디에 집중적인 관심을 두셨는가에 대한 이해에 따라서 선교가 추구해야 할 관심의 대상이 달라지게 되는 것이다. 또한 그리스도를 해방을 위한 선구자로 이해할 경우 선교의 방향은 주로 인권 혹은 해방 운동에 관심을 두게 되는 반면, 그리스도를 영혼을 구원하여 하늘나라로 인도하는 구원자로 이해할 경우 선교의 방향은 주로 복음 전도에 중점을 두게 될 것이다.

기독교는 기본적으로 "예수가 주님이시며 구세주이시다."라는 믿음 위에서 탄생되었으며, 기독교가 신앙하고 있는 하나님은 막연한 하나님이 아니라 바로 그리스도 안에서 자신을 계시하고 활동하시는 하나님이므로 기독교에 있어서 그리스도 이해는 참으로 중요한 의미를 지니고 있다. 기독교 신앙의 모든 내용은 예수 그리스도와의 관계 속에서 인식되고 서술되며, 이런 점에서 그리스도는 기독교 신앙과 신학의 중심이요 근거가 되신다.[50]

이와 같이 중요한 그리스도 이해는 선교에 있어서도 매우 중요한 의미를 지니고 있다. 그리스도를 어떻게 이해하는가에 따라서 선교의 방향이 크게 달라지기 때문이다. 예를 들어 그리스도께서 이루신 구원이 어떤 구원인가에 대한 이해에 따라서 선교 사역이 추구해야 하는 구원의 성격이 달라진다. 또 그리스도께서 어디에 집중적인 관심을 두셨는가에 대한 이해에 따라서 우리의 선교가 추구해야 할 관심의 대상이 달라지는 것이다. 또한 그리스도를 하나의 모델로 볼 것인가 아니면 구원자로 볼 것인가에 따라서 우리의 선교의 성격이 달라진다. 예를 들어 그리스도를 해방을 위한 선구자로 이해할 경우 선교의 방향은 주로 해방 운동으로 나아갈 것이고, 반면에 그리스도를 영혼을 구원하여 하늘나라로 인도하는 구원자로 이해할 경우 선교의 방향은 주로 복음 전도에 중점을 두게 될 것이다.

단순화하여 말하기는 좀 어렵겠지만 일반적으로 후자의 이해를 전통적인 이해 혹은 복음주의 진영의 이해라고 말할 수 있고, 전자의 그리스도 이해를 진보적인 이해 혹은 에큐메니칼 진영의 그리스

---

50) 김균진, 『기독교조직신학 II』(서울: 연세대학교 출판부, 1986), 139-140. 이처럼 그리스도 이해가 중요하기 때문에 모든 신학은 나름대로의 그리스도 이해를 지녀왔다. 예를 들면, 전통적으로 개혁자들은 구속자로서의 예수를 강조하였고, 자유주의 신학자들은 구원자보다는 윤리의 모범으로서의 예수를 강조하였고, 해방 신학자들은 해방자로서의 예수를 강조하는 경향이 있다.

도 이해라고 말할 수 있다. 물론 오늘날에 와서는 양 진영이 확연히 구분되는 그리스도 이해를 갖기보다는 서로 상대방의 입장을 수용하면서 포괄적이고 통전적인 그리스도의 이해를 갖는 경향이 있다. 그러나 여전히 양 진영은 나름대로의 특징적인 그리스도 이해의 경향을 보이며, 이러한 경향은 양 진영이 추구하는 선교에 영향을 미치고 있다. 이 장에서는 오늘날 세계 선교를 주도하는 가장 중요한 주체 중의 하나인 에큐메니칼 진영이 지니고 있는 그리스도 이해를 분석하면서 그리스도 이해와 선교의 관계를 살펴보고자 한다. 즉 에큐메니칼 진영의 문서들에 나타나는 그리스도 이해의 주된 배경, 특징, 선교에의 영향 등을 연구하면서 오늘날 바람직한 선교를 위하여 우리가 지녀야 할 그리스도 이해의 성격이 어떤 것이어야 하는가에 대한 전망을 얻고자 한다.

I. 에큐메니칼 그리스도 이해의 배경

1. 해방 신학의 구원자 이해

에큐메니칼 종말 이해가 전통적인 종말 이해와 다른 성향을 지니게 된 배경에는 여러 가지 요인들이 있을 수 있는데, 본 장에서는 크게 세 가지 주된 배경의 요인들을 살펴보고자 한다. 먼저 해방 신학을 들 수 있는데, 해방 신학은 메델린 주교회의에서 태동되었다고 볼 수 있다. 1968년 8월에 콜롬비아 메델린에서 열린 제2차 라틴 아메리카 주교총회에서 구티에레츠(Gutierez)는 '해방(Liberation)'이라는 이슈를 가지고 주제연설을 하였고, 그 후 1971년에는 『해방 신학』(A

Theology of Liberation)이란 이름으로 책을 출간하였는데, 이것이 해방 신학 최초의 대표작이 되었다. 해방 신학은 서구 교회와 서구 중심의 선교를 통해서는 이 세계에 현존하는 구조적 불의(systematic injustice)의 문제를 해결할 수 없다고 생각하면서 구조적 모순을 그대로 안고 있는 '발전' 이 아니라 '해방'을 지향하였다.[51]

해방 신학이 '발전' 이라는 개념 대신 '해방'을 강조하게 된 배경에는 발전을 위한 지속적인 개발이 있었지만 소수의 엘리트들만이 그 개발의 혜택을 받았을 뿐 대다수의 가난한 사람들은 여전히 혹은 더 가난해졌기 때문이다. 이렇게 부익부 빈익빈 현상이 더욱 심화되면서, 결국 빈곤 문제는 지식이나 문화나 기술의 문제라기보다는 전 세계적인 구조적 관계(global structural relationships)의 문제라는 결론에 이르게 된 것이다. 이와 같은 배경에서 해방 신학이 등장하면서 이제 빈곤은 개발로 해결될 문제가 아니라 불의(injustice)의 근원적인 원인을 제거할 때 해결될 수 있다고 생각하게 된 것이다. 개발은 과거와의 진화적 연속성(evolutionary continuity)을 의미하는 반면, 해방은 과거와의 '완전한 단절'과 '새로운 시작'을 의미하는 것이었다. 해방 신학은 종속 관계에서 배불리 먹고 사는 것보다는 인간다움이 보장되는 '해방'을 추구하였다.[52]

해방 신학은 특별히 가난한 자와 억압받는 자 등의 해방에 깊은 관심을 가지면서 이러한 자들을 해방시키는 그리스도를 많이 강조하였다. 즉 가난한 자들과 억압받는 자들에 대하여 깊은 관심을 가지고, 그들의 편에 서며, 그들의 해방을 위하여 자신을 주시는 분

---

51) Gustavo Gutierrez, *A Theology of Liberation*(Maryknoll: Orbis Books, 1973), 22-25.
52) Ibid., 25-33.

으로서의 예수를 부각시키게 되었다.[53] 이러한 해방 신학의 영향으로 말미암아 가난한 자들과 연대하시는 그리스도 이해가 등장하게 되었다.

또한 해방 신학의 그리스도는 그리스도인들을 해방 투쟁의 참여로 이끄시는 분으로 나타난다. 해방 신학의 그리스도는 자신을 믿는 사람들을 단지 구원하는 존재가 아니라 친히 해방 운동의 선구자가 되고 모델이 되시는 분이다.[54] 따라서 그리스도를 따르는 자들은 그분의 모범을 따라 해방 운동에 동참할 것이 요구되는 것이다. 예수를 이상적인 윤리 모델로 제시하는 것이 자유주의 신학의 경향 중의 하나인데, 해방 신학도 예수를 윤리적인 모델 또는 해방 운동의 선구자로 제시하는 경향이 강하다. 이러한 해방 신학의 영향으로 예수 그리스도는 인간에게 구원을 주시는 절대적 구원자보다는 우리가 믿고 따라가야 할 윤리적 모델로서의 성격이 강하게 드러나며, 이러한 이해가 에큐메니칼 그리스도 이해에 상당한 영향을 준 것으로 보인다.

2. 방콕의 구원 이해

에큐메니칼 그리스도 이해에 영향을 준 또 하나의 요소는 방콕 CWME(Commission on World Mission and Evangelism)가 제시한 구원 개념이다. 1972년 12월 27일부터 1973년 1월 12일까지

---

53) Ibid., 225-232.
54) 해방 신학의 관점에서 보면 정통 신학은 실천(Praxis) 없이 단지 신앙과 교리에만 집착하는 경향이 있다. 해방 신학은 억압적인 기존 질서의 악순환의 고리를 끊고 사회를 변혁시키는 실천을 중시하며 그리스도가 바로 이러한 실천의 모델이 되는 것이다. Gustavo Gutierrez, *A Theology of Liberation*(Maryknoll: Orbis Books, 1973), 228-232. 전호진, 『한국 교회와 선교』(서울: 엠마오, 1985), 73.

태국의 수도 방콕에서 열린 방콕 CWME 대회는 선교 신학의 가장 핵심적인 개념인 구원(salvation)을 주제로 개최되면서 세계 교회의 이목을 집중시켰다. 방콕의 "오늘의 구원"이란 주제는 1963년 멕시코 CWME 대회와 연관성을 지닌다. 멕시코 CWME는 "세속화된 세계 속에서 그리스도가 제시하는 구원의 형식과 내용이 무엇인가?"라는 질문을 던졌는데, 방콕의 주제 역시 이러한 질문으로부터 시작되었다. 방콕은 참석자들에 의해 경험된 구원의 의미에 대하여 생각하고 연구하면서 구원의 개념을 형성하게 되었다.[55]

방콕은 이상과 같은 포괄적인 접근 방식을 가지고 "오늘의 구원"이란 주제를 내걸고 기독교의 구원론을 전면적으로 재검토하였다. 이러한 구원 이해는 복음에 대한 이해를 완전히 새롭게 하였다. 먼저 방콕은 기독론적 복음을 분명히 하면서 인간의 전 실재와 관계 맺는 복음을 언급한다. 즉 만물을 예속에서 해방하는 단순하고도 포괄적인(simple and comprehensive) 기독론적 복음을 말한다. 아울러 그 복음은 인간을 억압하는 모든 것에 대항하여 투쟁(struggle)하는 일에 우리로 하여금 헌신하게 하는 복음이다. 이와 같은 복음의 이해 위에서 포괄적인 구원의 개념이 등장하게 된 것이다.[56] 포괄적인 구원 개념이란 전통적인 영혼 구원을 넘어서는 것으로서 '경제 정의' '정치적 억압' '인간의 소외' 그리고 '인격적 삶의 좌절' 등으로부터의 해방을 모두 포함하는 것이다.

방콕의 구원 이해는 주로 현재적 차원에 많이 집중되는 경향을 보인다. 예를 들어 방콕은 구원을 4가지 차원으로 묘사하는데, 1) 착취와 반대되는 경제적인 정의, 2)억압과 반대되는 인간의 존엄성,

---

55) Rodger C. Bassham, *Mission Theology*(Eugene, Oregon: Wipf and Stock Publishers, 1979), 92-93.
56) Ibid., 1-2.

3)소외와 반대되는 연대, 4)인간 삶에 있는 실망과 반대되는 소망을 위한 투쟁[57] 등으로 다분히 현세에 치중된 구원 이해를 지니고 있다. 물론 방콕의 구원 개념이 과거적 차원이나 미래적 차원을 전적으로 무시하는 것은 아니지만, 현재적 차원의 구원에 많이 치중되는 경향을 보이는 것은 사실이다.

또한 방콕의 구원 이해는 전통적인 죄의 이해와는 달리 죄의 개인적 차원보다는 사회적 차원에 더 많은 관심을 기울이는 경향을 보인다. 방콕에 따르면 죄는 가진 자가 못 가진 자를 구조적으로 억압하는 것이며, 이러한 죄의 해결은 구조적인 악에 속박당하여 죄인 취급을 받는 사람들을 해방시키는 데서 이루어진다고 본다. 좀 더 구체적으로 표현하면 구원이란 모든 사람이 서구의 부에 동참하게 될 정도의 대규모의 기술적인 발전의 확장을 의미하며, 억압과 소외 그리고 착취가 사라지고 인간의 존엄성이 지켜지는 것을 의미한다.[58]

구원에 대한 이와 같은 포괄적인 이해는 자연히 그리스도에 대한 이해를 다르게 만들었다. 전통적인 신학에서 그리스도는 인간의 죄를 사하고 영원한 나라로 인도하는 구세주였다. 물론 영생을 주는 구원은 이 땅에서의 삶도 변화시키고 구원받은 자로 살게 하지만, 기본적으로 그리스도가 가져다주는 구원은 영적인 차원의 구원이었고, 육적인 차원의 구원은 부차적인 것이었다. 그러나 방콕의 포괄적인 구원 이해로 말미암아 이제 그리스도는 영적인 차원만을 구원하는 분이 아니라 영과 육을 함께 포괄적으로 구원하는 분으로 이해하

---

57) Commission on World Mission and Evangelism, *Bangkok Assembly 1973*(New York: WCC Publications Service, 1973), 98.
58) George M. Marsden, *Fundamentalism and American Culture: The Shaping of Twentieth-Century Evangelism, 1870-1925*(New York/ Oxford: Oxford University Press, 1980), 92.

게 되었다. 이렇게 두 가지 측면을 다 말하지만 오늘 이 땅에서 구체적으로 구원을 가져다주시는 분으로서의 이해가 더 강조되는 경향을 보였다. 전통적인 그리스도 이해와 비교해 보면 영혼 구원을 가져다주시는 구세로서의 예수 그리스도 이해에서 육적인 차원의 구원을 가져다주시는 분으로의 강조점 변화가 일어났다고 할 수 있다.

3. 하나님의 선교(Missio Dei)의 그리스도 이해

에큐메니칼 그리스도 이해에 영향을 미친 또 하나의 중요한 요소는 '하나님의 선교' 개념이라 할 수 있다. '하나님의 선교'라는 개념은 에큐메니칼 선교 개념의 가장 깊은 근저에 자리를 잡고 에큐메니칼 신학의 뼈대를 형성하는 개념이라 할 수 있다.[59] 이 개념을 발전시키는 데 큰 기여를 한 후켄다이크(J.C. Hoekendijk)는 전통적인 선교관이 지나치게 교회 중심적이며, 이와 같은 교회 중심적인 선교관은 틀린 중심을 잡고 회전하기 때문에 항상 정도에서 벗어나기 마련이고 선교의 범위가 불가피하게 축소된다고 보았다. 즉 교회 중심적 선교관을 가질 경우 선교는 교회의 범위를 벗어날 수 없고, 교회를 에워싼 세계를 교회론적인 범주로 정의하게 되며 세계는 더 이상 세계로 존재하지 않게 된다고 보았다.[60] 아울러 이 같은 교회 중심

---

59) 2000년에 WCC의 CWME는 "Mission and Evangelism in Unity Today"라는 새로운 선교 관련 선언문을 발표하였는데, 이 문서 역시 '하나님의 선교' 개념에 그 기초를 두고 있다. Jacques Matthey, "Missiology in the World Council of Churches", in Lalsangkima Pachuau, *Ecumenical Missiology*(Bangalore, India: The United Theological College, 2002), 74-75.
60) J. Hoekendijk, "The Church in Missionary Thinking," *International Review of Mission*, July, 1952, 324-333. 그는 교회 중심적 선교관을 '교회주의 이단'으로 보면서 교회론을 "왕국-복음-파송-세계"라는 틀 속에서 논의해야 한다고 생각했다. 그리고 교회를 "왕국-복음-파송-세계"의 컨텍스트 속에서 논의할 때에 여기에서 교회는 고정된 자리가 없다고 보았다.

적 선교관은 선교를 곧 '교회화'로 생각하게 되면서 교회 형성과 교파 증식에만 관심을 기울이게 되며, 전도를 행할 때에도 "…교회의 영향력을 다시금 획득하려는 사실을 성서적으로 위장하는 경우가 많다."[61]라고 주장하였다.

이와 같은 하나님의 선교 개념은 신학의 관심을 '교회'에서 '세상'으로 돌렸다. 전통적인 신학에서는 교회 안에 구원이 있으며 세상은 하나님을 대적하는 곳이요, 그리하여 멸망할 곳으로 여겨졌다. 즉, 전통적인 신학에서는 세상이 매우 부정적인 관점에서 인식되었다. 그러나 하나님의 선교 개념의 출현과 함께 에큐메니칼 신학은 세상을 서서히 긍정적으로 보기 시작하였다. 이제 하나님 계획의 초점은 교회 안이 아니라 세계 속에서 발견되고, 그리하여 세상은 하나님의 구원 역사의 출발점이요, 현장이 되었다. 신자들은 정치, 사회, 경제 등의 제 분야에 파송되고 교회와 세상은 분리가 아닌 공동 운명적인 연대 관계에 서게 되면서 세상없는 주님이 없듯이 세상없는 교회가 있을 수 없게 된다.

이처럼 선교의 강조점이 교회에서 세상으로 옮겨지면서 구원도 교회 안에서만 얻어지는 구원이 아니라 세상의 삶의 모든 영역에서 실현되는 구원으로 이해된 것이다. 또한 하나님은 샬롬의 구현이라는 목표를 가지고 선교를 이루어 가실 때 기독교인들만을 통해서 일을 하시는 것이 아니라 불신자 혹은 다른 신앙을 가진 사람들을 통해서도 일을 이루어 가신다고 믿게 되었다.[62]

이러한 변화로 말미암아 그리스도에 대한 이해도 점차 달라졌다.

---

61) J.C. Hoekendijk, *The Church Inside Out*, 이계준 역, 『흩어지는 교회』(서울: 대한기독교서회, 1994), 10.
62) Jacques Matthey, "Missiology in the World Council of Churches", in Lalsangkima Pachuau, ed., *Ecumenical Missiology*(Bangalore, India: The United Theological College, 2002), 75.

전통적인 신학에서 그리스도는 하나님을 대적하고 멸망할 세상을 구원하시기 위해 오신 분이었다. 따라서 그리스도는 세상에서 멸망받을 사람들을 구원하는 것이 그분의 주된 사역이었다. 세상은 끊임없이 멸망을 향해 달려가므로 그리스도에게로 돌아오지 않는 한 소망이 없다. 세상 문제의 가장 근본적인 원인은 그리스도께 돌아오지 않는 것이었다. 따라서 개인이 회개하고 그리스도를 받아들이는 변화 외에 정치적인 차원의 사역으로 세상의 변화를 이끌어 내는 분으로서의 그리스도 이해는 낯선 이해였다. 완전한 하나님 나라는 그리스도의 재림 후에 이루어질 것이며, 그 나라는 예수를 구주로 믿는 사람들로 이루어지는 곳이었다. 따라서 그리스도의 주된 사역은 멸망할 사람들을 구원하는 사역이었고, 그리스도를 따르는 자들의 선교적 사명은 복음을 전하여 멸망할 사람들을 구원하는 일이었다. 이에 반해 에큐메니칼 신학에서의 그리스도는 세상에 지극한 관심을 가지시며, 세상을 정의와 평화 그리고 샬롬이 넘치는 곳으로 변화시키는 모델과 인도자로 나타나고 있다. 결국 하나님의 선교 개념으로 인해 세상을 구원하시는 그리스도는 세상의 샬롬을 위해 사역하시는 그리스도로 변화되게 된 것이다.

II. 에큐메니칼 그리스도 이해의 주된 특징

1. 포괄적인 구원을 가져다주시는 그리스도

앞장에서는 에큐메니칼 그리스도 이해에 영향을 주었던 것으로 보이는 요소들을 살펴보았다. 이제부터는 이러한 영향을 받은 에큐

메니칼 그리스도 이해가 과연 어떤 특징들을 지니는지를 살펴보고
자 한다. 물론 에큐메니칼 이해는 매우 포괄적이며 전통적인 그리
스도 이해의 경향도 포함하는 포괄적인 이해이다. 그러나 전반적으
로 에큐메니칼 그리스도 이해에는 다음의 경향이 강하게 나타난다.

첫째, 에큐메니칼 신학에서 보는 그리스도는 매우 포괄적인 구원
을 가져다주시는 구원자이다. 전통적인 신학이나 에큐메니칼 신학
이나 그리스도가 구원자라는 사실에 대하여는 이의가 없다. 차이가
있다면 그 그리스도가 가져다주시는 구원이 어떤 성격의 것인가 하
는 것이다. 전통적인 의미의 구원은 영혼 구원 위주의 구원이었다.
영혼이 구원을 받는 것이다. 그 영혼 구원의 결과로 육적인 삶에서
의 변화와 사회에서의 삶의 변화가 나타나지만, 중요한 것은 영혼의
구원이었다. 영혼이 구원되어야 다른 모든 차원의 구원이 나타나므
로 영혼 구원이 우선적이고 중심적인 일이었고, 다른 모든 차원은
부차적인 것이었다. 그러나 에큐메니칼 신학에서는 그리스도의 구
원의 폭이 훨씬 더 넓어진다. 즉 전통적인 영혼 구원을 넘어서서 '경
제 정의' '정치적 억압' '인간의 소외' 그리고 '인격적 삶의 좌절' 등으
로부터의 해방을 모두 포함하는 구원 이해이다.[63]

에큐메니칼 신학은 그리스도가 가져다주시는 구원을 영적인 차
원과 육적인 차원으로 구분하는 것을 이해하지 못한다. 그리스도의

---

63) 이와 같은 포괄적 구원 개념은 방콕 제2분과에서 정의한 네 가지 사회적 차원
들 안에서의 구원 개념 정의에 잘 나타나는데 제2분과는 오늘의 구원을 위한 정
치적, 사회적, 경제적 해방 선교 전략을 책정하여 그 행동 지침을 모든 제3세계의
NCC와 교회들에 지시하고 WCC에 권고하는 일을 담당했다. 2분과에서 밝힌 구
원의 4 차원은 다음과 같다. a. 사람에 의한 사람의 착취에 대항하는 경제 정의를
위한 투쟁에서의 구원 역사들(salvation works), b. 동료 인간들에 의한 인간에
대한 정치적 억압에 대항하는 인간의 존엄을 위한 투쟁에서의 구원 역사들, c. 인
간으로부터 인간의 소외(alienation)에 대항하는 연대를 위한 투쟁에서의 구원 역
사들, d. 인격적인 삶(personal life)의 좌절에 대항하는 희망을 위한 투쟁에서의
구원 역사들, CWME, *Bangkok Assembly 1973*, 89-90.

구원은 통전적이고 포괄적이며, 이런 점에서 영적인 차원을 육적인 차원보다 우선시하는 전통적인 견해를 수용하지 않는다. 이런 점에서 산안토니오(San Antonio)는 "물질과 정신의 절대적 분리는 – 고대 희랍이나 인도의 철인들의 주장처럼– 배격된다. 그리스도는 전인으로 성육신하셨다. 예수 그리스도는 영혼의 구원자일 뿐만 아니라 전인과 물질적–영적 피조물 전체의 구원자이시다."[64]라고 말한다. 한 걸음 더 나아가 에큐메니칼에서 이해하는 그리스도는 전 세계를 포괄하는 구원을 베푸시는 분이다. 예를 들어 캔버라는 생태신학적 맥락을 예수 그리스도와 연결 지었다.

> 만물이 예수 그리스도를 통해서 창조되었고, 이분 안에서 하나님의 창조 세계는 완성된다. 우리는 그리스도의 십자가와 부활을 통해서 전 창조 세계가 새롭게 되는 것을 확신한다. 모든 것이 예수 그리스도 안에서 하나님과 화해하였고, 우리는 성령을 통해서 하나님의 미래를 경험하기 시작한다.[65]

즉, 에큐메니칼에서 바라보는 그리스도는 영적인 차원의 구원을 포함한 삶의 모든 차원의 구원을 가져다주시며 아울러 모든 창조 세계의 구원을 포함하는 포괄적이고도 통전적인 구원을 베푸시는 분으로 이해된다.

---

64) Frederick R. Wilson, ed., *The San Antonio Report, Your Will be Done: Mission in Christ's Way*(Geneva: WCC Publications, 1990), 104.
65) M. Kinnamon, ed., *Signs of the Spirit, Official Report Seventh Assembly*(Geneva, WCC, 1991), 5.

2. 가난한 자들과 자신을 동일시하시는 그리스도

전통적인 신학에서는 세상의 모든 사람들이 가난한 자이든 부한 자이든 기본적으로 하나님을 떠난 자들로서 죄인들이며 예수 그리스도를 통해 구원을 받을 때에만 하나님의 자녀가 되며 소망이 있음을 강조하였다. 따라서 세상의 모든 사람을 구원받은 자와 구원받지 못한 자로 나누어서 생각하며 그 나눔의 중심에는 그리스도가 놓여 있었다. 즉 그리스도를 중심으로 구원받은 자와 구원을 받지 못한 자가 분리되었다. 이런 점에서 그리스도는 구원받은 자들을 위한 그리스도라고도 할 수 있다.

이러한 견해와 달리 에큐메니칼 신학에서는 세상을 가난한 자와 부한 자, 억압받는 자와 억압하는 자, 착취를 당하는 자와 착취하는 자 등으로 구분하고 그리스도는 전자에 속하는 그룹의 사람들과 자신을 동일시하시는 분으로 이해되는 경향이 강하다. 그리스도가 동일시하시는 부류의 사람들은 사회에서 소외되어 모든 적극적인 참여가 금지된 무력한 상황에 있는 사람들이다. 한편 이들을 억압하는 부한 사람들은 돈, 인종, 자기 이익에 집착하여 우상숭배와 같은 죄를 지은 자들이다. 이들은 하나님 자녀를 억압하는 악마적 세력의 도구로 사용되는 것을 스스로 허용했기 때문에 죄인들로 간주되며, 해방자 예수는 가난한 자들의 편에 서서 이러한 사탄의 도구들과 투쟁하는 분으로 이해된다. 이러한 이해는 산안토니오와 나이로비의 다음 글들에 잘 나타난다.

하지만 우리는 예수님에게서 더욱 분명한 사실을 발견한다. 즉, 그분은 그 자신의 생애보다도 이웃의 삶에 더 우선순위를 두셨다. 무엇보다도 그는 주변으로 밀려난 사람들, 가난한 사람들, 어린이들, 병자들, 공개된 죄인들 및 힘없는 사람들에게 우선순위를 부여하셨다. 따라서 그리스도의 방법에 따른 선교란 항상 기성 사회 중 주변으로 밀려난 사람들로부터 출발하여 권세 있는 상부구조로 상향해야 한다. 가난한 사람들을 출발점으로 하여 하나님 나라를 엮어 나아가야 할 것이다.[66]

우리에게 주어진 복음이란 죄와 다른 세력 밑에 눌려서 고통당하는 인류와 자신을 동일화하신 하나님에 관한 메시지이다. 하나님께서 인류와 연대성(solidarity)을 가지셨음은 종이신 그리스도의 현실에 의하여 표현되었다. 이 그리스도는 자신을 낮추사 인간의 형체를 입으셨고, 가난 속에 탄생하셨으며, 버림받음의 길을 수용하셨고, 끝내는 십자가의 죽음을 대면하셨다. 이 그리스도의 대리적 고난은 하나님 사랑의 최고의 현현이다. 그리스도 안에 나타난 하나님은 인간의 죄와 연약성의 모든 짐을 홀로 걸머지셨다.[67]

가난한 자들과 자신을 동일시하신 그리스도는 곧 그들을 그 가난, 억압, 착취, 그리고 소외로부터 해방하시는 분으로 이해된다. 물론 전통적인 신학에도 해방자로서의 그리스도 이해가 없는 것은 아니었다. 그러나 전통적인 신학에서는 예수의 해방자 됨이 주로 영적인 차원에서 이해되었다. 즉, 죄의 노예가 되고 사탄의 노예가 된 상태에서 예수의 구원으로 말미암아 해방이 된다는 것이다. 그리고 죄와 사탄의 노예로부터 해방될 때 다른 현실적인 차원의 노예 됨으로

---

66) Frederick R. Wilson, ed., *The San Antonio Report, Your Will be Done: Mission in Christ's Way*, 135.
67) David. M. Paton, ed., *Breaking Barriers, Nairobi 1975*(Grand Rapids: Eerdmans, 1975), 101.

부터도 해방되는 것으로 이해하였다. 즉 그리스도가 가져다주시는 해방을 우선적인 차원과 부차적인 차원으로 나누어 생각하는 경향을 지녔다. 이에 반하여 에큐메니칼에서 이해하는 그리스도는 영적인 차원과 육적인 차원의 해방을 모두 함께 포괄적으로 가져다주시는 분으로 이해된다.

3. 인간화 모델로서의 그리스도

"예수는 신자들의 모범이다."라는 것은 모든 시대의 모든 신학의 중요한 화두였고, 모든 신앙인들은 당연히 예수 그리스도의 삶을 닮고자 하는 선한 목표를 지녔다. 예수는 새 아담으로서 죽기까지 성부 하나님께 순종함으로써 모범을 보이셨다(롬 5:19). 그러나 전통적인 신학은 인간들이 따라야 할 모범으로서의 예수보다는 죄인 된 인간들의 구세주로서의 그리스도를 더 강조한 경향이 있었다. 인간은 죄인이기 때문에 예수의 삶을 그대로 따르는 것이 근본적으로 불가능한 존재이며, 예수를 따라 삶을 살기 위해서는 먼저 예수 그리스도를 구세주로 받아들이고 하나님 자녀가 되어야 한다는 이해 때문이었다.

예수의 구세주 되심을 강조하면서 그리스도의 십자가와 부활 그리고 구세주 되심을 강조하는 전통적인 그리스도 이해와 달리 에큐메니칼 그리스도 이해는 그리스도가 인간으로 이 땅에 살면서 행한 것에 많은 강조점을 두는 경향이 있다. 즉, 이 땅에 사셨던 예수가 인간에 대해, 사회에 대해, 피조 세계에 대해 어떤 관점을 가지고 있었는지를 보여 줌으로써 예수 그리스도는 교회와 성도의 모델이 됨을 강조한다. 특별히 예수 그리스도는 인간을 구원하기 위해

악마적 세력과 투쟁하는 해방자로 이해된다. 해방자 예수 그리스도
는 현재적 삶 속에서 고난당하는 인간, 가난과 차별, 핍박 가운데
놓여 있는 인간을 구원하기 위해 악마적 세력과 투쟁할 뿐만 아니
라, 그의 백성들을 구체적인 투쟁 가운데 동참하도록 이끈다. 그러
므로 에큐메니칼에서 이해하는 예수 그리스도는 현재 인간의 육체
적 구원을 위해 투쟁하는 역동적인 그리스도로 나타나며 이런 점에
서 인간화의 모델이 되는 것이다. 교회는 이와 같이 인간화의 모델
이 되신 그리스도를 따라야 할 책임이 있음을 밴쿠버는 다음과 같
이 강조하였다.

> 그리스도께서 세상을 다스리신다. 그의 백성은 이 세상의 악마적 세
> 력에 대항하여 싸우시는 그리스도의 투쟁에 동참하도록 부름 받았다.
> 꾸준하고 신실한 종으로 부름 받은 교회들은 해방을 위해 투쟁하는 모
> 든 사람들의 맹방으로서 어린 양의 통치를 증명해야 하고, 세상 속에서
> 희망의 확실한 증표가 되어야 한다.[68]

에큐메니칼 확언은 "가난한 사람들에게 좋은 소식을 전하는 것
은 그들에게 빚진 의를 그들에게 돌리는 것이다. 예수 그리스도의
교회는 가난한 자로 성육신하시사, 가난한 자들 가운데 사신 분으
로서 가난한 자들에게 하나님 나라를 약속하신 주님의 모범을 따라
가난한 자들에게 좋은 소식을 설교하도록 부름을 받는다."[69]라는 말
로 교회가 어떻게 모델이 되신 그리스도를 따라야 하는지를 말하고

---

68) David Gill, ed., *Gathered for Life, Official Report VI Assembly*(WCC,
WCC Publications, 1983), 89.
69) James A. Scherer and Stephen B. Bevans, ed., *New Directions in
Mission and Evangelization I: Basic Statements 1974-1991*(New York:
Orbis Books, 1991), 46.

있다. 나이로비도 기독교의 증거가 곧 그리스도를 따라 자유롭게 하는 항거에 동참하는 것임을 천명하였다.[70]

4. 세상에 깊은 관심을 표명하는 그리스도

에큐메니칼 신학은 세상이 하나님의 피조물이며 하나님의 깊은 사랑의 대상이라는 점을 강조한다. 세상에 대한 깊은 관심과 긍정적인 에큐메니칼 이해를 나이로비의 다음 글에서 발견할 수 있다.

> 이 세상은 단순한 하나님의 피조물이 아니다. 그것은 하나님의 선교의 장이기도 하다. 하나님은 전 세계를 사랑하셨기 때문에 교회는 이 세상의 어느 부분도 소홀히 여길 수가 없다. 구원하시는 자의 이름을 들은 자들이나 아직 그것을 듣지 못한 더 많은 사람이든 간에, 우리가 하나님께 순종해야 하는 한, 그리고 인류 가족과 연대의식을 갖고 있는 한 하나님의 사랑을 모든 사람, 모든 계층, 모든 인종, 육대주 오대양—어떤 문화적 맥락과 어떤 역사적 상황에 있어서도—에게 선포하고, 증거해야 한다는 그리스도의 명령에 순종해야 한다.[71]

세상에 대한 긍정성은 자연히 그리스도를 세상에 깊은 관심을 표명하는 분으로 이해하게 된다. 아울러 세상의 평화와 인간화를 위한 투쟁을 위해 그리스도가 활동하며, 이러한 그리스도의 활동에

---

70) 나이로비는 말하기를, "그리스도의 고백은 하나님의 신실하심에 대한 감사의 행동이요, 우리의 삶에 동참하시는 그리스도의 우리를 자유하게 하시는 현존에 대한 감사의 행동이다. 동시에 기독교적 증거란 그리스도인들 자신들 속에 있는, 교회들 안에 있는, 그리고 사회 안에 있는 악의 세력에 대한 기독교적 항거와 관계가 있다."라고 선언한다. David. M Paton, ed., *Breaking Barriers, Nairobi 1975* (Grand Rapids: Eerdmans, 1975), 50.
71) Ibid., 42.

참여하는 것이 곧 선교라고 이해한다. 우리는 멜버른에서 그러한 경향을 발견할 수 있다.

교회들과 교회들의 개개 구성원들이 인권 투쟁에 개입해야 하는 이유는 하나님 나라의 주님이신 예수 그리스도께서 여성과 남성으로부터 그들의 권리를 박탈하려는 모든 시도들에 반대하는 철저한 도전이기 때문이다. 교회들과 그리스도인들은 이러한 투쟁에 참여하도록 부름을 받았다. 왜냐하면 이들은 원수사랑 및 용서와 화해에 대한 복음의 독특한 요구에 순종하는 증거자들이기 때문이다. 복음 전도(evangelism)란 인간 사회들의 사회적, 경제적, 정치적 삶에 참여하는 교회의 지역별 선교에 속한다. 이처럼 인권 투쟁에의 참여는 그 자체로서 말과 행동으로써 십자가에 달리셨다가 부활하신 그리스도를 선포하는 교회의 선교 전체 안에서 중심적 요소이다.[72]

세상에 대한 이와 같은 긍정성은 전통적인 신학에서의 세상 이해와는 사뭇 다른 경향이 있다. 물론 세상은 하나님의 피조물이며 하나님의 지극한 사랑의 대상이다. 하나님은 이 세상을 지극히 사랑하사 세상을 구원하시기 위하여 그의 독생자 예수까지 보내셨다(요 3:16). 그러나 세상은 그 독생자를 알지 못하고 배척하였다. 따라서 세상은 하나님의 사랑의 대상이지만 하나님께서 보내신 구원의 길인 그리스도를 받아들이지 않는 한 멸망의 대상이라는 것이 전통적인 세상 이해이다. 그리스도가 이 멸망할 세상을 구원하기 위해 십자가에 돌아가셨다는 것이 전통적인 그리스도 이해인 것이다. 반면

---

72) CWME, *Your Kingdom Come, Mission Perspective, Report on the World Conference on Mission and Evangelism*(Geneva: CWME, 1980), 186.

에 에큐메니칼 이해에서는 세상에 대한 긍정성을 강조하면서 그리
스도가 십자가 위에서 이룬 구원에 대한 강조점은 약화되는 경향
이 있다.

한 걸음 더 나아가 에큐메니칼 구원 이해는 세상에 대한 깊은 관
심을 표명하면서 구원의 범위를 크게 확대하는 경향을 보인다. 성
경은 반복해서 그리스도께서 그 목숨까지 버리시면서 구원하신 사
람들을 매우 명확히 한정시켜 묘사한다. 그가 고난과 죽으심을 통
해 구원하신 사람들은 '그의 양'(요 10:11,15), '그의 교회'(행 20:28,
엡 5:25-27), '그의 백성'(마 1:21), '택하신 자들'(롬 8:32-35) 등으
로 한정짓는다.

그러나 에큐메니칼 신학은 그리스도의 구원 범위를 그리스도를
수용하는 사람들로부터 전 피조물로 확장하여 이해하는 경향이 강
하다. 즉, 세상에 대한 관심과 강조는 모든 피조물들이 함께 어우러
지는 종말론적으로 완성될 코이노니아(Koinonia)를 상정하게 된다.
이러한 경향을 캔버라에서 잘 볼 수 있는데, 캔버라는 모든 생명의
근원을 삼위일체 하나님으로 고백하고, 특히 창조 세계 안에 현존
하시는 성령을 강조했다.[73] 캔버라는 이어서 성서의 약속에 근거하
여 모든 창조 세계가 예수 그리스도의 구속 사역으로 새롭게 될 것
이라고 선언함으로써 세계 교회로 하여금 피조물의 구원에 대한 종
말론적 비전을 갖게 하였다고[74] 강조하면서, 그리스도를 따르는 교

---

73) 캔버라 총회는 환경과 생태계의 문제를 주제로 채택했다. 캔버라는 "오소서
성령이여, 모든 창조의 세계를 새롭게 하소서(Come, Holy Spirit – Renew the
Whole Creation)"라는 주제를 가지고 모였고, 특히 제1분과 "생명의 시여자시여,
당신의 창조 세계를 지탱하소서(Giver of Life – Sustain Your Creation)"에
서 창조 신학과 생명의 신학을 전개했다. WCC, *Signs of the Spirit: Official
Report, Seventh Assembly*(Geneva: WCC Publications, 1991), 55.
74) 캔버라는 말하기를, "성경은 우리에게 예수 그리스도의 구속 사역은 인간의
삶의 갱신일 뿐만 아니라 모든 우주(cosmos)의 갱신이라는 것을 일깨워 준다."라
고 강조한다. Ibid., 57.

회 역시 모든 피조물에게 약속된 하나님과의 화해를 위해 일해야 함을 강조한다.[75]

III. 에큐메니칼 그리스도 이해가 선교에 미치는 영향

1. 구원의 범위 확장

앞장에서는 에큐메니칼 그리스도 이해의 주된 경향을 살펴보았다. 이제 그러한 경향들이 선교에 어떤 영향을 미칠 수 있는지 살펴보자. 에큐메니칼 그리스도 이해가 선교에 미치는 가장 큰 영향은 아마도 구원의 범위 확장일 것이다. 전통적으로 선교는 구원의 소식을 전하는 사역이었다. 전통적인 선교가 전하고자 하는 것은 주로 영적인 구원이었고, 이 영적인 구원에 육적인 차원의 구원이 수반되는 것으로 보았다. 이와 같은 구원 이해로 말미암아 선교는 육적인 면보다는 영적인 차원에 집중하는 경향이 강했다. 물론 육적인 차원을 무시한 것은 아니었다. 많은 선교 사역이 병원, 학교, 고아원, 복지 기관 등을 세워서 사람들의 육체적 차원의 향상에 크게 기여하였다. 그러나 언제나 최종적인 관심은 영적인 구원이었다. 육적인 차원의 구원에 대한 관심은 영적인 구원을 얻는 데 도움이 될 수 있

---

75) 캔버라는 다음과 같은 말로서 세상을 향한 교회의 책임을 말한다. "교회는 이러한 하나님과의 교제와 상호 간의 교제의 미리 맛봄이다. 교회의 목적은 기도와 실천을 통해서 이러한 교제를 드러내는 것이며, 나아가서 하나님, 인류 또 모든 피조물과의 교제의 충만함을 그 나라의 영광을 바라보면서 지시하는 것이다. 교회는 하나님의 통치에 대한 징표로서, 또 모든 피조물에게 약속된 하나님과의 화해의 종으로 부르심을 받았다. 교회는 화해를 선포하고 치유를 제공하며, 종족, 성, 나이, 문화 혹은 피부색에 근거한 분열을 극복하고, 모든 사람들을 하나님과의 교제 속으로 불러들이도록 부르심을 받았다." WCC, *Signs of the Spirit*, 250.

는 수단으로 인정되었다.

이러한 경향은 자연스럽게 육적인 차원에 대한 소홀로 나타나게 되었고, 구원이 저 세상만의 구원으로 축소될 가능성이 있었다. 이런 의미에서 에큐메니칼의 그리스도 이해는 전통적인 그리스도 이해가 가져올 수 있는 축소된 구원 이해의 폭을 넓혀 주었다는 데 그 의의가 있다고 하겠다. 이러한 이해로 말미암아 선교는 영혼 구원을 위한 복음 전도 위주의 선교가 아니라 삶의 총체적인 구원을 위한 통전적인 사역으로 바뀌게 된 것이다. 선교를 영혼만을 위하고 저 세상만을 위한 사역이 아니라, 이 세상에 사는 삶의 모든 차원에 참된 구원을 가져다주는 사역으로 이해하게 된 것이다.

그런데 이와 같은 확장된 구원 이해는 그 커다란 기여점과 함께 약점도 지니고 있다. 다음과 같은 점에서 그 장점 자체가 치명적인 약점이 될 수 있다. 첫째, 확대된 구원 개념은 구원 개념의 혼선을 불러일으킬 가능성이 있다. 전통적인 신학에서는 구원 개념이 매우 단순 명료하였다. 구원받았다는 것이 무엇이며, 구원을 어떻게 받는 것인가에 대한 명확한 기준이 있었다. 간단하게 표현하면 구원은 예수를 그리스도로 영접하고 하나님의 자녀가 되는 것이었으며, 그 방법은 '오직 믿음으로'였다. 오직 믿음으로만 구원을 받는다는 '이신칭의'의 교리는 성경, 특별히 바울의 가르침 가운데 분명하게 나타나며,[76] 개혁자들의 핵심 신학이었다.

그러나 확대된 구원 개념에 따르면 모든 억압으로부터 벗어나는

---

76) 바울은 율법의 공로로 구원받을 수 있는 사람이 하나도 없음을 강조하면서(갈 2:16), 율법의 행위로 구원을 받을 수 있다면 그리스도의 죽음이 헛된 것이라고 강조한다(갈 2:21). 즉, 구원은 오직 그리스도를 믿음으로만 가능하다는 것이 신약의 가르침이며 개혁자들의 신앙이다. Donald G. Bloesch, *Essentials of Evangelical Theology*, Vol. I(San Francisco: Harper&Row Publishers, 1978), 227.

것이 구원으로 이해된다. 그런데 어떤 억압으로부터 얼마나 벗어난 사람을 구원받은 사람이라고 볼 수 있을까? 그리고 가난한 사람들만이 억압 아래 있을까? 부자들 역시 수많은 굴레에 매여 있지 않는가? 부자들 역시 물질 문제, 질병, 정신적인 고뇌 등에 매여서 고통을 당하는 것이 사실이다. 최근 들어 많은 사회 저명인사들이 스스로 목숨을 끊는 일이 많이 발생하는데 이런 것은 부자나 권력을 지닌 자들 역시 고통의 굴레 속에 있다는 것을 보여 준다. 이 세상에 사는 사람 중 그 어느 누구가 모든 억압으로부터 자유로운 사람이 있을까? 그리고 도대체 어디까지 해방 받는 것이 구원받은 것이라고 말할 수 있을까?

바울은 그리스도인이 된 노예들이 여전히 노예의 신분을 가지고 있음에도 불구하고 그들을 구원받은 성도로 생각하면서, 주인을 잘 섬기라고 권면하였다(엡 6:5, 딤전 6:1-2).[77] 그러나 방콕의 구원 이해에 따르면 이들은 노예 상태에 있고 해방을 받지 못하였기 때문에 구원을 받지 못했다고 말해야 옳을 것이다. 하지만 성경은 이들이 구원받지 못한 사람들이라고 언급하지 않는다. 그들은 비록 노예였지만 분명히 예수를 주님으로 영접하고 구원을 받은 사람들이었다. 개념이 명확치 않으면 그 사역은 효율성이 떨어질 수밖에 없다. 에큐메니칼의 확대된 구원 이해는 그 넓은 포괄성으로 인해 불명확한 개념이 될 가능성이 높고, 이러한 불명확한 구원의 성취를 목표로 삼는 선교 사역은 자연히 그 사역의 효율성이 낮아질 가능성이 많다.

둘째, 확대된 구원 이해는 자칫 구원을 복지사회 건설 정도로 축

---

77) 에베소서 6장 5절은 말하기를, "종들아 육체를 따라 너희 상전에게 순종하기를 그리스도께 하듯 하라."고 한다. 여기에서 종들은 비록 종이지만 이미 그리스도를 믿고 그리스도인들이 된 종들이며, 바울은 이들에게 그리스도께 하듯 주인에게 순종하라고 권면한다.

소시킬 가능성이 높다. 방콕의 구원 이해는 어떻게 하면 가난한 자들과 억압받는 자들을 해방시킬까에 주된 강조점이 있다. 이런 이유 때문에 방콕은 선교 단체들이 현지에서 사회 정의 구현을 위한 사역을 하지 못하는 한 철수하라고 권면함으로써 에큐메니칼이 추구하는 선교는 전통적인 구원이 아니라 해방 운동으로 기울어져 있음을 보여 주고 있다.[78]

인류 사회에 가난한 자들이 사라지고 억압받는 자들이 모두 해방된다면 그것은 참으로 좋은 일이다. 그러나 그것이 곧 구원이라고 말할 수는 없다. 방콕에서 생각하는 것처럼 모든 사람이 모든 억압으로부터 해방되는 것이 과연 이 땅 위에서 이루어질 것인지에 대한 의문은 접어 두고, 모든 인간이 다 해방되어 잘 살게 된다 해도 그들이 하나님에 대해서는 아무런 관심이 없고 자신들만의 힘으로 교만하게 사는 사회를 하나님의 나라라고 볼 수는 없다. 그런 나라라면 막시즘이나 인권 운동가들이 이루려는 사회와 무슨 차이가 있겠는가?

이런 점에서 보쉬(David Bosch)는 "요약하면 구원과 복지는 비록 그것들이 밀접하게 연결되어 있다 할지라도 완전히 일치하지 않는다. …기독교 복음은 현대의 해방 운동들의 의제와 동일하지 않다."[79]라고 설파한다. 휫트비(Whitby)가 이미 지적한 대로 "…이 세계의 슬픔의 근원이 영적이어서, 부활하신 그리스도께서 이 세상의

---

78) CWME, Bangkok Assembly 1973, 91.
79) 데이빗 보쉬, 『변화하는 선교』, 김병길, 장훈태 공역(서울: 기독교문서선교회, 2000), 589. 글라서도 "사회 정의를 위한 투쟁에 동참하는 것이 그의 이기심으로부터 '구원'받는 것이다."라고 하는 것은 구원 개념이 너무 세속적으로 한정지어질 수 있다고 하면서 방콕 구원 개념의 한계를 지적했다. Arthur Glasser, "Bangkok: An Evangelical Evaluation" in *The Conciliar-Evangelical Debate: The Crucial Documents 1964-1976*, ed. by Donald McGavran(Pasadena, CA: William Carey Library, 1977), 300.

모든 삶의 차원으로서 침투해 들어가셔야 이 세계의 치유가 가능"[80]
해지는 것이다. 확대된 구원 이해는 자칫 구원의 핵심을 놓쳐 버리
고 막시즘이나 인권 운동가들이 말하는 구원의 의미로 축소될 수
있는 가능성을 지니고 있다는 점을 깊이 고려할 필요가 있다.

2. 가난한 자들과의 연대성 강화

교회가 섬겨야 할 세상은 갈수록 비인간화되어 가고 있다. 특별
히 가난한 자, 병든 자, 실직자, 힘없는 자들은 갈수록 더 사회의 주
변으로 밀려나고 있다. 약한 자들에 대한 구조적, 영적, 물리적 폭
력을 동반한 배척(exclusion)이 세계 대부분의 지역에서 갈수록 더
심화되고 있다. 가장 가난한 사람들을 위한 피난처, 건강 유지, 영
양 공급 그리고 교육 등과 같은 인간의 기본적인 필요에 대한 공급
은 30년 전보다 실제적으로 더 악화되고 있는 상황이다. 그로 인하
여 그들의 땅에서 쫓겨나거나 새로운 일자리를 찾는 노동자들과 농
민들 그리고 토착민들의 경제적 이민이 증가하게 되었다.[81]

이러한 상황에서 그리스도를 약한 자들과 연대하고 그들의 해방
을 위해 일하시는 분으로 이해하는 에큐메니칼 그리스도 이해는 인
류의 절대 약자들에게 희망을 안겨 준다. 그들에게 있어서 구원이란
하나님과의 관계 회복이라는 영적인 문제일 뿐만 아니라, 가난과 억
압으로부터의 해방이고, 모든 차별과 분쟁의 종식이며, 기쁨과 행복
이 가능한 삶이기 때문이다. 또한 이러한 이해는 자신의 이익을 위

---

80) IMC, "Witness of a Revolutionary Church: Whitby, Ontario, Canada,
July 5-24, 1947" in *International Missionary Council 1947*(New York:
London, 1947), 19.
81) WCC, *Mission and Evangelism in Unity Today*(Geneva: WCC, 1998),
No. 20.

해 가난한 자를 억압하는 사람들, 다른 민족과 국가의 피폐를 묵인할 뿐만 아니라 이를 통해 자신의 이익을 추구하려는 사람들, 더 나아가 가난한 자들을 돌아보지 않고 자신의 평안만을 추구하는 사람들에게 진정한 구원의 의미를 깨닫게 한다. 즉, 이 시대의 부요한 자들에게 진정한 구원은 영적인 구원일 뿐만 아니라 이 땅에서도 이루어지는 것임을 인식시킴으로써 구원의 작은 도구로 쓰임 받을 수 있는 길을 제시하는 것이다.

이와 같은 그리스도 이해로 말미암아 교회의 선교는 이제 가난한 자들과 소외된 자들 그리고 사회적 약자들에게 더욱 깊은 관심을 갖는 사역이 되도록 도전을 받는다. 아울러 이러한 이해는 가난한 자들을 개인적으로 돕는 차원에서 한 걸음 더 나아가 이러한 사람들을 양산하고 이러한 사람들이 그 가난의 굴레로부터 벗어나지 못하도록 만드는 사회의 죄악 된 구조를 갱신할 수 있도록 저항하거나 투쟁할 수 있는 교회가 되도록 도전한다는 데 큰 기여점이 있다.

그러나 이와 같은 기여점에도 불구하고 가난한 자들과 연대하는 그리스도 이해는 몇 가지 약점을 지니고 있다. 에큐메니칼의 가난한 자와 연대하시는 해방자 그리스도 이해는 그리스도의 사랑 안에 부유한 자들이 배제되는 것으로 오해될 수 있다. 하나님은 물론 가난한 사람들을 사랑하신다. 그러나 동시에 부한 자들도 역시 사랑하신다. 가난한 자들에게 구원이 필요한 것처럼 부유한 자들도 역시 구원이 필요한 자들이다. 세상에 사는 모든 사람은 한결 같이 그리스도의 구원을 필요로 하는 자들이다.[82] 그런데 에큐메니칼의 해방자 예수 이해는 가난한 사람들과 부한 사람들, 억압받는 민족과 착취하

---

82) Donald G. Bloesch, *Essentials of Evangelical Theology*, Vol.I(San Francisco, Harper & Row Publishers, 1979), 90.

는 민족, 후진국과 선진국이라는 이원적인 관점으로 세계를 나누고, 예수를 가난한 자, 억압받는 민족, 후진국의 대변자로 세움으로써 부한 사람들, 착취하는 민족, 선진국에 대한 배타적인 이미지를 줄 수 있는 가능성이 있다. 즉, 가난한 자들에 대한 예수의 편애를 강조하는 것은 자칫 예수 그리스도의 보편적인 사랑과 구원의 보편적인 필요성을 훼손시킬 수 있는 가능성을 내포하고 있는 것이다.[83]

또 예수를 해방자로 간주하는 신학은 그리스도의 보편적 사랑을 희생하면서 부자들로부터 외면을 당할 뿐 아니라 심지어 가난한 자들로부터도 외면을 당하고 있다는 사실이다. 예를 들어 남미의 경우 해방 신학이 그토록 관심을 두는 가난한 자들은 해방 신학에 관심이 없고 오히려 오순절 교회로 발걸음을 옮기는 형편이다. 즉, 예수를 해방자로 강조하는 신학은 부자와 가난한 자 모두로부터 등 돌림을 당하고 있다. 아울러 가난한 자들과 연대하는 그리스도를 강조하면서 가난한 자들의 해방에의 동참을 강조하는 신학은 자칫 인간들의 능력을 과대평가하는 위험에 빠질 수 있다. 이에 대하여 보쉬는 다음과 같이 경고한다.

최종적인 구원은 인간의 손으로, 심지어는 그리스도인들의 손으로도 이루어지지 않을 것이다. 그리스도인들의 종말론적인 구원 비전은 역사 속에서 실현되지 않을 것이다. 이러한 이유로 그리스도인들은 결코

---

83) 스테판 닐은 가난한 자들을 편드는 막시즘에 대하여 말하면서, "모든 악은 강자들의 편에 있고, 약자들은 잘못이 없고, 모든 덕을 갖추고, 자유를 누릴 기회만을 기다리는 자들로 묘사된다."라고 하였고, "차례가 바뀌어 약자들이 정치권력을 얻게 되면, 그들도 과거의 지배자들처럼 악으로 가득 찬 모습을 보여 준다."라고 분석하였다. 약한 자들을 무조건 미화하는 것은 바른 묘사도 아니며, 그들의 말대로 부자들이 죄인이라고 한다면 그들에게도 그리스도는 필요한 것이다. Stephen Neill, "Looking toward the Fifth Assembly", in *The Conciliar-Evangelical Debate: The Crucial Documents 1964–1976*, ed. by Donald McGavran (Pasadena, CA: William Carey Library, 1977), 319.

어떤 특정한 계획을 하나님의 통치의 충만함으로 동일시해서는 안 된
다. 우리는 기껏해야 하나님의 통치를 위한 가교를 건설하고 있다. 그러
므로 우리는 구원의 초월적인 성질과 그리스도를 통한 하나님을 믿는 믿
음으로 사람들을 초대하는 일을 고수한다. 구원은 회개와 개인적인 믿
음의 헌신을 통하지 않고서는 오지 않는다.[84]

3. 세상에로의 참여 강화

교회는 하나님의 피조물을 관리하는 청지기가 되도록 부르심을
받았다. 따라서 교회는 결코 혼자일 수 없다. 세상을 떠나서 세상
과 무관하게 자신들만의 게토를 만들고 자신들만을 위하여 존재할
수는 없는 것이다. 전통적인 신학의 관점에서 보면 이 세상은 하나
님을 거부하고 멸망을 향하여 달려가는 세상이므로 세상을 변혁시
키는 것보다는 세상에 복음을 전하여 세상으로부터 교회로 나오는
것이 더 중요하게 여겨진 경향이 있었다. 전통적인 그리스도 이해는
세상 문제에 심각한 의미를 두지 않았던 이해였기에 전통적인 신학
은 세상에 대하여 특별히 세상의 구조적 악의 문제에 대하여는 다
소 무관심한 면이 없지 않았다.

이런 상황에서 세상에 깊은 관심을 표명하는 에큐메니칼 그리스
도 이해는 교회로 하여금 사회에 대하여 책임적인 존재가 되도록 도
전하는 데 기여한다. 예를 들어 방콕은 죄의 사회구조적인 차원을
보면서 사회에 대하여 책임적인 교회가 될 것을 강조한다. 이런 점
에서 방콕은 "그리스도인들은 인간적 위기와 고난을 극복하고 사회
적 정의를 실현하며 한 공동체로 협력하고 평화를 위해 싸우며 다

---

84) 데이빗 보쉬, 『변화하는 선교』, 591-592.

른 자들과 함께 일할 준비가 되어 있다.”[85]라고 선언하고 있다. 그리
스도는 세상의 역사 속에서 일하고 계시며, 세상의 구원을 위하여
교회를 세상 속으로 파송하고 계시다. 이러한 이해 속에서 웁살라
대회는 비인간화, 정의와 평화 문제, 인종 차별의 문제, 세계 평화의
위협으로 인해 격동의 시대를 보이고 있는 세상 속에서 물질적 빈곤
을 해결하는 것이 영적인 빈곤을 해결하는 것 못지않게 중요하다는
사실을 강조하게 되었다. 이러한 그리스도 이해는 영적인 면에 집중
함으로써 세계의 현실을 간과하고 역사적 문제와 괴리됨으로써 세
상으로부터 거부되는 결과를 초래한 전통적 선교의 약점을 극복하
도록 도전하는 데 기여한다.

이상과 같이 세상에의 참여를 강조하는 경향은 매우 긍정적인 측
면이 있지만, 세상 참여를 강조하는 경향은 또한 여러 가지 약점도
내포하고 있다. 세상에의 참여를 강조하는 경향은 세상을 매우 긍
정적으로 보는 경향이 있다. 즉 이 세상이 하나님의 피조물이며, 하
나님의 특별한 사랑의 대상이며, 종말에 하나님이 완성시킬 대상이
라는 점을 강조한다.[86]

그러나 이 세상이 하나님께 관심이 없을 뿐 아니라 하나님을 거
부하고, 예수를 통한 구원의 길을 배척하고, 자신의 이익과 쾌락만
을 쫓아감으로 말미암아 멸망당할 세상이라는 점은 거의 언급조차
하지 않는 경향이 있다. 이 세상이 하나님의 사랑의 대상이며, 이 세
상을 하나님이 기뻐하시는 아름다운 세상으로 바꾸어야 한다는 점

---

85) CWME, *Bangkok Assembly 1973*, 188.
86) 세상에 대하여 긍정적인 견해들은 대부분 세상이 조금 흠결이 있으며 그리스
도는 지속적으로 이 세상을 온전하게 하실 분이라는 견해를 지니며, 에큐메니칼의
세상 이해도 이와 유사한 측면이 있다고 보인다. Donald G. Bloesch, *Essentials
of Evangelical Theology*, Vol.2(New York: Harper and Row Publishers,
1979), 249.

은 강조하지만, 이러한 변화의 가장 첫 단계요, 가장 핵심적인 사역인 복음 전도에 대해서는 거의 언급을 하지 않는 경향이 있다. 이러한 경향은 세상을 긍정적인 차원에서만 언급하면서 마치 세상이 회개하고 복음을 받아들이는 일이 없이도 하나님의 사랑과 구원의 대상이 될 수 있을 것 같은 오해의 소지를 불러일으킬 수 있다. 세상은 분명히 하나님의 피조물이며 하나님의 사랑의 대상이다. 그러나 동시에 세상은 하나님을 거부하면서 진노의 대상이기도 하다.[87] 성경은 이 두 가지를 함께 강조하며, 여전히 세상이 하나님께로 돌아오지 않는 한 세상은 멸망의 대상임을 강조한다.[88]

이처럼 하나님 앞에서 세상은 양면성을 지니지만, 에큐메니칼의 세상 이해는 대부분 긍정적인 차원만 강조하는 경향이 짙다. 세상을 긍정적으로만 보는 견해는 종국적으로 그리스도의 구원과 세상의 회개를 별로 필요치 않은 것으로 인식하도록 만들게 될 가능성이 커진다. 이러한 경향은 종국적으로 교회의 필요성을 약화시켜서 교회의 약화 혹은 교회의 무용화를 불러올 가능성이 높아진다. 전통적으로 교회는 '에클레시아(Ecclesia)' 즉 '부름받은 자들의 모임'으로 불렸다.[89] 죄악 된 세상으로부터 불림을 받아 구원을 받고, 다시 그 세상을 구원키 위해 보냄을 받는 자들의 모임이 바로 교회이다. 만약 세상의 긍정적인 차원에만 강조점을 두면서 세상의 죄악성

---

87) 로잔은 "1974년 세계복음화국제대회 로잔언약" 3장에서 이것을 다음과 같이 표현한다. "…하나님은 모든 사람을 사랑하시어 한 사람도 멸망하지 않고 모두가 회개할 것을 원하신다. 그럼에도 그리스도를 거절하는 자는 구원의 기쁨을 거부하며 스스로 정죄함으로써 하나님으로부터 영원히 떠난다."
88) 요한복음에 따르면 세상은 그 임금 즉 사단에 의해서 대표되는 집합적인 인격이며, 그리스도와 대적 관계에 있다(14:27, 비교, 요일 4:4, 5:18-19). 세상은 그리스도를 알지 못하며(1:10, 17:25), 미움으로 그를 대한다(7:7). 따라서 그리스도의 임무는 세상의 심판을 수반한다(12:31, 16:11). 게르하르트 킷텔 외 편, 『신약성서 신학사전: 킷텔 단권 신약원어 신학사전』(서울: 요단출판사, 1986), 527.
89) Donald G. Bloesch, *Essentials of Evangelical Theology*, Vol.II(San Francisco, Harper & Row Publishers, 1979), 158-159.

을 언급하지 않는다면 종국적으로 교회의 필요성을 감소시킬 수 있다. 세상이 그 자체로 긍정적이며 선하다면 굳이 교회로 불러내야 할 이유가 별로 없는 것이다. 그렇지 않아도 요즘 들어 서구 세계를 중심으로 교회들이 심각하게 약화되고 있는 상황에서 세상에의 참여만을 강조하는 경향은 종국적으로 교회의 폐기 상태를 가져올 수 있다. 세상을 무시하거나 세상을 포기하라는 것이 아니다. 세상을 참으로 변화시키는 가장 핵심적인 능력이 바로 복음이라는 사실을 잊지 말아야 한다는 것이다.

4. 선교에 있어서 윤리적 차원의 강화

에큐메니칼 신학은 그리스도를 가난한 자들 편에 선 분으로 이해하며, 가난한 자들의 해방을 위해 일하시는 그리스도를 본받아 해방 운동에 동참할 것을 강조한다. 이러한 강조는 자연히 교회로 하여금 사회에 더욱 적극적으로 참여하도록 하고, 신자들의 윤리적 차원을 높이는 데 기여할 수 있으리라고 여겨진다. 또한 에큐메니칼의 그리스도 이해는 예수의 모범을 교회 내로 한정시킬 수 있는 전통적인 신학의 약점을 극복할 수 있는 가능성이 있다고 보인다. 즉, 전통적인 신학을 물려받은 기독교인들 중에서는 개인의 영성만을 추구하고 그 자신의 세계에 몰입함으로써 교회 공동체로부터 스스로를 고립시키고 더 나아가 자신과 다른 이질적 영성에 대해서는 배타성을 지니는 신비주의적 기독교인이 생겨날 수 있는데, 에큐메니칼 신학은 이러한 것을 막는 데 도움이 될 수 있다고 보인다. 또 그리스도의 모범을 교회 내로 제한함으로써 교회와 세상의 이원적인 삶을 추구하는 기독교인이 나타날 수 있는 가능성을 막는 데 도움을 줄 수 있으리라 생각된다.

이와 같은 기여점에도 불구하고 그리스도를 윤리적 모델로 보는 견해는 자칫 예수를 윤리적 인간으로 전락시키고 그리스도의 몸이라는 교회의 특수성을 상실하게 하며 교회를 사회 지향적인 하나의 윤리 단체로 전락하게 할 수 있는 위험을 초래할 수도 있다. 예수의 인성을 강조하고 예수를 하나의 윤리적 모델로 보는 견해는 19세기 자유주의 신학에서 강하게 나타났다. 이 신학은 예수의 인성을 강조하고, 예수에 의해 시작되는 하나님 나라를 이 세상에서 실현되는 윤리적인 인간 공동체로 정의함으로써 종말론적인 사건 대신 인간에 의해 성취 가능한 어떤 세계의 내적인 것으로 보았다. 예수는 그 나라의 창건자로서 그 일을 위해 이 세상에서 맡은 바 사명을 성취하셨다고 믿어지면서, 예수는 하나님 나라를 위해 윤리적 책임을 완수하고 그 나라를 위해 결속한 인간의 원형으로 이해되었다. 에큐메니칼 그리스도 이해는 이와 같은 이해와 다소 흡사한 점을 지니고 있으며 이러한 그리스도 이해는 인간의 모든 죄를 대속한 구원자로서의 그리스도 대신 윤리적 표상으로서의 역사적 인물 예수를 강조하면서, 예수는 도덕적인 표본이 될 뿐 신앙의 대상이 되어서는 안 된다고 보는 경향이 강하다.[90]

이러한 견해는 예수께서 인류를 위하여 돌아가심으로 인류를 구원하셨다는 기독교의 기본 진리를 약화시키는 결과를 가져올 수 있다. 이러한 경향에 대하여 보쉬는 "하나님의 나라가 중심에 있었다. 그러나 그 왕은 없었다."[91]라고 평가하면서, "구원의 윤리적인 해석은 예수님의 지상적인 삶과 사역에 초점을 두었다. 그러나 그것은 결

---

90) 이종성, 『그리스도론』(서울: 대한기독교출판사, 1984), 427-428.
91) 데이빗 보쉬, 『변화하는 선교』, 585.

론적으로 예수 그리스도를 불필요한 존재로 만들었다."[92]라고 지적한다. 그렇다. 예수가 단지 하나의 윤리적 표상에 지나지 않는다면 윤리적 표상이 될 수 있는 사람은 세상에 많이 있으므로 기독교는 절대성을 상실하게 되고,[93] 많은 윤리적 표상 가운데 한 분에 지나지 않는 예수를 전하여야 하는 기독교 선교는 자연히 동력을 상실하게 될 것이며 자연히 교회는 자연히 감소될 가능성이 높아진다는 점에서 한계점을 지닌다고 할 수 있다.

요약 및 전망

이 장에서는 에큐메니칼 진영의 신학에 숨겨져 있는 그리스도 이해의 배경과 주된 특징들을 살펴보았다. 에큐메니칼 진영의 그리스도 이해는 주로 다음의 특징적인 경향이 나타난다. 즉, 에큐메니칼 그리스도 이해 속에는 '포괄적인 구원을 가져다주시는 그리스도', '가난한 자들의 편에 서시는 그리스도', '인간화의 모델이 되시는 그리스도', 그리고 '세상에 깊은 관심을 보이시는 그리스도'를 강조하는 경향이 많이 나타났다. 전통적인 그리스도 이해가 주로 '영혼의 구원을 우선적으로 가져다주시는 그리스도', '가난한 자와 부한 자를 구분하지 않고 모든 사람의 구원을 위한 그리스도', '윤리적인 모델이기보다는 주로 의지할 대상이신 그리스도', '세상을 사랑하지만 그리스

---

92) Ibid., 590.
93) 김균진은 예수를 단지 하나의 이상적인 인간 혹은 윤리적 모델로서의 인간으로 보는 견해에 대하여 한 이상적인 인간은 예수 외에도 석가, 공자, 소크라테스 같은 사람에게서도 발견될 수 있으며, 이상적인 인간의 죽음이 모든 사람을 위한 구원의 의미를 지닌다고 말하기는 어렵다는 점을 한계점으로 지적한다. 김균진, 『기독교조직신학II』(서울: 연세대학교 출판부, 1986), 161.

도의 구원을 거부하는 세상을 향해서는 심판하시는 그리스도'를 강조하였다는 것을 생각해 보면, 에큐메니칼 그리스도 이해는 전통적인 이해와 상당히 대조되는 경향을 보이는 것으로 평가된다.

이와 같은 그리스도 이해는 전통적인 그리스도 이해의 한계점을 극복한다는 점에서 많은 긍정적인 기여를 하였다. 즉, 구원의 범위를 확장하고, 가난한 자들과의 연대성을 강화하고, 세상에로의 참여를 강화하고, 교회의 윤리성을 강화한다는 점에서 그렇다. 그러나 이와 같은 긍정적인 측면에도 불구하고, 에큐메니칼의 그리스도 이해는 다음과 같은 한계점이 있는데 구원의 범위를 확장하면서 구원 개념의 불명확성을 가져올 수 있고, 기독교의 구원을 막시스트나 인권 운동가의 그것과 비슷한 수준으로 축소시킬 수 있는 가능성이 있다. 또 가난한 자들과 함께 하는 그리스도를 강조하다가 자칫 온 인류를 위한 그리스도의 구원 범위를 축소시킬 수 있는 가능성이 있다. 또한 세상을 지나치게 긍정적으로 보면서 세상의 구원 필요성을 축소시킬 수 있고, 윤리성을 강조하다가 예수를 많은 윤리 모델 교사 중 하나로 전락시키고, 교회를 하나의 사회 윤리 단체로 약화시킬 수 있는 소지도 있다. 에큐메니칼 그리스도 이해가 이러한 한계점을 잘 인식하면서 균형 잡힌 그리스도 이해를 추구해 나간다면 선교에 더욱 귀하게 기여할 수 있으리라고 사료된다.

3장

성령 이해 :

선교를 가능케 하시는 성령은
어떤 분이신가?

성령은 교회를 세우시고 진리를 수호하시며 교회를 새롭게 하시는 영이시다. 성령은 하나님의 계획을 실천에 옮기는 역동적인 에이전트(행 1:8)이므로, 성령이 아니고서는 교회가 교회로서의 사명을 능력 있게 감당할 수 없다. 그래서 스가랴 4장 6절 후반절은 "이는 힘으로 되지 아니하며 능력으로 되지 아니하고 오직 나의 영으로 되느니라"고 선언한다. 존 웨슬리(John Wesley)도 말하기를 "만일 교회가 성령의 지배를 받지 않고 또 성령의 역사를 체험하지 않는다면 비록 정통의 신조를 내걸고 빛나는 사도적 전통을 계승하고 있다 하더라도 그것은 완전 모조품인 가짜에 불과하다."라고 하였다.

이와 같은 성령은 선교의 주창자, 영감자, 인도자, 집행자로서 활동하시므로, 성령을 의지하지 않는 한 선교는 결코 가능하지 않다. 그런데 이러한 성령에 대한 이해는 다양하게 나타난다. 예를 들어 개혁자들은 성령의 중생 사역과 성화 사역 그리고 성령의 열매를 많이 강조하고, 오순절주의자들의 경우는 성령의 두 번째 사역 즉 성령세례의 사역과 성령의 초자연적인 은사를 많이 강조하는 경향이 있다. 한편 에큐메니칼 진영은 온 우주 만물 가운데 샬롬을 이루어 가시는 성령의 사역에 많은 강조점을 둔다는 점에서 에큐메니칼 진영의 성령 이해는 앞에 나타난 두 가지의 성령 이해와 여러 가지 면에서 많은 차이점을 지니고 있다. 이처럼 다른 성령 이해는 에큐메니칼 선교의 성격에 영향을 미친다.

성령은 선교의 주창자요, 영감자요, 인도자요, 집행자이며, 열매 맺게 하시는 분이시며,[94] 이런 점에서 선교와 성령의 관계는 결코 뗄 수 없는 긴밀한 관계를 지닌다. 기독교의 역사에서 사도행전 2장에 나타난 오순절 성령 강림과 그로 인한 초대 교회의 엄청난 부흥이 보여 주는 바와 같이 성령의 역사가 강하게 나타나는 부흥 운동의 시기에는 선교가 역동적으로 수행된 반면, 성령에 대한 관심이 적고 성령의 역사가 미미했을 때는 교회가 약화되면서 그것이 선교의 둔화로 이어진 경우가 많았다.[95]

물론 성령에 대한 이해는 매우 다양하게 나타난다. 예를 들어 개혁자들의 성령 이해의 경우는 성령의 중생 사역과 성화 사역 그리고 성령의 열매를 많이 강조하였고, 오순절주의자들의 경우는 성령의 두 번째 사역, 즉 성령 세례의 사역과 성령의 초자연적인 은사를 많이 강조한 반면, WCC 에큐메니칼 진영은 온 우주 만물 가운데 샬롬을 이루어 가시는 성령의 사역에 많은 강조점을 두었다. 이런 점에서 에큐메니칼 진영의 성령 이해는 앞에 나타난 두 가지의 성령 이해와 여러 가지 면에서 많은 차이점을 지닌다. 에큐메니칼 성령 이해는 세계교회협의회가 지니고 있는 성령 이해이므로 협의회에 소속된 교회들의 신학과 선교에 깊은 영향을 미치는 것은 물론이고, 한 걸음 더 나아가서 전 세계 교회의 신학과 선교에도 상당한 영향을 미친다고 할 수 있다. 따라서 에큐메니칼 성령 이해를 잘 살펴보고 그것이 지니고 있는 강점과 약점을 잘 파악하는 것은 오늘의 선교를 수행하는 데 매우 의미 있는 작업이라 할 수 있다.

에큐메니칼 진영의 성령 이해를 잘 보여 주는 총회는 제7차 총회

---

94) 김영동, 『교회를 살리는 선교학』(서울: 장로회신학대학교출판부, 2003), 132.
95) 김명용, 『이 시대의 바른 기독교 사상』(서울: 장로회신학대학교출판부, 2001), 79.

인 호주 캔버라 총회인데, 이 총회는 "오소서, 성령이여…만물을 새롭게 하소서"라는 주제로 열리면서 성령 이해를 많이 다룬 총회였다고 할 수 있다. 따라서 이 장에서는 이 7차 총회의 문헌을 중심으로 에큐메니칼의 성령 이해가 어떤 특징을 지니는지를 집중적으로 살펴보고자 한다. 또한 에큐메니칼 성령 이해가 워낙 방대하여 쉽게 이해하기 어려운 점이 있으므로 이 장에서는 주로 전통적인 성령 이해[96]의 특징과 대비되는 에큐메니칼 성령 이해의 특징들을 비교, 분석하는 형식으로 연구를 진행하고자 한다. 이 경우 전통적인 성령 이해에 대한 선 이해가 있는 상황에서 이와 비교되는 에큐메니칼 성령 이해의 차이점을 보게 되므로 에큐메니칼 성령 이해의 특징, 강점, 약점 등을 쉽게 파악할 수 있고, 이러한 연구는 보다 바른 선교를 위한 바람직한 성령 이해에 대한 지혜를 제공해 줄 수 있다.

I. 에큐메니칼 성령 이해의 배경

1. 세상에 대한 관심

에큐메니칼 신학의 가장 큰 특징 중 하나는 '세상에 대한 관심'이라고 할 수 있다. 전통적인 신학이 세상에 대하여 관심을 가지지 않았던 것은 아니지만, 전통적인 신학은 세상을 멸망할 것으로 보고 사람들을 속히 그곳으로부터 구원해야 한다고 보는 경향이 강했다.

---

96) 이 장에서 '전통적인 성령 이해'라고 하는 것은 에큐메니칼 성령 이해가 출현하기 이전의 성령 이해를 뜻하며, 본 연구에서는 주로 개혁주의와 오순절의 성령 이해를 의미한다. 이 두 이해는 다른 강조점을 지니고 있지만, 에큐메니칼 성령 이해와 비교할 때는 주로 개인과 교회에 깊은 관심을 가진다는 점에서 나름대로의 공통점을 지니고 있다.

이런 관점 때문에 세상을 아름답게 가꾸고 세상을 낙원으로 만들려고 하기보다는 오히려 열심히 복음을 전해서 멸망할 세상으로부터 구원의 방주인 교회로 사람들을 인도하는 것이 교회의 주된 사명이며 신학의 주된 관심이었다고 할 수 있다. 이처럼 교회에 쏠려 있던 전통적 신학의 관심을 세상으로 돌린 것이 바로 에큐메니칼 신학이었다고 할 수 있다. 즉, 에큐메니칼 신학은 전통적으로 교회에 많이 몰려 있던 신학의 관심을 세상으로 옮긴 신학이라고 할 수 있다.

이와 같은 전환에는 '하나님의 선교' 개념이 결정적인 기여를 했다고 할 수 있다. 오늘날 세계교회협의회의 '하나님의 선교' 개념을 발전시킨 후켄다이크(J. C. Hoekendijk)는 교회가 지나치게 자기 중심적인 자세를 지니고 있다고 보았다. 이와 같은 교회 중심적인 이해를 지닐 경우 교회가 행하는 모든 활동은 교회의 범위를 벗어날 수 없고, 세계를 이해할 때도 교회론적인 범주로 세계를 정의하게 된다.[97] 이와 같은 관점을 가지고 선교를 행할 경우 선교를 '교회화'로 생각하면서 교회 형성과 교파 증식에만 관심을 갖게 된다. 전도를 행하는 것도 "…교회의 영향력을 다시금 획득하려는 사실을 성서적으로 위장하는 경우가 많다."[98]라고 평가하였다.

하나님의 선교 개념은 철저하게 교회 중심적인 자세를 배격하고 세상에 깊은 관심을 두면서 교회가 추구해야 할 목표는 더 이상 교회 성장이나 교파 확장이 아니라 세상의 샬롬을 이루는 것으로 이해하였다. 여기에서의 샬롬은 하나님의 창조물인 세상 만물을 모두 포함하며, 그것들의 번영, 평화, 조화, 정의 등이 이루어지는 상태를 의미한다. 이런 것을 이루는 것이 하나님의 구원 계획이며, 이런 것

---

97) J. Hoekendijk, "The Church in Missionary Thinking," 324–332.
98) J. C. 후켄다이크, 『흩어지는 교회』, 이계준 역(서울: 대한기독교서회, 1994), 10.

들을 이루어 나가기 위하여 신자들은 정치, 사회, 경제 등의 각 분야에 파송된다. 이 개념에 따르면 교회는 영적인 진리에 대한 강조보다는 세상에 샬롬을 이루려는 일을 위한 봉사와 투쟁에 더 힘을 쏟아야 한다.

따라서 하나님의 선교는 부름 받은 공동체인 교회로부터 출발하는 선교가 아니라 교회가 하나님으로부터 보냄 받은 현장인 세계로부터 출발한다. 하나님의 일차적인 관계는 먼저 세상이고, 교회는 그 세상의 한 부분으로 이해되며 세상의 샬롬 구현을 위한 여러 다양한 기구 중 하나의 기구에 불과하게 되는 것이다. 여기에서 전통적인 명제인 "하나님-교회-세계"의 순서는 "하나님-세계-교회"로 뒤바뀌게 된다.[99] 이와 같은 하나님의 선교 개념의 영향으로 에큐메니칼 신학은 교회에 대한 관심 또는 강조점을 세상에 더 깊이 두게 되었다.

2. 인간화에 대한 관심

앞서 에큐메니칼 신학의 주된 관심이 '세상 속에서의 샬롬의 구현'이라고 언급하였는데, 이러한 샬롬이 좀 더 구체적으로 표현된 것 중의 하나가 '인간화'라는 표현이다. 인간화 개념은 1968년에 열린 WCC 웁살라 대회에서 강조된 개념인데, 웁살라 대회는 "인간의 참 인간성과 인간의 사회가 어느 때보다 여러 가지 파괴적인 힘에 의해 위협받고 있음"[100]에 깊이 주목하였다. 웁살라 대회는 모든 비인간

---

99) WCC, *The Church for Others: Two Reports on the Missionary Structure of the Congregation*(Geneva: WCC, 1968), 16-17.
100) Norman Goodall, ed., *The Uppsala Report 1968*(Geneva: WCC, 1968), 27.

화의 현상을 극복하고 인간을 인간답게 하는 것이야말로 선교의 일차적 과제라고 보았으며, 선교적 공동체의 결정적인 관심은 선교의 목표로서 그리스도의 인간성을 드러내는 데 있다고 보았다. 즉, 웁살라 대회는 새 인간(the new man)인 예수 그리스도 안에서 충만한 인간성으로(into new humanity) 성장하도록 사람들을 초대하는 새 창조의 선물로서 하나님의 선교를 묘사하였다.[101]

선교의 주된 목표를 인간화의 실현이라고 보면서 웁살라는 선교가 일어나는 장에 대하여 "선교 장소는 이렇듯 다양하고 그 배경은 인간의 필요가 있는 곳이며, 인구 팽창, 긴장 관계, 움직이고 있는 힘들, 제도적 경직성, 권력의 우선순위와 사용에 대한 의사 결정, 그리고 공공연한 인간 갈등이 있는 곳이다."[102]라고 하였다. 또한 웁살라 대회는 비인간화 문제를 해결하기 위해 물질적 빈곤을 해결하는 것이 영적 빈곤 못지않게 더 중요함을 강조하였고, 이로서 웁살라는 선교의 수직적인 차원(복음화)보다는 수평적인 차원(인간화)을 더 강조하는 경향을 띄게 되었다. 전통적인 신학이 그 주된 관심을 복음화에 두고 복음화를 위하여 모든 역량을 집중하는 것이었다면, 에큐메니칼 신학은 인간화에 보다 많은 관심을 두고 그 인간화를 이루는 것이다. 이런 관점에서 선교가 수행되는 주된 장도 복음이 전해지지 않은 곳보다는 비인간화가 일어나는 곳에 더 깊은 관심을 두는 경향이 강하다.

이상과 같은 인간화 개념에 특별히 영향을 미친 것은 해방 신학이라고 할 수 있다. 해방 신학은 세계적인 구조악에 의해서 인간이 얼마나 비인간화되었는지를 잘 지적하고 있다. 즉, 사회 경제적 힘의

---

101) Ibid., 28.
102) WCC, "제4차 총회: 스웨덴 웁살라(1968년)", 『세계교회협의회 역대총회종합보고서』, 이형기 역(서울: 한국장로교출판사, 1993), 265.

구조에 의해 부익부 빈익빈이 심화되면서 인간들이 철저하게 비인간
화되어 간다는 사실을 잘 보여 주었다. 아울러 이러한 비인간화의 구
조는 개인들을 조금씩 변형하는 것으로는 되지 않고, 철저하게 사회
구조 자체를 변혁시켜야 한다고 해방 신학은 강조하였다. 즉, 세상을
참으로 변혁시키는 길은 단순히 복음을 전하여 개인을 바꾸고자 하
는 복음화로만 되지 않고, 잘못된 사회 구조를 완전히 부수고 새로
운 구조를 세워 나가는 작업, 즉 인간화가 요구된다고 보았다.

또한 해방 신학은 전통적인 선교의 관심이었던 복음화가 사회를
조금씩 개발할 수는 있을지 모르지만 종국적으로 교회는 기존의 억
압 질서와 손을 잡음으로써 자본주의의 하녀가 되는 것으로 끝나게
된다는 점을 지적한다. 즉, 전통적 신학은 자본주의의 하녀가 되어
억압적인 기존 질서와 손을 잡음으로써 타락하게 되므로, 이 같은
악순환의 고리를 끊고 사회를 변혁시키기 위하여서는 실천하는 신
학이 되어야 함을 해방 신학은 강조한다. 해방 신학은 종속 관계에
서 배불리 먹고 사는 것보다는 인간다움이 보장되는 '해방'을 추구
하였는데,[103] 이러한 관심이 에큐메니칼 신학의 인간화 추구 경향에
깊은 영향을 주었다고 할 수 있다.

3. 포괄적인 구원 이해에 대한 관심

전통적인 구원 이해는 다분히 영적인 측면에 초점을 맞춘 이해였다
고 할 수 있다. 즉, 좀 쉽게 표현하자면 예수를 구주로 영접하고 거듭
나 하나님의 자녀가 되고 천국 백성이 되는 것을 구원이라고 이해하였

---

103) Gustavo Gutierrez, *A Theology of Liberation*(Maryknoll: Orbis
Books, 1973), 25-35. 이형기, "WCC에 나타난 교회와 사회 문제", WCC, 『세계
교회협의회 역대총회 종합보고서』, 565.

다. 물론 여기에 다른 차원이 없는 것은 아니다. 구원을 얻은 후 구원을 얻은 자로서의 삶이 포괄적으로 나타나는 것이다. 그러나 구원은 우선적으로 영적인 것이고 그 후에 육적인 삶이 따라오는 것으로 이해되면서, 영적인 측면에 주된 강조점이 주어졌던 것이 사실이다.

이와 반대로 에큐메니칼 구원 이해는 영적인 측면을 넘어서서 매우 폭넓은 차원을 지니고 있다. 에큐메니칼 구원 이해가 명확하게 정리되어 나타난 것은 "오늘의 구원(Salvation Today)"이란 주제를 가지고 기독교의 구원론을 전면적으로 재검토한 1973년 세계교회협의회의 방콕 CWME(Commission on World Mission and Evangelism) 대회였다고 할 수 있다. 즉 방콕은 아주 포괄적인 구원 개념을 말하였는데, 이것은 전통적인 영혼 구원을 넘어서는 것으로서 '경제 정의' '정치적 억압' '인간 소외' 그리고 '인격적 삶의 좌절' 등으로부터의 해방을 모두 포함하는 구원 이해였다. 이와 같은 포괄적 구원 개념은 방콕 제2분과[104]에서 정의한 네 가지 사회적 차원들 안에서의 구원 개념 정의에 잘 나타났는데,[105] 방콕은 '경제 정의', '정치적 억압', '인간 소외' 그리고 '인격적인 삶의 좌절' 등에 대항하는 투쟁 등의 구원 사역의 네 가지 차원들을 서로 관련시키면서 구

---

104) 제2분과는 오늘의 구원을 위한 정치적, 사회적, 경제적 해방 선교 전략을 책정하여 그 행동 지침을 모든 제 3세계의 NCC와 교회들에 지시하고 WCC에 권고하는 일을 담당했다.
105) ① 사람에 의한 사람의 착취에 대항하는 경제 정의를 위한 투쟁에서의 구원 역사들(salvation works) ② 동료 인간들에 의한 인간에 대한 정치적 억압에 대항하는 인간의 존엄을 위한 투쟁에서의 구원 역사들 ③ 인간으로부터 인간 소외(alienation)에 대항하는 연대를 위한 투쟁에서의 구원 역사들 ④ 인격적인 삶(personal life)의 좌절에 대항하는 희망을 위한 투쟁에서의 구원 역사들. WCC, *Bangkok Assembly 1973*(Bossey: WCC, 1973), 89-90.

원의 과정을 포괄적으로 말하였다.[106) 또한 제3분과[107)에서도 유사한 구원의 정의를 내렸는데, "구원이란 그리스도께서 개인들을 모든 죄와 그것의 결과들로부터 해방하는 것이다. 그것은 또한 모든 형태의 억압으로부터 세계를 해방시키시고자 그리스도께서 당신의 교회들을 통하여 하시는 과업이다."[108)라고 정의하고 있다. 이상과 같은 방콕의 구원 개념을 종합하여 보면 방콕 대회는 '구원'을 '해방'으로 해석하였다고 볼 수 있다.

4. 화해와 일치에 대한 관심

에큐메니칼 신학은 처음부터 '화해'와 '일치'를 중요한 과제로 삼고 출발하였다. 즉 '에큐메니칼'이란 말의 어원인 '오이쿠메네'라는 말은 본래 oikeo(오이케오: 살다, 거주하다) 혹은 oikos(오이코스: 집) 등의 뜻을 지닌 말이었는데, 현대적 의미로 교회 간의 관계와 일치, 기독교 일치 등을 의미한다. 즉, 에큐메니칼 신학의 모토 자체가 전 세계를 하나의 집으로 보고 그 가운데 사는 우리 모두를 한 식구로 보면서, 선교를 할 때도 각개전투하지 말고 힘을 합해서 하며, 한 가족의 구성원인 세계를 잘 섬기자는 뜻을 담고 있다고 할 수 있다.[109)

---

106) 방콕 대회의 구원 개념이 이처럼 정치, 경제적인 차원을 포함하면서 포괄적으로 정의되는 것에 대하여 반대의 목소리가 없었던 것은 아니었다. 예를 들어 풀러신학교 선교대학원장이었던 아더 글라서(Arther Glasser)나 프랑크푸르트 선언을 기초하였던 피터 바이어하우스(Peter Beyerhaus) 등이 오늘의 구원에 대한 반론을 제기하였다. 그러나 이와 같은 반대 목소리들은 포괄적인 구원 개념에 대한 주장에 묻혀 버리고 결과적으로 정치, 경제적인 차원을 포함하는 포괄적인 구원 개념이 채택되게 되었다. 조동진, "오늘의 구원: 1973년 WCC 방콕 '오늘의 구원을 위한 세계대회' 리포트", 《월간목회》, 2005년 7월호, 268-269.
107) 제3분과는 오늘의 구원 선교를 위하여 어떻게 교회들을 갱신해야 할 것인가에 대한 구체적인 방법론과 교육 과정과 진행을 위한 지침을 마련하여 WCC에 권고하는 역할을 담당했다.
108) WCC, *Bangkok Assembly 1973*, 102.
109) 김은수, 『현대 선교의 흐름과 주제』(서울: 대한기독교서회, 2001), 27-28.

이러한 모토에서 출발하였기 때문에 에큐메니칼 신학의 주된 관심이 화해와 일치에 주어지는 것은 자연스런 귀결이라 할 수 있겠다.

전통적인 신학에서도 화해와 일치가 무시된 것은 아니었다. "…거룩하신 아버지여 내게 주신 아버지의 이름으로 그들을 보전하사 우리와 같이 그들도 하나가 되게 하옵소서"(요 17: 11)라는 말씀을 따라 교회가 하나 되는 것이 중요한 일이라는 것에 대하여는 이의가 있을 수 없었다. 물론 현실은 그 말씀처럼 잘 이루어지지 않았던 것이 사실이지만 말이다.

그렇다면 에큐메니칼 신학의 화해와 일치에 대한 관심이 전통적인 신학의 그것과 어떤 차이를 지니는가? 전통적인 신학은 화해와 일치가 중요하지만 그것은 기독교 내에서 적용되는 것이지, 그것이 타종교나 기타 다른 피조물들에게까지 확대되지는 않는 경향이 강하다. 그러나 에큐메니칼의 경우는 화해와 일치의 범주가 기독교 내에서의 화해와 일치뿐 아니라 타종교 그리고 온 우주 만물과의 화해에도 관심을 갖고 있다. 세계교회협의회는 종교 문제가 인류의 화해와 일치에 걸림돌로 작용할 수 있음을 보면서 종교 간의 화합을 위한 종교 간의 대화에 깊은 관심을 갖는다. 예를 들어 호주 캔버라는 다음과 같이 말한다.

오늘날 세계 많은 곳에서 종교가 분열의 힘으로 사용되고 있으며, 종교 언어와 상징들이 갈등을 부채질하는 데 사용되고 있다. 무지와 관용치 않음이 화해를 어렵게 만든다. 우리는 타종교인들과 존중심과 이해로서 함께 살아가기를 추구하며, 이 목적을 위해서는 '상호 신뢰' 및 '대화의 문화' 구축이 필요하다. 이러한 일은 우리가 타종교인들과 대화하고, 특별히 정의 및 평화 증진에 공동 행동을 취함으로써 지역적 차

원에서 시작된다.[110]

타종교와의 공존 및 화해 모색에 더하여 에큐메니칼 신학의 관심은 온 세계 만물과의 화해까지 관심 영역을 넓히는데, 이것은 주로 JPIC 즉 '정의(Justice)', '평화(Peace)', 그리고 '창조 질서 보존(Integrity of Creation)'으로 나타난다. 이 세 가지가 잘 이루어질 때 만물이 화합과 일치를 이루게 되며 이러한 결과로 우주 만물의 생명이 풍성하게 되는 것이다. 결국 에큐메니칼 신학이 추구하는 화해와 일치는 생명을 살리고 이 땅 위에 샬롬을 구현하는 사역이 되는 것이다.

II. 에큐메니칼 성령 이해의 주된 특징

1. 세상과 구조 변혁에 깊은 관심을 두는 영

에큐메니칼 성령 이해의 첫 번째 특징은 성령을 세상과 구조 변혁에 깊은 관심을 두는 영으로 이해하는 것이다. 즉, 에큐메니칼에서 이해하는 성령은 세상에 깊은 관심을 가지는 분이시다. 전통적인 성령 이해가 '교회'와 깊은 관련성을 지닌 것에 반하여 에큐메니칼의 성령 이해는 '세상'에 깊은 관심을 갖는다. 오순절주의의 성령 이해는 주로 방언, 예언, 신유, 기적과 같은 초자연적인 것을 강조하고, 개혁주의의 성령 이해는 주로 중생과 성화를 가져다주시는 분으로 강조하였는데, 이러한 이해들은 모두 성령을 성도 개개인을 구원하

---

110) WCC, "호주 캔버라 제7차 총회", 『세계교회협의회 역대총회종합보고서』, 525.

시고 능력을 주셔서 교회를 섬길 수 있도록 역사하시는 영으로 해석한다.[111] 즉, 전통적인 성령 이해에서 성령은 복음을 전하게 하시며, 복음을 받아들인 사람들을 중심으로 교회를 세우게 하시며, 교회가 날마다 든든히 서 가도록 이끄시며, 그 교회가 복음을 알지 못하는 지역에 가서 복음을 전하여 새로운 교회가 서 가도록 만드시는 일에 주도적 역할을 하시는 분으로 이해되어 왔다.

성령은 교회를 세우고, 교회를 든든히 하고, 교회 안에서 역사하시는 영이었다. 그래서 교회는 '성령의 전'으로 표현되기도 하였다. 물론 성령이 세상 속에서도 활동하시는 것을 부인하지는 않지만 세상 속에서 활동하시는 성령의 역사에 대하여는 불신자들의 마음을 열어 복음을 받아들이도록 하시는 성령의 역사 외에는 거의 언급을 하지 않는 경향이 있었다. 한마디로 전통적인 성령 이해에서 성령은 주로 교회에 깊은 관심을 두시며 교회와 깊은 연관성을 지니는 영이었다.

반면에 에큐메니칼 성령 이해에서는 전통적인 성령 이해에서 그토록 강조되었던 교회 지향적인 성령 이해가 많이 약화되었다. 에큐메니칼에서 성령은 이 세계에 지극한 관심을 가지고 이 세계의 변혁을 이끌어 내고 이 세계에 샬롬을 구현하기 위하여 부지런히 활동하시며 성도들을 독려하시는 분으로 나타난다.[112] 호주 캔버라의 기조연설 중에 "우리는 희망을 어둡게 하는 것처럼 보이는 모든 것의 와중 속에서도 성령께서 희망을 가져다 주실 것을 믿습니다. 또 인간 공동체를 분열시키는 갈등을 해결할 수 있는 힘을 주실 것을 믿

---

111) 김명용, 『열린 신학 바른 교회론』(서울: 장로회신학대학교출판부, 1997), 263-268.
112) 이러한 차이의 배경은 에큐메니칼 신학이 교회 중심적인 성향에 대하여 다소 비판적인 반면에 세상에 대하여는 매우 긍정적인 특징을 지니기 때문인 것으로 볼 수 있다.

습니다."[113]라는 표현이 있는데, 이것은 성령이 세상의 모든 어두움 중에서도 희망을 주시며, 세상을 분열시키는 것들을 극복할 수 있는 힘을 주시는 분이시라는 고백을 드리는 것으로서 에큐메니칼 성령 이해 속에 세상에 대한 관심이 깊이 있음을 엿볼 수 있게 하는 대목이라 할 수 있다.

두 번째로 구조 변혁에 관심을 두는 영이라는 말은 전통적인 성령 이해에서 주로 개인에게 역사하시며 개인의 변화에 관심을 두시는 성령 이해와 대조되는 개념이라고 할 수 있겠다. 전통적인 성령 이해는 개혁주의 성령 이해든지 오순절의 성령 이해든지 주로 개인의 구원과 성화 그리고 개인에게 능력을 주시는 영으로 이해되어 왔다. 물론 개혁주의 성령론에도 피조물과 인간의 역사에 나타나는 성령의 역사에 대한 논의가 있다. 즉, 피조물을 보호하고 유지시키는 성령 이해가 있다.[114] 그러나 개인적인 차원의 성령 역사에 대한 관심으로 인해 피조 세계 전체를 향한 성령 역사에 대한 이러한 측면은 매우 미약하고, 또한 기본적으로 개혁주의는 성령에 대한 관심 자체가 매우 부족하였던 것이 사실이다.[115] 어찌되었든 전통적인 성령 이해에는 우주적인 차원에 대한 이해가 매우 미약하다.

그러나 에큐메니칼 신학은 기본적으로 개인의 변화보다는 인간화나 JPIC(정의, 평화, 창조 질서 보존) 등의 실현을 통한 구조 변혁에 좀 더 깊은 관심을 두므로 성령 이해 역시 개인의 변화보다는 구조 변혁에 더 많은 관심을 두고 있다고 할 수 있다.

---

113) WCC, "호주 캔버라 제7차 총회", 『세계교회협의회 역대총회종합보고서』, 502.
114) J.H.Leith, *Basic Christian Doctrine*(Louisville: Westminster/John Knox Press, 1993), 165.
115) 김명용, 『이 시대의 바른 기독교 사상』(서울: 장로회신학대학교출판부, 2001), 78.

앞에서 살펴본 대로 에큐메니칼 신학에 하나의 기초를 제공한 해방 신학의 관점에서 보면 개인의 변화나 점진적인 변화는 참된 인간화를 가져오는 데는 한계가 있다. 인간화의 가장 큰 장애물 중 하나인 빈곤 문제는 개발로 해결될 수 있는 문제가 아니라 불의의 근원적인 원인을 제거할 때 해결될 수 있는 문제인 것이다. 개발은 과거와의 진화적 연속성을 지니고 있는 것이고, 해방은 과거와의 완전한 단절이며 새로운 시작을 의미하기 때문이다.[116] 결국 개인을 변화시키는 것으로는 한계가 있고, 구조를 변혁시켜야 참된 인간화와 샬롬이 구현된다고 생각하면서 에큐메니칼의 성령 이해는 개인이 아니라 구조를 변혁시키는 일에 깊은 관심을 두게 되는 것이다. 요약하자면, 에큐메니칼 성령 이해의 특징은 교회와 성도 개인에게 관심을 두던 전통적인 성령 이해와 달리 세계와 구조 변혁에 많은 관심을 두는 성령 이해라고 할 수 있겠다.

2. 포괄적인 구원을 이루어 가시는 영

전통적인 성령 이해는 주로 구원의 여정과 깊은 연관을 지닌다. 성령은 죄인 된 인간의 마음에 빛을 비추셔서 말씀을 받아들여 거듭나게 하시고, 거듭난 심령에게 초자연적인 성령의 은사를 주시어 사명을 능력 있게 감당케 하시고, 각가지 성령의 열매를 맺게 하여 성화하게 하시는 분으로 이해된다. 즉, 성령은 구원의 시작부터 마지막 단계까지 구원 여정의 모든 부분에서 역사하시는 분으로 이해된

---

116) 데이비드 J. 보쉬, 『변화하고 있는 선교』, 김병길 장훈태 역(서울: 기독교문서선교회, 2000), 641-642.

다.[117] 그러나 에큐메니칼 신학에서는 인간화와 생태계의 보존을 포함하는 포괄적인 구원에 관심을 가지면서 성령도 개인의 차원을 넘어서 포괄적인 구원을 이루어 가시는 분으로 이해된다. 이러한 포괄적인 구원은 샬롬이라는 용어로 표현할 수 있는데, 샬롬 속에는 화해, 일치, 인간화, 생명살림 등의 개념이 포함되어 있다. 이러한 내용을 좀 더 자세히 살펴보자.

먼저 에큐메니칼에서 이해하는 성령은 모든 것 가운데 화해를 가져오시는 분으로 이해된다. 성령은 이웃 간에, 교회들 간에, 종교들 간에, 나라와 민족 간에, 우주 모든 만물들 간에 화해를 가져오시는 분이시다. 이러한 성령의 역사에 대하여 캔버라는 말하기를, "그것은 성령의 능력 안에서 하나님과 또 이웃과의 화해를 통해 가능해진다."[118]라고 하였고, 또한 "성령은 교회를 사랑과 헌신의 관계로 인도합니다. …우리는 교회가 성령의 부르심에 주의를 기울일 것과, 민족들 간에 새롭고도 화해된 관계를 추구할 것과, 또 그들의 모든 교인들이 가지고 있는 은사들을 활용할 것을 촉구합니다."[119]라고 강조하였다.

또한 성령은 일치를 가져오시는 분으로서 "역사를 통해서 교회를 고립과 분열에서 이끌어 내어 일치 속으로 인도해 오신 분은 성령이다."[120]라고 표현된다. 성령의 일치 사역은 교회들 가운데서만 이루어지는 것이 아니라 나아가서 타종교들과의 관계에서도 역사하시는 것으로 에큐메니칼 신학은 이해하고 있다. 그리하여 캔버라는 "또

---

117) 김명용, 『열린 신학 바른 교회론』, 267.
118) W.C.C, "호주 캔버라 제7차 총회", 『세계교회협의회 역대총회 종합보고서』, 521.
119) W.C.C. "호주 캔버라 제7차 총회", 『세계교회협의회 역대총회 종합보고서』, 501.
120) Ibid., 530.

한 다른 현존하는 종교들(other living faiths)과 이데올로기들 간에, 또 이들 자체 내부에 깊은 분열이 있다. 분열들의 깊음과 아픔으로부터 우리는 '일치의 성령이시여, 당신의 백성을 화해시키소서.'"라고 부르짖는다.[121]

또한 성령은 샬롬을 구현하기 위하여 모든 구속과 속박을 푸시며 참된 자유와 해방을 가져오시는 분으로 이해된다. 캔버라는 "성령은 영광스럽게도 자유로우시며 하나님의 백성을 이 세상의 구조와 구속으로부터 해방시킨다."[122]라고 고백한다. 더 나아가서 성령은 온 우주의 생명살림을 이루어 가시는 분으로 이해된다. 캔버라는 "성령이 피조계에 신적으로 임재하심으로써 우리는 인간들로서 모든 피조물과 연계되어 있다. 우리는 생명의 공동체 안에서 또 그 공동체에 대해서 하나님 앞에 책임을 진다."[123]라고 하였다. 또한 "성령은 이 세계를 지탱하는 것을 결코 멈추신 적이 없다."[124]라고 하였으며, "하나님의 영은 이 지구를 계속해서 지탱하시고 또 새롭게 하신다(시 104:30)."[125]라고 고백하고 있다.

3. 기독교의 범주를 넘어서서 역사하시는 영

전통적인 성령 이해는 주로 그리스도인 가운데서 역사하시는 영으로 이해되었다. 타종교인 가운데 역사하시는 성령의 역사는 주로 저들의 마음을 열어 복음을 받아들이도록 하는 것으로 나타나 있다. 물론 전통적인 성령 이해에도 타종교인 혹은 불신자들 가운데

---

121) Ibid., 520-521.
122) Ibid., 528.
123) Ibid., 507.
124) Ibid., 507.
125) Ibid., 508.

서도 역사하시는 성령 이해가 전혀 없는 것은 아니지만 거의 언급되지 않는 것이 사실이다. 그러나 에큐메니칼의 성령 이해에서는 타종교인과 불신자들에게도 역사하시는 성령 이해에 대한 강조가 많이 나타난다. 예를 들어 호주 캔버라는 타종교인 가운데 역사하시는 성령에 대하여 말하기를, "생명의 수여자이신 성령은 모든 민족들과 모든 신앙들(faiths) 가운데서, 또 우주 전체를 통해서 활동하고 계시다. 하나님께 속한 주권적 자유를 가지고 바람은 원하는 데로 분다."[126]라고 고백한다. 또한 케냐 나이로비도 다음과 같이 말한다.

> 비록 우리가 그리스도께서 다른 종교에 나타나고 계신지 그렇지 아니한지, 또 어떻게 나타나고 계신지에 대해 일치할 수는 없겠지만 하나님께서는 어떤 세대, 어떤 사회에서도 그들에게 예수를 증거하지 않은 채로 방치하지 않으셨다고 진정 믿는다. 또한 우리는 하나님께서 교회 밖에서부터 기독교인들에게 말씀하시고 계실 가능성을 배제할 수도 없다. 어떠한 형태의 혼합주의에도 반대하지만 상호 이해와 실제적인 협력의 수단으로서 타종교인들 및 이데올로기를 신봉하는 자들과 대화해야 할 필요성을 확신한다.[127]

이상과 같은 견해에서 볼 수 있듯이 에큐메니칼 성령 이해에 따르면 성령의 선재로 말미암아 다른 종교에도 우리가 알지 못하는 진리가 일부 주어진 것이다. 성령은 이미 우리가 갈 곳의 문화들과 상황[128] 속에서 사람들을 준비하고 계시며 인간의 이해를 초월하는 방

---

126) Ibid., 531.
127) WCC, "제5차 총회: 케냐 나이로비(1975)", 『역대총회종합보고서』, 326-327.
128) 보쉬, 『변화되고 있는 선교』, 713.

식으로 지속적으로 활동하고 계시다. 이처럼 성령은 다양한 방법들 심지어는 다른 종교들을 통해서도 역사하시기 때문에 우리는 그들과 대화를 나누는 것이 필요하게 된다. 아울러 이와 같은 성령의 역사를 이해하므로 에큐메니칼 진영은 타종교들 속에서 발견되는 성령의 열매들과 삼위일체 하나님의 발자취들을 언급하고 구원의 한계를 열어 놓아야 할 것으로 여긴다. 결국 에큐메니칼 선교 신학의 거대 담론은 타종교와 불신자들을 구원의 가능성으로부터 배제시키지 않는 경향을 지닌다.

4. 행동과 참여로 이끄시는 영

전통적인 성령 이해, 특별히 오순절주의에서 이해하는 성령은 주로 초자연적인 능력을 주시는 분이시다. 인간의 한계를 벗어나는 초월적이고 초자연적인 능력을 베푸시는 영으로 이해되었다. 성령은 우리 삶 속에서 열매를 맺게 하실 뿐 아니라, 각가지의 자연적, 초자연적 은사를 주셔서 성도들이 능력 있게 사역을 감당할 수 있도록 하시는 분이시다. 이러한 성령 이해에서는 성도들이 성령의 능력을 받는 것에 깊은 관심을 갖는 경향을 보인다. 성령의 능력을 받아야 전도도 할 수 있고, 말씀도 전할 수 있고, 마귀의 궤계도 무너뜨릴 수 있고, 승리하는 삶을 살 수 있다.[129] 무언가를 행하는 것은 그 다음 단계의 일이다. 먼저는 성령의 능력을 받아야 한다. 성령의 능력을 받으면 하루에 3천 명씩 회개하고 앉은뱅이가 일어나는 기적이 일어나며, 산헤드린 앞에서도 담대하게 복음을 전할 수 있는 담력을 얻게 되는 것이다. 따라서 전통적인 성령 이해에서는 무엇보다도

---

129) 김명용, 『열린 신학 바른 교회론』, 265-266.

먼저 성령의 능력을 받는 데 깊은 관심을 둔다.

그러나 에큐메니칼 성령 이해는 다른 관점에서 이해된다. 전통적인 성령 이해에서 성령의 능력을 받는 것에 관심을 가진다면 에큐메니칼 성령 이해는 성령을 따라 헌신하는 것이 강조된다. 전통적인 성령 이해가 수용적이고 피동적이라면 에큐메니칼 성령 이해는 적극적이고 참여적이라고 말할 수 있다. 에큐메니칼에서 이해하는 성령은 성도들을 사로잡아서 구체적인 삶의 투쟁으로 이끌어 가시는 영이시다. 캔버라가 말하듯이 "성령의 해방의 목소리는 우리에게 사랑과 정의로 모든 형제자매들을 포용하라고 요구하신다."[130] 에큐메니칼이 말하는 복음은 개인과 사회 차원에서 인간을 억압하는 모든 것으로부터 해방을 가져오는 것이므로, 에큐메니칼의 성령 역시 인종차별, 사회적 부정의, 경제 정치적 억압, 비극적인 전쟁, 과학기술 문명으로 인한 비인간화 등에 대하여 예수 그리스도의 구원을 행동으로(in action) 나타내도록 촉구하는 영으로 나타나는 것이다.[131]

에큐메니칼에서 추구하는 샬롬은 앉아서 기도하고 말씀을 묵상하고 성도들이 삶 속에서 말씀을 잘 순종하는 것만으로는 이루어지지 않는다. 캔버라가 지적한 대로 이미 "탐욕적인 물질주의는 우리 시대의 지배적인 이데올로기가 되어 버렸다. 피조계에 대한 무책임한 착취가 계속되고 있다."[132] 따라서 인간을 비인간화하는 모든 구조적 악을 향하여 담대히 일어나서 적극적인 반대를 하고, 구체적인 사회적 압력을 가하고, 결사적으로 투쟁하는 헌신을 통하여 샬롬은 이루어지는 것이다.[133] 그래서 캔버라는 "…우리는 세상 속으로 들어가야

---

130) W.C.C. "호주 캔버라 제7차 총회", 517.
131) WCC, *Bangkok Assembly 1973*, 1-2.
132) W.C.C. "호주 캔버라 제7차 총회", 511.
133) Ibid., 511.

하며, 새로운 형태의 선교로서 복음의 표준에 부합하지 않는 모든 경제, 사회, 정치적 구조들에 도전해야 한다."[134]라고 강조한다. 이러한 상황에서 성령은 사회 변혁을 위하여 성도들을 부르시어 행동과 참여로 이끄시는 영이시며, 이런 점에서 캔버라는 말하기를, "교회는 하나님의 전체 백성(laos)으로서, 성령에 의해 능력을 받는다. 교회의 평신도들— 그들이 여성이건 남성이건, 혹은 청년이건 노인이건 관계없이— 이 세상을 살아갈 때 그들은 성령의 대사(ambassadors)이며, 그들의 증거와 봉사를 통해 사회를 변화시킨다."[135]라고 하였다.

III. 에큐메니칼 성령 이해가 선교에 미칠 수 있는 영향

1. 세계에 대한 시야를 열어 주는 데 기여

에큐메니칼 성령 이해의 중요한 기여점 혹은 강점은 전통적인 성령 이해의 좁은 시야를 확대시켜 준 것이라 하겠다. 전통적인 성령 이해는 개인이나 교회에게 주로 초점이 맞추어진 이해였다. 개인이나 교회를 넘어서는 성령 이해가 없는 것은 아니었지만 매우 빈약하였던 것이 사실이다.[136] 반면에 에큐메니칼 성령 이해는 세상에 깊은 관심을 가지고 세상 문제 해결에 깊은 관심을 갖도록 도전하였다. 세상은 관심 밖에 둔 채 교회 안에서만 역사하시는 성령 이해가 아니

---

134) Ibid., 513.
135) Ibid., 531.
136) 전통적인 성령 이해 중 개혁주의의 성령 이해는 모든 피조 세계에 역사하는 성령의 사역을 언급한다. 그러나 기본적으로 개혁주의 신학에서는 성령 이해 자체가 매우 미미하게 나타나고 있는 것이 사실이다. 수많은 개혁자들의 책 속에 성령론에 대하여 쓴 장은 거의 나타나지 않고 있다. 김명용, 『이 시대의 바른 기독교 사상』, 73-74, 78-79.

라 세상을 성령의 통치 영역으로 끌어들여 세상을 변화시켜 나가시는 성령의 사역에 동참하도록 도전한 것이다.

김명용은 바람직한 성령론을 말하면서, "성령론은 영적인 영역에만 제한되어서는 안 되고 사회와 분리된 개인적인 영역에만 제한되어서도 안 된다. 성령은 영혼의 구원만이 아닌 인간 전체의 구원을, 개인의 구원뿐만 아니라 전체 사회와 피조 세계를 구원하는 영이시기 때문이다."[137]라고 주장하였는데, WCC의 성령 이해는 과연 인간 전체의 구원과 온 우주를 포함하는 폭넓은 구원을 이루어 가시는 성령에 대한 시야를 우리에게 제공하였다는 점에서 큰 기여를 하였다.

에큐메니칼 신학에 커다란 영향력을 미친 학자 가운데 한 사람인 몰트만에 따르면 인간의 구원 역사는 전체 창조 세계의 구원의 한 부분이며, 성령은 이 전체 창조 세계를 죽음의 힘으로부터 구원하시기 위하여 사역하신다. 전체 창조의 세계 역시 성령의 해방의 사역을 간절히 기다리고 있으며 허무한 노예 상태로부터 해방되어 하나님의 자녀들과 함께 자유의 영광에 이르기를 간절히 소원하고 있다(롬 8:21). 이사야 11장 6절 이하의 말씀 즉 "그 때에 이리가 어린 양과 함께 살며 표범이 어린 염소와 함께 누우며 송아지와 어린 사자와 살진 짐승이 함께 있어 어린 아이에게 끌리며 암소와 곰이 함께 먹으며 그것들의 새끼가 함께 엎드리며 사자가 소처럼 풀을 먹을 것이며"라는 말씀 역시 성령의 해방 사역의 우주적 차원을 잘 설명해 주고 있다. 즉, 성령은 인간을 포함한 모든 피조물을 구원하시어 하나님의 샬롬이 넘치는 세계를 만드는 영이신데, 에큐메니칼 신학은 성령에 대한 이러한 이해의 폭을 넓히는 데 기여를 하

---

137) 김명용, 『이 시대의 바른 기독교 사상』, 89-90.

였다고 할 수 있다.[138]

2. 샬롬의 실현에 참여토록 도전

에큐메니칼 신학에서 이해하는 성령은 개인의 샬롬을 넘어서서 온 인류와 우주의 샬롬 구현을 위해 활동하시며 사람들을 그 사역에 참여시키시는 영이시다. 이러한 이해는 전통적인 성령 이해의 폭을 넓혀 주며 교회들이 이러한 샬롬 구현의 사역에 참여토록 도전하도록 한다. WCC는 기회가 주어질 때마다 샬롬의 중요성을 강조하며 성령께서 이 일에 우리를 부르신다는 사실을 강조하였다. 예를 들어 샬롬의 한 영역인 정의에 대하여 WCC는 다음과 같이 강조했다.

> 자유와 진리의 성령은 우리를 감동시키사 하나님 나라의 정의를 증거하며, 이 세상 내의 부정의에 대항하도록 한다. 우리는 죄의 포로가 된 사람들의 해방을 위해 진력함으로써, 또한 해방과 정의와 평화를 위한 투쟁 속에서 압제당하고 있는 자들의 편에 섬으로써 성령의 삶을 드러낸다. 성령에 의해 해방된 우리들은 가난한 자들과 약한 자들의 시각에서 이 세상을 이해하며, 또 선교와 봉사, 그리고 우리가 갖고 있는 자원들을 공유하는 데 우리를 줄 수 있는 힘을 부여받았다.[139]

WCC는 우리가 정의를 증거하며 부정의에 대하여 대항할 수 있는 힘을 부여받았다는 사실을 강조하면서 우리가 그런 삶을 살 수

---

138) 김명용, 『이 시대의 바른 기독교 사상』, 96.
139) WCC, "제7차 총회: 호주 캔버라(1991)", 515.

있도록 도전한다. 또한 평화에 대하여도 WCC는 다음과 같은 촉구 속에서 우리에게 도전을 준다.

> 이 세상에는 많은 분열이 여전히 만연해 있습니다. 어떤 것들은 경제적, 정치적 분열입니다. 사람들은, 특별히 많은 여성, 어린이, 청년, 신체 장애자들은 관계의 파괴를 경험하고 있으며, 여러 종류의 부정의를 당하고 있습니다. 성령은 교회를 사랑과 헌신의 관계로 인도합니다. 성령은 교회가 가시적 일치와 보다 효율적인 선교를 추구하는 데 더욱 헌신하도록 요구하고 계십니다. 우리는 교회가 성령의 부르심에 주의를 기울일 것과, 민족들 간에 새롭고도 화해된 관계를 추구할 것과, 또 그들의 모든 교인들이 가지고 있는 은사들을 활용할 것을 촉구합니다.[140]

WCC는 분열과 갈등 그리고 온갖 전쟁으로 얼룩진 세계를 가리키면서 우리가 성령으로부터 받은 은사들을 활용하여 평화의 사도가 될 것을 촉구하며 도전하고 있다. 그러한 일에 동참하는 것이 바로 성령을 따라 사는 삶이라는 것을 강조하고 있다. 아울러 WCC는 창조보전과 생명살림을 위한 우리의 책임을 아래와 같이 상기시키고 있다.

> 성경은 하나님이 만물의 창조자이시며, 만물이 창조되었을 때에 '매우 좋았다'고 증언한다(창 1:31, 딤전 4:4 참조). 하나님의 영은 이 지구를 계속해서 지탱하시고 또 새롭게 하신다(시 104:30). 인간은 피조계의 일부이면서 동시에 피조계에 대한 하나님의 청지기로서의 책임이 있다(창 1:26-27, 2:7). 우리는 지구를 이어받을 축복받은 온유함의 태

---

140) Ibid., 501.

도로서 지구를 '보전하고' '섬겨야' 할 책임이 있다(창 2:15).[141]

WCC는 하나님의 영, 즉 성령께서 지금도 계속해서 이 지구를 지탱하시고 계속 새롭게 하신다는 점을 말하고 그 지구를 돌보는 일이 우리의 책임임을 상기시키면서 우리가 이런 성령의 사역에 동참할 것을 호소한다.

3. 성령에 대한 관심 약화 유발 가능성

앞에서 살펴본 대로 에큐메니칼의 성령 이해는 많은 장점을 지닌다. 그러나 약점 또한 지니고 있는데, 가장 심각한 약점 가운데 하나는 성령에 대한 관심의 약화를 불러올 수 있는 가능성이라 하겠다. 전통적인 성령 이해에서도 이런 경우가 있었다. 예를 들면 개혁주의 교회 안에서도 성령에 대한 관심은 매우 미약했었다. 개혁주의 신학자들의 책 속에는 성령론에 대해 언급들이 거의 없었고, 있다 해도 성령론은 구원론의 보조적인 기능 즉 구원론을 다룰 때 칭의론과 성화론을 성령의 활동으로 설명하는 정도에 그칠 뿐 독자적인 영역을 확보하지 못했다.[142] 이런 점을 주목하면서 네덜란드의 개혁자 신학자 벌코프(H. Berkhof)는 그의 유명한 책 『성령론』 서문에서 "성령론은 조직신학에서 무시되고 있었던 영역이었다."[143]라고 밝힌 바 있다.

이처럼 성령에 대하여 무관심했던 분위기가 새롭게 반전된 것은

---

141) W.C.C. "호주 캔버라 제7차 총회", 508.
142) 김명용, 『이 시대의 바른 기독교 사상』, 78.
143) H. Berkhof, *The Doctrine of the Holy Spirit*(Atlanta: John Knox Press, 1977), 10.

오순절의 성령에 대한 강조 덕분이었다고 할 수 있다. 오순절 운동은 전통적 교회의 영적인 무관심을 공격하면서 성령을 강조하였는데, 이러한 점들이 성령의 폭발적인 능력을 재발견하도록 도전하였다.[144) 오순절 교회의 성령 운동은 왜 많은 사람들의 열화와 같은 관심을 불러일으켰을까? 이에 대한 답을 생각해 보는 것은 왜 에큐메니칼 성령 이해가 성령에 대한 관심 약화를 가져올 가능성이 높은지에 대한 설명을 제공할 수 있다.

첫째, 오순절에서 말하는 성령은 민초들의 삶에 실제적인 해결책을 제공해 주시는 분으로 나타난다. 즉 오순절에서 성령은 교인들의 삶을 불행하게 만드는 구체적인 질병과 가난의 문제를 해결하고 기타 다양한 문제들을 구체적으로 해결해 주시는 영으로 설명된다.[145) 이처럼 자신들의 힘으로는 도저히 어떻게 해결해 볼 수 없는 삶의 처절한 문제들을 성령께서 실제적으로 해결해 주시므로 사람들은 자연히 성령을 간절히 사모하고 추구하게 된다.

반면에 에큐메니칼에서 가르치는 성령 이해에 따르면 성령은 구체적으로 어떤 문제를 해결하거나 복을 주시는 분이라기보다는 세계 정의와 평화 그리고 생태계 보존을 위해 사람들을 도전하시는 분으로 나타난다. 이러한 가르침은 합리적이고 신학적으로 맞는 말이지만 삶의 질곡 속에서 헤매며 살아가는 민초들의 가슴에 절실하게 와 닿지 않는 말이 될 수 있다. 즉, 자신의 발등에 떨어진 불이 우선 급한데 세계 여러 나라 사람들의 발에 떨어진 불을 꺼야 한다고 강조하면 본성상 이기적인 인간의 마음에 크게 감동을 주지 못할 가

---

144) 물론 오순절 운동의 성령 이해 역시 많은 단점을 지니고 있는 것이 사실이다. 예를 들면 성령 세례와 구원의 시점을 달리 보는 견해, 방언에 대한 과대평가 경향, 기적에 대한 과장된 선전, 은사에만 지나치게 집중하는 경향 등이 그것이다. 김명용, 『이 시대의 바른 기독교 사상』, 82-89.
145) Ibid., 83.

능성이 크다. 결국 에큐메니칼 지도자들은 열심히 세계 변혁을 주
도하는 성령에 대하여 외치지만, 그러한 성령 이해는 성도들의 삶을
터치하는 성령 이해가 되지 못할 가능성이 크며 종국적으로 성령에
대한 관심 자체의 약화로 이어질 가능성이 크다.

둘째, 오순절에서 가르치는 성령은 초자연적인 역사를 일으키시
는 분으로 소개된다. 오순절주의자들은 성령의 초자연적인 능력을
믿고 있다. 그들은 오늘날도 기적이 일어난다고 믿으며 실제로 그런
체험을 종종 한다. 그래서 오순절 교회들은 기적과 신유에 대한 간
절한 갈망을 지니고 있고, 그러한 갈망 때문에 실제적으로 초자연
적인 기적과 신유의 역사가 실제적으로 나타나는 경우가 많다. 신
앙이란 기본적으로 초자연적인 차원을 지닌다. 신앙이 만약 합리적
인 차원에서만 머문다면 그것은 신앙이 아니라 윤리의 차원으로 전
락될 수 있고, 종국에 가서는 과학이 신앙을 대치하게 될 수 있다.
즉, 신앙이 초자연적인 차원을 상실하게 되면 신앙이 존재할 수 있
는 영역은 자꾸 줄어들 것이고, 결국 교회는 세상으로부터 밀려나
게 될 수 있다.

이런 점에서 교회는 초자연적인 차원의 성령 이해를 회복해야 하
는데, 오순절주의자들의 공헌 가운데 하나는 바로 이러한 성령의 초
자연적인 차원을 회복했다는 것이다. 오순절주의자들은 하나님께는
모든 것이 가능하다는 신앙을 설교했고, 이러한 설교는 좌절과 절망
의 한 가운데 있던 많은 사람들에게 용기를 주어 희망을 갖도록 만
들었으며, 사람들로 하여금 교회로 발걸음을 옮기도록 만들었던 것
이다.[146) 에큐메니칼에서 가르치는 성령 이해에는 초자연적인 차원
의 성령 이해가 거의 없다고 해도 과언이 아니다. 앞에서 살펴본 대

---

146) 김명용, 『이 시대의 바른 기독교 사상』, 84.

로 정의, 평화, 샬롬, 생태보존 등을 이루어 가시면서 사람들을 그 일에 동참시키는 분으로 이해되는 반면, 초자연적인 능력으로 민초들의 당면한 실존적인 문제를 해결해 주시는 분에 대한 강조는 거의 없다. 사람들은 기본적으로 뭔가 초자연적인 능력이 자신의 문제를 해결해 주기를 열망하는데, 에큐메니칼 성령 이해에는 그런 차원이 약하고, 그러기에 성령을 사모하고 추구할 이유를 별로 못 느끼게 되는 것이다.[147]

셋째, 오순절의 성령 이해에 따르면 성령은 무언가를 주시는 분이시다. 능력을 주시고, 희망을 주시고, 문제를 해결해 주시고, 병 고침을 주시고, 축복을 주시는 분이시다. 그분을 사모하고 간절히 추구하면 놀라운 은혜와 축복들을 주시는 분이시다. 그러나 에큐메니칼에서 가르치는 성령 이해에 따르면 성령은 정의와 평화를 위한 투쟁으로 사람들을 이끌어 참여케 하시는 영이시다. 오순절에서 가르치는 것과 같이 무엇을 주시기보다는 요구하시는 영이시다. 희생과 헌신을 요구하시는 영이시다. 그런데 희생과 헌신은 그냥 나오는 것이 아니라, 그러한 것을 할 수 있도록 만드는 능력이 먼저 주어져야 한다. 즉, 헌신과 희생을 할 수 있는 힘을 공급받지 못하는 상황에서 요구만을 하는 것은 결국 자동차 기어를 중립에 놓고 엑셀을 밟는 것과 같이 공회전으로 끝날 수 있다. 이런 점에서 에큐메니칼의 성령 이해는 매우 폭이 넓고 이론적으로도 매우 설득력이 있는 성령 이해이기 때문에 이론적으로는 더할 나위 없이 좋은 이해이지만, 실제 민초들이 힘과 능력을 공급받을 수 있는 차원의 부족으로

---

147) 오순절에서는 구원의 은혜를 육체적 건강과 연결시키고, 실질적인 축복과 연결시켰다. 특별히 병들고 가난한 사람들에게 성령의 초자연적인 은사와 능력들을 체험케 함으로써 삶의 용기와 희망을 심어 주는 데 기여한 측면이 있다. 자연히 오순절에서는 사람들이 성령을 강하게 간구하고 성령의 충만을 소망하게 되는 것이다. 비교, 김명용, 『열린 신학 바른 교회론』, 265.

결국 성령에 대한 관심 약화로 이어질 가능성이 높다.

4. 구원관의 혼선 및 복음 전도의 약화 가능성

전통적인 신학에 따르면 구원이란 예수 그리스도의 복음을 듣고 받아들임으로써 이루어진다. 구원을 위한 길은 오직 그리스도 한 분으로 제한되었다. 성령에 관한 이해는 주로 성자의 사역, 즉 구원 사역과 연관하여 설명되었다. 즉, 성령은 그리스도께서 이루어 놓으신 구원의 사역을 구체적으로 이루어 가시는 분으로 이해되면서, 성령은 인간을 그리스도와 연합시키는 분으로서 성령의 사역을 통하여 인간은 중생되고 하나님의 자녀가 되는 것으로 생각했다.[148] 이런 점에서 전통적인 성령 이해는 주로 성자와 구속 사역이라고 하는 렌즈를 통하여서 성령의 존재와 사역을 보여 주며 설명하는 경향이 많았다.

이러한 전통과 달리 에큐메니칼 성령 이해는 성자 중심의 이해에서 벗어나 성부 중심의 이해로 변환된 경향을 보인다. 즉, 성자를 중심으로 보는 구원 지향적인 성령 이해가 아니라, 성부를 중심으로 하는 창조 중심의 성령 이해를 보인다. 이러한 이해에 따르면 성령은 성부께서 이 세계를 아름답게 창조하실 때에 이러한 창조의 사역에 동참하셨고 지금까지 이 세계를 지탱하는 사역을 해 오고 계시다. 이 지탱의 사역 속에서 성령은 교회와 그리스도인들 속에서만 역사하신 것이 아니라 불신자들과 타종교인들 가운데서도 역사해 오셨다. 앞서 언급한 대로 성령은 '기독교의 범주를 넘어서서 역사하시는 영'이신 것이다. 이러한 이해에 따르면 성령은 그리스도의 복음이 들

---

148) 김명용, 『이 시대의 바른 기독교 사상』, 73.

어가기 전부터 모든 곳에 선재하시므로, 우리의 이해를 초월하는 방식으로 지속적으로 활동하시면서 타종교들 속에서도 성령의 열매들과 계시들을 이루어 오신 것이며, 따라서 다른 종교에도 교회가 알지 못하는 진리가 이미 주어진 것이라고 말할 수 있다.

이러한 이해는 이론적으로나 신학적으로 일견 타당성이 있는 이해로 보이지만, 이것이 강조될 경우 자칫 구원 이해에 대한 혼란이나 복음 전도의 약화를 초래할 가능성이 커질 수 있다. 타종교 혹은 불신자들에게도 역사하시는 성령에 대하여 말할 경우 구원의 길에 대한 상당한 혼란을 초래할 가능성이 높다. 왜냐하면 전통적으로 구원은 예수 그리스도를 전하고 믿음으로써만 이루어지는 것으로 이해되어 왔는데, 예수를 전하는 길 외에 성령께서 직접 역사하신다는 것이 강조된다면, 즉 구원 사역 중심의 성령 이해에서 창조 사역 중심의 성령 이해로의 변환이 강조될 경우, 사람들은 과연 우리가 전하는 구원만이 유일한 구원이라고 주장할 수 있을 것인가 하는 의문을 갖게 되고 구원관에 있어서 상당한 혼란이 생겨날 수 있기 때문이다.

아울러 성령께서 타종교와 불신자들에게도 역사하신다는 것을 강조할 경우 교회는 굳이 힘들여 가며 복음을 전해야 할 전의를 많이 상실하게 될 것이다. 성령께서 타종교와 불신자들을 향해서도 포괄적인 의미의 구원인 샬롬을 위하여 사역하셨다면, 타종교인들과 불신자들을 구원의 가능성으로부터 배제할 수 없으며, 그 경우 구원의 소식이 교회에만 독점적으로 주어졌다고 보는 것은 오만한 편견이 된다. 따라서 교회가 나서서 마치 교회만이 유일하게 구원을 소유한 것처럼 죽을 힘을 다해서 복음을 전할 필요가 없어진다. 이것은 자연히 복음 전도의 약화로 이어지고, 복음 전도의 약화는 곧 교회의 약화로 이어지면 심각한 문제가 될 수 있는 소지가 다분히 있다.

5. 증인들의 모임인 교회의 약화 가능성

전통적인 성령 이해에서 성령은 교회와 긴밀한 관계를 지니는 영이시다. 사람들을 구원시키어 교회로 인도하시며, 다시 그 사람들을 성화시키고 헌신케 하여 교회의 충성된 일군들로 키워 가는 것이 전통적인 성령 이해에서의 성령의 중요한 역할이다. 따라서 성령이 역사하실 때 교회는 성장되고 강력한 증인들의 모임으로 변화된다.

교회를 위한 성령의 중요성에 대하여 김명용은 "교회는 성령의 능력 아래 있어야 한다. …바른 교회는 성령의 능력에 힘입는 교회이고 기도하는 교회이다. 성령의 능력에 힘입지 못하고 기도하지 않는 교회는 메마른 교회가 되고 성장하지 못하고 죽어갈 것이다"[149] 라고 역설한다. 교회 안에서 성령의 역사가 특별히 강하게 나타나는 교회 중에는 오순절 계통의 교회들이 많다. 오순절 교회는 성령 안에서의 강한 임재 체험과 성도들 간의 교제, 예배의 개방성과 적극적인 참여 등으로 인해 성도들이 매우 적극적으로 교회의 삶에 참여하며, 이러한 것이 교회의 성장에 긍정적으로 작용을 한다. 오순절 교회의 교회와 성령의 긴밀한 관계에 대한 김명용의 평가를 다시 들어보자.

일반적으로 오순절 교회에는 생동감이 넘친다. 이 넘치는 생동감은 상당 부분 성령으로 채워진 삶에 대한 오순절 교회의 강조와 관련이 있

---

149) 김명용, 『이 시대의 바른 기독교 사상』, 182.

다. …교회는 성령의 능력과 은사로 채워져야 한다. 교회의 성장은 성령으로 채워지는 성도들의 삶과 깊이 연계되어 있다. 오순절 교회의 성령으로 채워진 삶에 대한 강조는 오순절 교회의 성령론의 장점이다.[150]

오늘날 세계적으로 가장 왕성하게 성장하는 교회는 오순절인데, 이러한 성장 뒤에는 바로 교회와 성도들을 위해 강력한 능력을 제공하는 성령에 대한 오순절 성령 이해가 자리하고 있다.

이러한 경향과 달리 에큐메니칼 진영의 성령 이해는 앞서 지적한 대로 교회보다 세계에 더 깊은 관심을 지닌다. 교회는 단지 수단일 뿐이고, 성령의 최종적인 목적은 세상의 변혁이고 세상에서 이루어지는 샬롬이다. 즉, 교회 안에서 역사하시는 성령, 교인들에게 능력을 주시는 성령, 사람들을 교회로 인도하시는 성령에 대하여는 거의 관심이 없고, 주로 세상에 정의와 평화를 가져오시는 성령, 세상의 창조 질서 보존에 깊은 관심을 가지시는 성령, 세상 속에서 샬롬을 구현키 위해 일하시는 성령, 비인간화된 세상을 변혁시키기에 바쁘신 성령에 대하여 많은 강조를 둔다. 만사가 다 그렇듯이 무엇이든 관심을 갖고 열심히 추구하는 것이 번성하게 되어 있다. 에큐메니칼 성령 이해에서 교회는 뒷전이고 세상에 더 깊은 관심을 쏟게 되면서 자연히 교회가 약화되는 결과를 낳게 될 수 있다. 그런데 교회의 약화는 결코 작은 문제가 아니다. 에큐메니칼에서 내세우는 중요한 목표인 샬롬의 구현도 결국 그것을 실현할 가장 핵심적인 기구 중의 하나는 교회인데, 교회 자체가 약화되어 버릴 경우에 결국 샬롬의 구현도 하나의 소박한 꿈으로 끝날 가능성이 높아진다는 점에서 에큐메니칼 성령 이해의 약점을 보게 된다.

---

150) Ibid., 83.

요약 및 전망

이 장에서는 에큐메니칼 성령 이해의 주된 배경 및 특징, 그리고 에큐메니칼 성령 이해가 선교에 미칠 수 있는 영향 등을 살펴보았다. 에큐메니칼 성령 이해는 전통적인 성령 이해의 편협성을 극복하면서 교회로 하여금 세계를 보는 시야를 넓혀 주고, 샬롬의 구현에 동참하도록 도전한다는 점 등에서 여러 가지 강점을 지니고 있음을 보았다.

그러나 이러한 강점과 함께 에큐메니칼 성령 이해는 심각한 약점도 지니고 있음을 보았는데, 그것은 성령에 대한 관심의 약화 가능성, 교회의 약화 가능성, 그리고 구원 이해의 혼선 가능성과 복음 전도의 약화 가능성 등이었다. 에큐메니칼 성령 이해는 이론적으로나 신학적으로 타당하며 매우 설득력이 높은 이해지만, 현실적으로 그것이 지역 교회의 민초 성도들에게 적용될 때 그것은 저들의 피부에 쉽게 와 닿지 않는 이론으로 끝날 가능성이 크다는 것을 보았다. 즉, 에큐메니칼 성령 이해는 학자들의 펜 끝이나 에큐메니칼 세계 대회의 의제로는 아주 그럴듯하고 합리적인 이해일지 모르나, 실제 성도들에게 성령의 역동적인 능력을 체험하도록 하는 일에는 별 관심이 없는 이해이다. 따라서 이러한 점에서 처절한 삶의 투쟁 가운데 있는 평신도들에게는 에큐메니칼의 성령 이해는 별로 매력이 없는 것이 될 수 있기 때문에 성도들의 삶 속에 파고 들어가서 저들의 삶을 변혁시키는 성령 이해가 되기에는 거리가 좀 먼 이해가 될 수 있다고 보인다.

결국 에큐메니칼 성령 이해가 역동적인 선교를 위하여 기여할 수 있는 바람직한 성령 이해가 되기 위해서는 세상뿐 아니라 교회에 대하여, 세계 변혁뿐 아니라 개인의 변화에 대하여, 그리고 우주적인 샬롬뿐 아니라 개인의 당면한 문제 해결에 대하여도 깊은 관심을 두는 균형감 있는 성령 이해로 거듭나야 한다고 생각된다.

4장

인간 이해 :

선교의 대상인 인간은 어떤 존재인가?

　　리차드 니버(Richard Niebuhr)는 "인간은 항시 자신이 가장 이해하기 어려운 문제였다."라고 설파하였다. 인간이 이처럼 이해하기 어려운 존재였기 때문에 '인간이 무엇인가'에 대한 문제는 항상 학문의 중요한 의제였으며, 인간에 대한 연구는 다양한 방면에서 추구되어 왔다. 이처럼 많은 관심을 끄는 주제인 인간 이해는 선교에 있어서도 매우 중요한 문제가 아닐 수 없다. 인간이 어떤 존재이며, 인간에게 가장 절실한 필요는 무엇이며, 인간의 미래는 어떻게 될 것인가에 대한 이해에 따라서 선교의 목적과 내용 그리고 전략 등이 달라지기 때문이다.

　　전통적으로 선교는 모든 인간이 죄인이라는 기본적인 전제에서 이루어졌다. 즉 선교는 인간을 '잃어버려진 존재'로 보면서 그들에게 필요한 것은 구원이며 그 구원을 얻을 방법은 "오직 길이요 진리요 생명 되신 예수 그리스도를 믿는 것"이라는 사실을 명확히 하였다(요 14: 6). 인간에게 있어서 가장 위대한 질문은 "내가 어떻게 하여야 구원을 받으리이까?"(행 16:31)이고, 이 질문에 대한 답은 오직 "주 예수를 믿으라 그리하면 구원을 받으리라"(행 16:31)라고 생각하였다. 그러나 1948년에 탄생한 세계교회협의회는 이상과 같은 전통적인 인간 이해와는 사뭇 다른 인간 이해의 경향을 드러내었으며, 이러한 인간 이해와 함께 에큐메니칼 선교의 방향에도 많은 변화가 나타났다.

리차드 니버(Richard Niebuhr)는 "인간은 항시 자신이 가장 이해하기 어려운 문제였다."라고 설파하였다. 인간이 이처럼 이해하기 어려운 존재였기 때문에 '인간이 무엇인가'에 대한 문제는 항상 학문의 중요한 의제였으며, 인간에 대한 연구는 다양한 방면에서 추구되어 왔다. 이처럼 많은 관심을 끄는 주제인 인간 이해는 선교에 있어서도 매우 중요한 문제가 아닐 수 없다. 인간이 어떤 존재이며, 인간에게 가장 절실한 필요는 무엇이며, 인간의 미래는 어떻게 될 것인가에 대한 이해에 따라서 선교의 목적과 내용 그리고 전략 등이 달라지기 때문이다.

전통적으로 선교는 모든 인간이 죄인이라는 기본적인 전제에서 이루어졌다. 즉, 선교는 인간을 '잃어버려진 존재'로 보면서 그들에게 필요한 것은 구원이며 그 구원을 얻을 방법은 "오직 길이요 진리요 생명 되신 예수 그리스도를 믿는 것"이라는 사실을 명확히 하였다(요 14:6). 인간에게 있어서 가장 위대한 질문은 "내가 어떻게 하여야 구원을 받으리이까?"(행 16:31)이고, 이 질문에 대한 답은 오직 "주 예수를 믿으라 그리하면 구원을 받으리라"(행 16:31)라고 생각하였다. 그러나 1948년에 탄생한 세계교회협의회는 이상과 같은 전통적인 인간 이해와는 사뭇 다른 인간 이해의 경향을 드러내었으며, 이러한 인간 이해와 함께 에큐메니칼 선교의 방향에도 많은 변화가 나타났다.

이 장에서는 새롭게 나타난 에큐메니칼 인간 이해의 주된 특징과 그러한 이해가 선교에 어떤 영향을 미치는지를 살펴보는 것을 주된 목적으로 삼고자 한다. 물론 에큐메니칼 신학에서 '인간 이해'라는 내용을 정리하여 제시하지는 않지만, 에큐메니칼 신학의 내용들을 자세히 살펴보면 거기에 함축되어 있는 인간 이해를 파악할 수 있으며, 특별히 전통적인 인간 이해와 비교되는 특징적인 경향들을 발견할 수 있다.[151] 이 장에서는 이러한 특징적인 경향들이 어떤 배경에서 등장하게 되었고, 또 그러한 특징들이 에큐메니칼 선교에 어떤 영향을 미치는지 등을 살펴보면서 종국적으로 바람직한 선교에 도움이 되는 인간 이해의 내용을 생각해 보고자 한다.

I. 에큐메니칼 인간 이해의 배경

1. 인간의 구성 요소에 대한 통합적 이해

인간 이해에서 가장 중요한 차원 중 하나는 '인간이 과연 어떻게 구성되었는가?'라는 문제일 것이다. 전통적인 기독교 인간 이해는 다분히 이분법 혹은 삼분법적인 이해였다. 즉, 인간이 영(*ruah, pneuma*)과 육(*basar, sarx*)의 두 요소로 구성되었다고 여기거나, 영(*ruah, pneuma*), 혼(*nephesh, psyche*), 육(*basar, sarx*)의 세 요소로 구성되었다고(참조. 살전 5: 23) 인식해 왔다. 이러한 인간 이해는 자연스럽게 영적인 차원 혹은 정신적인 차원이 육체적인 차원보다 훨씬 더 중요하고 우선적이라는 이해로 이어졌다. 즉, 영적인 차원을 강조하는 반면 육적인 차원을 경시하거나 절제하도록 하는 인간 이해였다.

이러한 사고는 성경에서도 찾아볼 수 있는데, 예를 들면 예수께

---

151) 이 장에서는 에큐메니칼 인간 이해의 특징을 단정적으로 말하기보다는 '경향' 이라고 표현하는데, 그 이유는 에큐메니칼의 인간 이해가 매우 포괄적이고 다양해서 단적으로 정의하기보다는 전통적인 인간 이해와 비교하여 전반적으로 드러나는 어떤 성향 같은 것을 나타내고자 하기 때문이다.

서는 제자들을 파송하시는 상황에서 제자들의 목숨이 위험에 처할 것을 상정하시면서 "몸은 죽여도 영혼은 능히 죽이지 못하는 자들을 두려워하지 말고 오직 몸과 영혼을 능히 지옥에 멸하실 수 있는 이를 두려워하라"(마 10:28)라고 말씀하셨고, 조금 후에 "자기 목숨을 얻는 자는 잃을 것이요 나를 위하여 자기 목숨을 잃는 자는 얻으리라"(마 10:39)라고 말씀하심으로써 참으로 추구해야 할 목숨이 어떤 목숨인지를 말씀하셨다.[152]

교회교의학의 저자 칼 바르트(Karl Barth)도 영과 육의 분리될 수 없는 합일성을 강조하면서도 영혼의 우선성을 강조하였다. 즉 영혼은 '중심(Zentrum)'이고 몸은 '주변(Peripherie)'이며, 영혼은 '위에 있고' 몸은 '아래에 있다'고 말한다. 또 영혼은 '첫째 것'이고 몸은 '둘째 것'이며, 영혼은 '앞서가고' 몸은 '그 뒤를 따른다'라고 말한다. 또 영혼은 '지배하고' 몸은 '영혼에게 봉사한다'라고 하면서 영혼은 '다스리는 자'요 몸은 '섬기는 자'라고 말한다.[153] 이런 배경을 가지고 오늘날도 여전히 전통적인 신학은 영을 우선시하는 전통적인 인간 이해를 견지한다.[154]

그러나 오늘날의 신학은 이분법적인 견해를 가지고 영혼을 우선시하는 전통적인 견해를 반대하며 통전적인 견해를 지지하는 경향

---

152) 몸을 죽이는 것은 일시적인 죽음이고, 몸과 영이 지옥에 던져지는 것은 영원한 멸망이다. 또한 주님을 위하여 육신의 목숨을 잃으면 영원한 목숨을 얻게 될 것이라고 해석되어 왔다. B.C. Caffin, 『풀핏성경주석: 마태복음(상)』, 송종섭 역(서울: 보문출판사, 1977), 691.
153) Karl Barth, *Church Dogmatics*, III/2(Edinburgh: T & T Clark, 1960), 408-419.
154) 실제로 대부분의 목회자들과 성도들은 여전히 영혼을 우선시하는 이분법적인 견해를 지니고 있는 것이 사실이다. 만약 영혼과 육체를 나누지 않거나 이 둘의 중요성을 동일하게 생각한다면 그들은 육신적인 삶을 희생하여 복음을 전하고 교회에 봉사하거나 헌금하지 않을 것이다. 영혼이 중요하다고 믿기 때문에 그 영원한 삶을 위하여 이 땅 위에서 육신적인 삶을 희생한다고 할 수 있다.

을 보인다.[155] 이러한 신학은 인간을 이분법적으로 보는 견해가 성경의 가르침이기보다는 다분히 헬라 철학이나 고대의 종교 사상에서 연원한 것이라고 본다. 특별히 플라톤의 사상에서 이러한 것들이 잘 정리되어 나타나는데, 그에 의하면 인간이 죽을 때 육체는 사멸하는 반면, 영혼은 불멸하게 된다. 육체가 죽는 순간, 인간의 영혼은 육체의 감옥을 벗어나 영원한 신의 세계로 가게 된다. 따라서 인간의 본래적 삶은 육체에 있는 것이 아니라 영혼에 있다는 것이다.[156] 통전적인 인간 이해를 갖는 신학은 전통적인 신학이 이와 같은 헬라 철학의 영향을 받아 이분법적인 인간 이해를 갖게 되었다고 보면서 인간은 영과 육을 분리할 수 없는 통전적인 존재임을 강조한다.

이러한 통전적인 인간 이해는 현대 과학에 의해서도 많은 지지를 받고 있다. 현대 행동 과학에 따르면 인간의 영혼과 육체는 언제나 동시적으로 주어져 있다. 인간의 모든 감정과 사유의 활동은 인간의 정신적 조건에만 달린 것이 아니라 육체적 조건에도 의존한다는 것이다. 육체에 속한 뇌세포의 활동 없이 인간은 사유할 수 없으며, 감정의 활동도 가질 수 없다. 동시에 인간의 모든 육체적 활동은 영적, 정신적 조건에 의하여 결정되므로 인간은 영과 육을 분리할 수가 없다.[157] 또 현대 의학의 심신상관설에 따르면 인간의 마음과 몸은 하나로 결합되어 있어서 인간의 영혼과 육체는 합일체이며 서로 영향을 주고받는다는 것이다.[158] 따라서 인간의 영과 육을 따로 떼어서

---

155) 김균진, 『생명의 신학』(서울: 연세대학교 출판부, 2007), 257, 289.
156) 이런 점에서 김균진은 "유스틴(Justin) 이후 대부분의 초대 교부들은 플라톤을 '그리스도 이전의 그리스도인'으로 숭배하면서, 그가 가르친 '사멸하는 육체와 불멸하는 영혼'의 이원론을 받아들였다. 이리하여 기독교는 일찍부터 영혼은 물론 육체를 중요시하는 그의 히브리적 전통을 간과하고 헬레니즘의 사상을 수용하였다." 라고 평가한다. 김균진, 『생명의 신학』, 258-260.
157) 김균진, 『종말론』(서울: 민음사, 1998), 167.
158) 김균진, 『생명의 신학』, 287.

생각하는 것은 비합리적이며 비과학적이라는 것이다.[159] 이러한 과
학 등의 영향으로 인해서 오늘날의 인간 이해는 영과 육을 모두 통
합적으로 보는 견해를 가지고 영과 육의 차원을 분리해서 생각하는
것 자체를 문제시 삼기 때문에 영적인 차원을 육적인 차원보다 우선
시하는 것은 단호히 반대하는 경향을 갖고 있으며 이러한 인간 이해
가 에큐메니칼 신학에도 상당한 영향력을 미친 것으로 보인다.

2. 해방 신학적 죄 이해

인간 이해에 있어서 다른 중요한 차원은 "인간의 불행이 도대체
어디에서 연원하는가?"라는 질문일 것이다. 전통적인 기독교 인간
이해는 이 질문에 대한 답을 '죄'라고 대답한다. 성경은 인간이 '하
나님의 형상으로 지음 받은 고결한 존재'라는 것을 말하면서도 동
시에 인간이 '죄인'이라는 사실을 분명하게 선언하며, 인간 불행의
근원은 죄이기 때문에 이 죄의 문제를 해결하지 않는 한 어느 누구
도 소망이 없다는 것을 강조한다. 따라서 전통적으로 기독교는 죄의
문제를 가장 심각하게 생각하고, 죄 문제 해결만이 모든 문제 해결
의 근원이라고 보았다. 이런 점에서 스탠리 그랜즈는 "죄 개념은 성
경의 케리그마에 속하고, 우리의 신학적 유산의 타협할 수 없는 명
제"[160]라고 강조한다.

---

159) 김균진도 인간을 통합적으로 보아야 한다고 주장하면서, "한 사람의 형태는
단지 영혼을 통해 형성되는 것이 아니라, 영혼과 육체, 의식과 무의식, 의욕하는
것과 의욕하지 않는 것 사이의 끊임없는 상호 삼투(혹은 침투)와 교류를 통해 형
성된다. 영혼이 육체에게 새로운 정보와 영향을 주기도 하고, 육체가 영혼에게 이
것들을 주기도 한다. 무의식이 의식에게, 의욕하지 않는 것이 인간의 모든 의욕
적, 의식적 행동에 끊임없이 이야기하고 영향을 준다."라고 말한다. 김균진, 『생명
의 신학』, 283-284.
160) 스탠리 그랜즈, 『조직신학』, 신옥수 역(서울: 크리스천 다이제스트, 2003),
278.

그렇다면 죄가 무엇인가? 성경에 따르면 죄는 '과녁을 빗나가는 것' 또는 '미치지 못하는 것'을 의미하며 하나님이 원하시는 모습대로 살지 못하는 것을 의미하고 있다.[161] 여기에서 중요한 점은 하나님과의 개인적인 관계가 일탈되어 문제가 생겼다는 것이다. 죄는 자신의 창조주와 주인 되시는 하나님을 거부하고 자신을 하나님의 위치에 세우며 모든 것의 중심이 되는 것으로부터 시작되는 것이다. 따라서 인간의 문제 해결을 위해서는 개인적으로 회개하고 하나님과의 관계를 다시금 회복해야 한다는 것이 전통적인 신학의 죄 개념에서 중요한 포인트였다. 죄로 말미암아 인간에게 주어진 하나님의 형상이 파괴되었고, 하나님과의 관계 곧 '계약의 파트너'로서의 관계 역시 파괴되었기 때문에 이 깨어진 관계를 회복하는 것이 곧 구원이라고 보았다. 즉, 전통적인 신학은 기본적으로 죄의 문제를 개인적인 차원에서 바라보았다.

그런데 해방 신학에서는 죄의 문제를 개인적인 차원에서 접근하기보다는 사회 구조적인 차원에서 바라보는 경향이 있다.[162] 즉, 개인적인 차원의 죄보다는 정치, 사회, 경제적인 차원의 불의와 억압적인 구조악에 깊은 관심을 둔다. 예를 들면 두셀(Enrique Dussel)은 '제도의 전체화(totalization of the system)'로서의 죄를 말하는데, 여기에서 말하는 '죄'란 하나님과 인간의 관계에서 발생하

---

161) 구약 성서에서 죄를 가리키기 위하여 가장 널리 사용하는 단어는 '하타(*hatha*)'이며, 이 단어는 기본적으로 '올바른 목표를 빗나가다' 또는 '규범으로부터 일탈하다'를 의미한다. 또한 신약 성서에서 죄를 가리키기 위하여 가장 널리 사용하는 단어는 명사 '하마르티아(*hamartia*)'와 동사 '하마르타노(*hamartano*)'이다. 구약의 '하타'와 비슷하게 '하마르티아'는 '과녁을 빗나가다'라는 의미를 지니며, 이것은 '하나님과의 관계에서 죄책을 강조하는 범죄'를 의미한다. 스탠리 그랜즈, 『조직신학』, 279-281.

162) 이런 점에서 보쉬는 해방 신학이 죄를 인간의 마음속에서가 아닌 사회 구조 속에 놓았다고 분석한다. 데이비드 보쉬, 『변화하고 있는 선교』, 김병길 장훈태 역 (서울; 기독교문서선교회, 2000), 655.

는 것이 아니라 인간과 인간의 갈등, 불화, 불의에서 발생한다고 본다.[163] 구티에레츠(Gustavo Gutierrez)도 "죄는 억압적인 구조, 인간에 의한 인간의 착취, 지배와 노예, 인종과 사회 계급에서 나타난다. 또 죄는 근본적 소외와 불의와 착취적 상황의 원인으로 나타난다."[164]라고 말한다. 해방 신학은 죄의 문제를 이처럼 사회 구조적인 차원에서 보기 때문에 죄의 해결 역시 구조적으로 접근해야 한다고 보며 여기에서 구조악으로부터의 해방을 위한 투쟁과 혁명이 불가피해진다.[165]

또한 전통적인 신학은 죄의 문제가 보편적이어서 어느 하나의 예외도 없이 모든 인류가 죄의 문제에 걸려 있다고 믿으며, 이러한 믿음은 "모든 사람이 죄를 범하였으매 하나님의 영광에 이르지 못하더니"(롬 3:23)라는 선언 등에 나와 있다.[166] 그러나 해방 신학에서의 죄는 정치적 억압, 경제적 착취, 기타 모든 구조악을 의미하기 때문에 이런 구조악을 일으키는 자들의 죄는 문제를 삼지만, 이런 구조악으로 희생을 당하는 자들의 죄는 거의 언급하지 않는 경향이 있다. 한 걸음 더 나아가서 바로 이런 구조악의 희생자들이 죄의 문제를 해결하는 주체 세력이 된다고 여긴다. 결국 해방 신학에서 관심을 갖는 죄는 주로 수평적인 차원의 문제이고, 성경에서 관심을 갖는 수

---

163) Enrique Dussel, *Ethics and the Theology of Liberation*(Maryknoll: Oribis Books, 1974), 17.
164) Gustavo Gutierrez, *A Theology of Liberation*(Maryknoll: Orbis Books, 1973), 175.
165) 이와 같은 구원관은 '항해하는 배가 파선을 당할 때 배를 구하지 아니하고 어떻게 개인을 구원할 수 있겠느냐'라는 물음으로 표현할 수 있는 반면, 전통적인 구원관은 '가라앉은 배에 왜 페인트칠을 하겠느냐'라는 물음으로 표현할 수 있다. 즉, 사회가 부패하였다고 사회를 직접 변화시킬 수 없고, 전도를 통하여 사람들이 구원될 때 사회적 문제 역시 해결된다고 믿으면서 해방 신학의 접근은 말보다 마차를 앞세우는 주객의 전도라고 비판한다. 그러면서 선문명화를 시도한 선교는 영혼 구원도 못하고 사회 변혁도 하지 못하는 무능함을 드러낸 경우가 많았다고 주장한다. 전호진, 『한국 교회와 선교 I』(서울: 엠마오, 1983), 114-117.
166) 스탠리 그랜즈, 『조직신학』, 283-284.

직적인 차원의 죄에 대해서는 거의 관심을 갖지 않는다.[167] 즉, 죄의 가장 깊은 뿌리인 하나님과의 관계(수직적 차원)에서의 죄에 대해서는 별 관심이 없고, 하나님과의 잘못된 관계에서 연원된 열매로서의 죄(수평적 차원)에만 깊은 관심을 기울이는 경향이 있다.

3. 포괄적인 구원 이해

인간 이해에 있어서 가장 중요한 것 중의 하나는 "인간이 어떻게 하면 인생 문제를 해결하고 행복하게 될 수 있을까?"라는 질문일 것이다. 이에 대해 전통적인 기독교 신학은 구원을 말한다. 즉, 구원을 받으면 하나님의 자녀가 되고, 이생과 내생에 행복의 길이 열리며, 특별히 영혼이 구원을 받아 하나님의 나라에 들어가 영원히 살게 된다고 믿는다. 그러나 새로운 구원 이해는 이러한 구원 이해가 잘못된 것이라고 보는데, 이 관점에 따르면 전통적인 구원 이해는 너무 협소한 구원 이해이다. 즉, 전통적인 인간 이해는 인간이 영혼으로만 되어 있는 존재가 아님에도 불구하고, 영혼만의 구원을 강조한다는 것이다. 앞에서도 언급했듯이 통전적인 인간 이해에 따르면 인간은 영과 육이 하나로 된 통전적인 존재이므로 구원도 영과 육이 모두 함께 구원을 받아야 한다고 생각한다. 이러한 이해는 김균진의 다음 글에서도 볼 수 있다.

---

167) 채은수는 이러한 해방 신학을 평가하면서, "…해방 신학은 영혼과 육체를 다 포함하는 총체적 인간으로서 구원과 해방, 구체적 행동으로 나타나는 신앙, 영양 실조, 문맹, 억압과 같은 수평적인 죄관을 말하지만 불신, 우상 숭배, 배교와 같은 수직적 죄관은 빼 버림과 인간 계층 구조에 있어서 낮은 층의 구원만 강조하는 나머지 높은 층의 구원에는 전혀 관심을 두지 않음은 문제로 남는다."라고 말한다. 채은수, "선교에 있어서 상황화,"《신학지남》, 1997년 겨울호, 39.

생명을 살리는 예수의 구원 사역은 인간의 영혼에 대해서는 물론 인간의 육체에 대해서 일어난다. 예수가 행한 병 고침과 귀신 추방에서 이 사실을 분명히 볼 수 있다. 병 고침을 통해 인간의 영혼은 물론 그의 육체가 건강하게 되며 고통과 소외에서 해방된다. 귀신이 인간을 떠날 때, 인간의 온 몸이 건강하게 되며 사회에 통합된다. 예수께서 죄 용서를 선언할 때, 죄인의 영혼은 물론 육체를 포함한 그의 존재 전체가 용서를 받으며, 사회적 소외에서 해방되어 존엄성을 회복한다. 오병이어의 기적도 육체와 물질에 대한 하나님의 사랑과 긍정을 보여 준다. 예수는 인간의 영혼만 만족케 하는 것이 아니라, 인간의 육체를 굶주림의 고통에서 해방시키며 그것을 만족시킨다.[168]

해방 신학을 주창한 구티에레츠는 해방의 세 가지 차원을 다음과 같이 말했다. 첫째로 해방은 압제받는 대중의 정치적 해방을 말한다. 둘째는 인간화로서의 인간 해방을 의미한다. 셋째는 죄로부터의 해방과 하나님과의 친교라는 신앙적인 차원을 지닌다.[169] 여기에서 구티에레츠는 양적 구원과 질적 구원을 말하는데, 양적 구원이란 비기독교인들을 복음화하여 개종시키는 전통적인 존재론적인 개인 구원을 의미하여, 질적 구원이란 사회 모든 구성원의 삶의 질을 높이는 인간화를 포함하는 사회 구원을 의미한다.

해방 신학은 후자에 더 많은 강조를 두는 경향이 있다. 즉, 해방 신학이 말하는 구원이란 주로 사회·정치적인 해방에 더 많은 포커스를 두며, 이 구원에 참여하기 위해서는 예수의 정치적인 삶을 따라서 정치적인 책임을 다하는 바른 실천(orthopraxis)의 삶을 살아

---

168) 김균진, 『생명의 신학』(서울: 연세대학교 출판부, 2007). 291.
169) G. Gutierrez, *A Theology of Liberation*, 149-152.

야 함을 요청한다.[170] 즉, 해방 신학에서 말하는 구원이란 영혼의 구원뿐 아니라 정치, 경제, 군사, 외교, 문화 등의 종속으로부터 해방을 의미하는 포괄적인 의미를 지닌다.

이것을 좀 더 구체적으로 표현하면 구원이란 모든 사람이 서구의 부에 동참하게 될 정도의 대규모의 기술적인 발전의 확장이 이루어지면서 억압과 소외 착취가 사라지고 인간의 존엄성이 지켜지는 것을 의미한다. 이러한 구원 개념 속에서는 개인적이고, 영적이며, 미래적인 차원의 전통적인 구원 개념은 거의 사라지고, 주로 사회 구조적인 해방의 관점에서 기술되며 역사의 현재 속에서 실현되는 구원 개념이 나타난다.[171] 이 같은 구원 개념 속에서 사회 구원을 이루기 위해서는 사회악을 척결해야 하는데, 사회악 해결을 위해서는 사회 현상의 분석이 필요하다. 여기에서 사회학이 신학과 유사한 자리를 갖게 되고, 성경 해석도 정치적 관심에서 해석하는 소위 '정치적 해석학'으로 발전하게 되면서 막시즘이 상당 부분 수용된다.[172]

그런데 여기에서 한 가지 짚고 넘어가야 할 것은 전통적인 신학이 통전적인 구원 이해나 사회 구원의 차원을 가지지 않는 것은 아니며, 또한 반대로 포괄적인 구원 이해에 영혼 구원이나 개인 구원의 차원이 없는 것은 아니라는 점이다. 다만 전통적인 신학은 영혼 구원과 개인 구원이 더 중요하며 근본적인 것이고, 그것이 먼저 이루어지고 난 후에 점진적으로 육의 구원과 사회 구원도 함께 이루어질 것이라고 생각하는 반면,[173] 포괄적인 구원 이해에 있어서는 영의

---

170) Ibid., 84-92.
171) George M. Marsden, *Fundamentalism and American Culture: The Shaping of Twentieth-Century Evangelism, 1870-1925*(New York/ Oxford: Oxford University Press, 1980), 92.
172) 전호진, 『한국 교회와 선교 』(서울: 엠마오, 1985), 114-115.
173) 이러한 입장과 연관하여 김균진은 "하나님의 나라에 도달하는 길은 하나님 없는 프롤레타리아 혁명이 아니라, 먼저 자기의 죄성을 깨닫고 예수 그리스도의 죄

구원과 육의 구원이 분리되지 않고 함께 이루어져야 하고, 개인 구원과 사회 구원이 함께 일어나야 한다는 입장을 견지하고 있다. 특별히 해방 신학의 경우는 육의 구원이나 사회 구원에 더 강조점을 두는 경향을 보이며, 이러한 구원 이해가 에큐메니칼 신학에 의해 많이 수용된 것으로 보인다.

II. 에큐메니칼 선교 신학에 나타난 인간 이해의 경향

1. 포괄적 구원을 필요로 하는 존재로서의 인간 이해 경향

앞에서 우리는 인간의 구성 요소에 대한 통합적 이해를 살펴보았다. 통합적 인간 이해란 인간을 영과 육으로 이루어진 것으로 보기보다는 영과 육이 분리될 수 없는 하나로 이루어진 존재로 보는 것이다. 여기에서 중요한 포인트는 더 이상 영과 육을 이분법적으로 보아서는 안 되며 영적 차원만을 우선시해서는 안 된다는 점이다. 즉, 구원을 영혼 구원과 육신 구원으로 나누지 않는 통전적인 구원 이해를 가져야 한다는 것이다.

이러한 인간 이해는 전통적인 구원 이해와는 확실히 차이가 있는 것으로 보인다. 물론 전통적인 구원 이해도 육적인 차원의 구원을 무시한 것은 아니다. 다만 영적인 구원을 더 우선순위에 두었다고 할 수 있다. 예수께서는 주린 자를 먹이셨고, 병자를 고치셨고,

---

용서를 경험하여 하나님을 경외하며 살아가는 사람들의 자기 변화에 있다. 또 그것은 변화된 사람들을 통한 사회의 개혁에 있다. 여기서 우리가 간과해서는 안 될 점은 사회의 제도적 개혁과 더불어 인간 자신의 변화와 개선이 병행해야 하며, 이 변화와 개선은 하나님을 경외할 때 가능하다는 것이다."라고 정리하고 있다. 김균진, 『생명의 신학』, 198-199.

사회에서 소외받는 자들의 친구가 되어 주시고 저들의 인권을 회복시켜 주심으로 육적인 구원도 이루셨지만, 오병이어의 기적을 일으키신 후에도 "썩을 양식을 위하여 일하지 말고 영생하도록 있는 양식을 위하여 하라…"(요 6:27)고 말씀하심으로써 영적인 차원에 더 의미를 두셨다.[174] 이처럼 전통적인 기독교 인간 이해에서는 영에 우선순위를 두고, 영의 구원에 우선순위를 두기 때문에 영을 위한 육의 헌신을 강조하는 경향이 있었다.

이상과 같이 영적인 차원에 우선순위를 두는 전통적인 구원 이해에 비하여 에큐메니칼 신학은 우선순위 자체를 인정하지 않는 포괄적인 구원 이해를 보여 준다. 예를 들어 1973년 방콕 대회는 구원을 네 가지 차원으로 묘사하였는데, 그것은 1)착취와 반대되는 경제적인 정의, 2)억압과 반대되는 인간의 존엄성, 3)소외와 반대되는 연대, 4)인간 삶에 있는 실망과 반대되는 소망을 위한 투쟁 등으로 다분히 인간의 실제적인 이 땅위에서의 삶과 연관되는 차원에 치중하는 구원 이해를 보여 주고 있다.[175] 이러한 구원 이해 위에서 에큐메니칼 신학은 모든 선교단체들의 가장 주된 우선순위를 억압적인 구조를 해결하기 위한 정의에 헌신하는 것으로 보며, 복음의 메시지는 억눌리고 착취당하고 약하고 가난하며 무능한 사람들에게 우선적으로 들려지는 것에 깊은 관심을 지녀야 한다고 본다.[176]

---

174) 예수께서는 떡과 같은 음식은 썩으며 영속적인 가치가 없음을 말씀하시면서, 자신이 바로 참된 음식으로서 영생을 가져오는 분임을 말씀하셨다. 이 말씀 속에서 예수는 육적인 삶의 지속보다 영생을 추구하는 것이 더 우선적임을 암시하고 있다고 할 수 있다. 윌리암 핸드릭슨, 『요한복음(상)』, 문창수 역(서울: 아가페 출판사, 1983), 306-307.
175) Commission on World Mission and Evangelism, *Bangkok Assembly 1973: Minutes and Report of the Assembly of the Commission on World Mission and Evangelism of the World Council of Churches*(Geneva: World Council of Churches, 1973), 98.
176) James A. Scherer, *Gospel, Church & Kingdom: Comparative Studies in World Mission Theology*(Minneapolis: Augsburg Publishing House,

또한 1980년 호주 멜본 대회에서 개최된 제3차 선교와 복음화 대회(CWME)도 "나라에 임하옵시고(Your Kingdom Come)"라는 제목으로 총체적 복음화론을 다루었는데, 제1분과에서는 주장하기를 하나님의 나라를 염두에 둔 선교란 억압하는 것이 아니라 해방하려고 노력하는 것이고, 착취하려는 것이 아니라 정의를 위해 노력하는 것이고, 가난이 아니라 충만한 것이며, 노예가 아니라 자유이며, 질병이 아니라 건강이며, 죽음이 아니라 생명이라고 정의하고, 복음화의 중심 요소를 정의 사회를 위한 질서와 인권을 위한 투쟁에 참여하는 것이라고 강조하였다.[177]

요약하자면, 전통적인 인간 이해는 영과 육을 분리하여 생각하면서 영에 우선순위를 두고, 영적인 차원의 구원의 우선순위를 두는 경향을 지니는 반면, 에큐메니칼 인간 이해는 통전적인 인간 이해를 가지고 구원도 포괄적인 구원 이해가 필요하다고 생각한다. 그런데 실제적으로 보면 에큐메니칼 입장은 영적인 차원과 육적인 차원을 동일시하거나 오히려 육적인 차원에 더 강조점을 두는 경향을 보인다.[178] 즉, 전통적인 인간 이해가 육적인 차원을 소홀히 하였다면, 에큐메니칼 이해는 영적인 차원을 소홀히 하는 경향이 있다고 할 수 있다.

1987), 122–123.
177) Commission on World Mission and Evangelism, *Your Kingdom Come*(Geneva: WCC, 1980), 176.
178) 에큐메니칼의 이러한 경향은 밴쿠버에서도 볼 수 있는데, 밴쿠버에 따르면 에큐메니칼은 교회가 불의에 저항하여 빈자와 피압박자의 투쟁에 참여하는 일을 소홀히 하였음을 반성하면서 억압을 저항하는 빈자의 투쟁을 후원할 것을 다짐한다. 에큐메니칼에서 이해하는 선교란 더 나은 공동체를 설립할 구조적 변혁을 위한 투쟁에 교회가 참여하는 것이며, 구체적으로는 종족적 인종적 소수와 여성과 장애자와 도주자 등을 돕는 투쟁에 참여함을 의미한다. David Gill, ed., *Gathered for Life: Vancouver 1983*(Geneva: WCC, 1983), 50.

2. 죄 문제를 문제의 근원에 두지 않는 인간 이해 경향

전통적인 기독교 인간 이해의 핵심에는 죄 이해가 있다. 일반적인 인간 이해도 인간을 죄인으로 보기도 하지만, 그 죄가 하나님과의 관계가 단절된 것에서 출발한다는 점은 기독교만의 독특한 인간 이해이다. 특별히 전통적인 기독교 인간 이해는 하나님과의 관계 단절이 죄의 핵심이며, 이것이 모든 인간 불행의 뿌리에 놓여 있다고 본다. 이것은 예외 없이 모든 인간에 적용되므로 성경은 인간이 죄와 허물로 죽은 존재임을 선언한다(엡 2:1). 육적으로 살아서 여러 가지 일을 성공적으로 잘 수행한다 해도 그가 하나님과의 관계를 회복하지 못하는 한 그는 죽은 존재요, 소망이 없는 존재로 여겨진다.[179] 즉, 전통적인 인간 이해에서 인간은 하나님과의 관계가 단절된 존재 즉 영이 죽은 존재이며[180] 이 영이 살아나지 않는 한 인간은 결코 소망을 지닐 수 없으며 다른 어떠한 발전도 의미가 없는데, 이러한 관계 회복은 철저히 외부 즉 하나님으로부터 오며 전적으로 인간의 능력 밖에 있다는 점에서 인간 자체의 능력에 대한 비

---

179) 여기에서는 플라톤적 이원론적 인간 이해를 말하는 것은 아니다. 영과 육은 분명히 긴밀하게 연결되어 있고 인간이 생존하는 한 결코 분리될 수 없다. 그러나 그럼에도 불구하고 영과 육은 분명히 구별되며 양자의 기능은 서로 구분된다. 이런 점에서 우리는 인간을 완전히 물질적인 존재로만 보는 유물론적 관점에도 동의할 수 없지만, 인간의 가치를 오로지 영이나 정신에서만 발견하려는 관념론적 입장에도 동의할 수 없는 것이다. 김균진, 『기독교 조직신학II』(서울: 연세대학교출판부, 1987), 53-54.
180) 휀함(Wenham)은 하나님께서 아담에게 "네가 먹는 날에는 정녕 죽으리라"(창 2:17)고 말씀하신 본문을 "너는 죽을 운명이 되리라"라고 해석되는 것은 옳지 않고 "죽음이 먹는 행위에 뒤따르리라"는 직선적인 경고라고 해석한다. Gordon J. Wenham, 『WBC 주석: Genesis 1-15』, 황수철 역(서울: 임마누엘, 1992), 175. 그런데 하나님께서 아담에게 "네가 먹는 날에는 정녕 죽으리라"(창 2:17)고 말씀하셨지만, 그의 육신적 몸은 930년을 살았다. 그렇다면 아담이 선악과를 취한 후에 무엇이 죽었다는 말인가? 전통적인 신학에서는 영적인 사람, 즉 하나님과 관계를 지닌 영적 존재가 죽었다는 말로 이해하는 경향을 지닌다.

관적인 견해를 지닌다.[181]

따라서 인간의 문제 해결의 길은 이 단절된 관계를 회복하는 것이 가장 핵심적인 사항이다. 다른 어떤 것보다도 이 관계를 회복하여 죄의 문제를 해결하는 것이 급선무인 것이다. 이런 점에서 종국적으로 참된 인간의 행복은 하나님 앞에서 그리스도의 죄 용서를 경험하며 하나님의 계명 안에서 살아가는 하나님의 자녀들을 통해서 이루어질 수 있는 것으로 보았다.[182] 그리고 이 일이 일어나도록 하기 위하여 교회는 복음 전도를 핵심적인 사명으로 생각했다. 인간의 죄 문제를 해결하려면 복음을 듣고 예수 그리스도를 주로 받아들여 구원을 받아야 했기 때문이다. 따라서 교회가 세상을 위해서 가장 우선적으로 해야 할 일은 바로 복음을 전하는 일로 이해되었다.

그러나 해방 신학의 영향을 받은 에큐메니칼 신학은 죄를 하나님과의 개인적이고 영적인 차원에서만 보는 것이 아니라, 영적인 차원과 육적인 차원을 함께 보고 개인적인 차원과 사회 구조적인 차원을 함께 보는 경향을 지닌다. 여기에서 한 가지 놓치지 말아야 할 점은 에큐메니칼 인간 이해가 인간의 죄성을 생각하지 않거나 복음 전도의 필요성을 부인한다는 것으로 오해해서는 안 된다는 점이다. 다만 전통적인 선교에서는 인간의 모든 문제 해결의 근본에 죄의 문제가 도사리고 있다고 생각하면서 죄 문제 해결을 위해 복음 전도에 최선을 다하는 반면, 에큐메니칼은 인간 이해에 있어서 인간의 수직적인 차원의 죄 문제가 모든 문제의 근본이라고 생각하는 면이 다소 약하고 그로 인해 복음 전도에 중점을 두지 않는 경향이 있다는 것이다.

---

181) 보쉬, 『변화하고 있는 선교』, 585.
182) 김균진, 『생명의 신학』, 202.

이러한 경향과 함께 에큐메니칼은 죄의 원인을 말하고 회개를 촉구하는 방향의 선교보다는 죄로 인해 드러난 문제 해결에 더 많은 관심을 두는 선교를 지향하는 모습을 보이는 경향이 있다. 전통적인 관점에서 보면 구원은 외부, 즉 하나님으로부터 오며, 전적으로 인간의 능력밖에 있는 것이다. 구원을 얻기 위해 인간이 기여할 수 있는 일이란 없고, 다만 위에서 내려지는 구원을 수용하는 것밖에 없었다. 따라서 복음 전도와 회개에 중점을 두었다.

그러나 에큐메니칼 신학은 이러한 구원의 개념에 의문 부호를 붙이면서 구원을 종교적인 미신으로부터의 해방, 인간 복지의 성취, 도덕적인 미신으로부터의 해방, 억압으로부터의 해방 등으로 이해하고 있다. 그리하여 사회 구조악을 형성하는 경제적 착취, 정치적 조작, 군사력, 계급 지배, 심리적 통제 등의 타파에 참여하여 인간의 존엄성이 확립되도록 노력할 것을 강조한다. 이를 위해 구원받은 자들은 소리 없는 자들의 소리가 되고, 눌림 받는 자들의 옹호자가 되며, 구조악에 위협받고 있는 개인의 권리를 옹호하고, 소수의 전제 정치에 의해 위협을 받고 있는 대다수의 권리를 수호해야 한다고 강조한다.[183] 여기에서 죄와 그로 인한 모든 문제의 해결 방법을 기본적으로 회심으로부터 찾으려하는 전통적인 접근[184]과 달리 죄의 결과로 드러난 문제의 해결에 더 많은 관심을 두는 에큐메니칼 신학의 경향을 발견할 수 있다.

---

183) 세계교회협의회, "제5차 총회: 케냐 나이로비(1975)", 『역대 총회 종합 보고서』, 이형기 역(서울: 한국장로교 출판사, 1993), 376-378.
184) 전통적인 신학에서는 죄와 그로 인한 모든 악은 인간의 타락, 즉 하나님과의 관계 파괴에서 비롯되는 것이며, 해결 방법은 이 근본적인 관계의 회복으로부터 이루어져야 하는 것으로 보았다. 즉, 죄의 악순환으로부터의 출구는 결코 이 세계 자체로부터 주어지지 않으므로 죄의 문제는 나타나는 현상을 해결하는 것으로부터 시작되어서는 안 된다고 보았다. 김균진, 『기독교 조직신학 II』, 107.

3. 현세에 강조점을 두는 인간 이해 성향

인간이 사는 본격적인 장이 현세인가 아니면 내세인가에 따라 인생에 대한 이해는 많이 달라진다. 만약 이 땅이 아닌 영원한 세계가 인간이 살아갈 본격적인 삶의 장이라고 한다면 이 땅 위에서의 삶은 그것을 준비하는 삶의 성격을 지니게 되는 것이다. 전통적으로 기독교 인간 이해에서는 인간의 현세와 내세 중 내세에 더 많은 강조점을 두어 왔다. 이러한 이해는 예수의 말씀들과 깊은 연관성을 지니는데, 예를 들면 "너희를 위하여 보물을 땅에 쌓아 두지 말라… 오직 너희를 위하여 보물을 하늘에 쌓아 두라…"(마 6:19-20)라고 말씀하심으로써 현세에 살면서도 내세를 늘 준비하는 삶을 살 것을 명하셨고, "나더러 주여 주여 하는 자마다 다 천국에 들어갈 것이 아니요 다만 하늘에 계신 내 아버지의 뜻대로 행하는 자라야 들어가리라"(마 7:21)라고 말씀하심으로써 사람의 마지막에 가장 중요한 일은 바로 천국에 들어가는 것임을 전제하시는 것으로 이해하였다.[185]

예수께서는 많은 병자를 고쳐 주시고 오병이어의 기적을 행하심으로써 육적인 문제를 해결해 주셨지만, 정작 육적인 문제를 근본적으로 해결하기 위하여 빌라도에 대항할 군대를 일으키시지는 않았고, 오히려 33세의 젊은 나이에 십자가 위에서 돌아가셨다. 예수께서 빌라도를 대항하여 혁명을 일으키셨다면 그 당시 이스라엘에 독립은 이루어졌을지 몰라도 온 인류의 구원의 문제는 이루어지지 않았을 것이다. 예수는 현세의 문제를 해결하는 일에 관심을 두시기는

---

185) B.C. Caffin, 『풀핏성경주석: 마태복음(상)』, 송종섭 역(서울: 보문출판사, 1977), 455-456, 528-531.

하였지만, 그보다는 모든 인류가 영원히 구원 얻을 수 있는 신국을 여시는 데 그의 몸을 드렸다.

내세를 강조한 것은 바울도 마찬가지였다. 바울은 "만일 그리스도 안에서 우리가 바라는 것이 다만 이 세상의 삶뿐이면 모든 사람 가운데 우리가 더욱 불쌍한 자이리라"(고전 15:19)고 하면서 현세에서 고난을 당한다 할지라도 내세의 행복이 더욱 중요한 것임을 암시하였고, "이 썩을 것이 썩지 아니함을 입고 이 죽을 것이 죽지 아니함을 입을 때에는 사망을 삼키고 이기리라고 기록된 말씀이 이루어지리라"(고전 15:54)라고 말함으로써 성도는 내세에 영원한 몸을 입고 들어가게 될 것이라고 했다.[186] 이처럼 전통적인 인간 이해는 이러한 말씀들에 근거하여 내세적 차원에 더 많은 강조점을 두는 인간 이해를 형성하였다.

반면에 에큐메니칼 인간 이해는 내세와 현세 중 현세에 더 많은 강조점을 두는 경향이 두드러진다. 에큐메니칼 신학이 의미하는 구원은 미래에 이루어질 영생의 차원보다는 이 땅 위의 해방과 번영에 더 많은 강조점이 주어진 듯한 모습을 보인다. 에큐메니칼의 관심은 사회적 정의, 자유, 인간의 발전 등 이 땅의 문제에 많이 집중되어 있는 모습이다. 예를 들어 1968년 세계교회협의회 웁살라 대회 보고서 서문은 다음과 같이 말하고 있다.

가장 분명하고 널리 알려진 이 대회의 특징은 이 대회가 아래와 같은 문제들에 치중한 것이었다. 이 시대의 혁명과 같은 요란한 문제들,

---

186) 핫지는 '우리의 바라는 것이'라는 표현에서 바울은 성도들의 행위를 표현하는 것이 아니라 성도들의 속성을 표현한다고 말하면서 성도들은 내세를 소망하는 자들이라고 말한다. 찰스 핫지, 『고린도전서』, 김영배 역(서울: 아가페 출판사, 1985), 444.

사회적이고 국제적인 책임 문제, 전쟁과 평화와 경제, 정의 문제, 인간의 절박하고 고통스러운 물질적인 필요들, 혜택을 받지 못하고, 집 없고, 굶주리는 기아의 형편 문제 그리고 모든 민간적 종교적 시설물들에 대해 반대하는 가장 급진적인 현대의 반항 문제들을 다루느라 전념을 다했다고 할 수 있다.[187]

또한 미래에 들어갈 하나님의 나라에 대해서는 거의 언급이 없는 것을 보면, 에큐메니칼 신학은 내세적 차원에 대해서는 거의 관심이 없거나 필요성을 못 느끼는 것처럼 보인다. 이형기는 산안토니오를 평가하면서, "…우주적 종말론의 시야를 구체적 맥락, 즉 해방신학적 주장과 연결시키고 있다. 그래서 현재의 교회의 경험과 축하는 그리스도 안에서 모든 것을 해방시키고 갱신시키시는 하나님의 종말론적 목적에 대한 징표요 미리 맛봄이다."[188]라고 말하였는데, 에큐메니칼은 인간 구원의 미래적 차원을 현재적 차원으로 앞당기는 것에는 매우 익숙한 반면, 당연히 있어야 할 미래적 차원을 미래의 것으로 강조하는 데는 매우 인색한 경향을 보인다. 인간을 이해할 때도 인간의 내세적 삶에 대해서는 거의 강조가 없는 반면, 이 땅 위의 삶에 대해서는 많은 관심을 두고 있다. 결국 전통적인 인간 이해가 내세와 현세 중 내세에 치우친 경향을 보인다면, 에큐메니칼 인간 이해는 나름대로 통전적인 인간 이해를 갖는다고는 하지만 실제적으로는 에큐메니칼 역시 내세와 현세 중 현세에 치우친 경향을 보인다고 평가할 수 있겠다.

---

187) Norman, Goodall, ed., *The Uppsala Report 1968: Official Report of the Fourth Assembly of the World Council of Churches*(Geneva: World Council of Churches, 1968), xvii.
188) 이형기, 『복음주의와 에큐메니칼 운동의 세 흐름에 나타난 신학』(서울: 한국장로교출판사, 1999), 185.

III. 에큐메니칼 인간 이해가 선교에 미치는 영향

1. 인간화 분야의 선교 사업 수행에 도움이 될 수 있는 가능성

영육을 구분하면서 영의 차원에 우선순위를 두는 전통적인 인간 이해가 갖는 경향과 그것이 극단으로 치우칠 때 빠질 수 있는 문제를 김균진은 다음과 같이 진단한다.

> 한마디로 그것은 육체와 물질에 대해 적대적이다. 육체와 물질은 존재의 저급한 영역에 속하므로 억압되고 통제되어야 한다. 배고픔, 목마름, 성욕 등 육체의 모든 자연적 욕구들을 '육체적 즐거움'과 동일시되며 악한 것으로 생각된다. 이리하여 영혼과 육체의 이원론은 육체의 자연적 욕구들을 충족시키고자 하는 인간의 생동성(vitality)을 억제하며 그것을 훼손한다.[189]

위에서 지적한 대로 전통적인 인간 이해는 인간의 육적 차원과 이 땅 위에서의 삶을 소홀히 여김으로 말미암아 교회가 감당해야 할 인간화 차원의 선교를 게을리할 수 있는 가능성이 있다. 오늘날 교회가 섬겨야 할 세상은 갈수록 비인간화되어 가는 모습을 보인다. 특별히 가난한 자, 병든 자, 실직자, 힘없는 자들은 갈수록 더 사회의 주변으로 밀려나고 있다. 약한 자들에 대한 구조적, 영적, 물리적 폭력을 동반한 배척(exclusion)이 세계 대부분의 지역에서 갈수록 더 심화되고 있다. 가장 가난한 사람들을 위한 피난처, 건강 유지, 영양 공급 그리고 교육 등과 같은 인간의 기본적인 필요에 대한 공급

---

189) 김균진, 『생명의 신학』, 269.

은 30년 전보다 실제적으로 더 악화되고 있는 상황이다. 그로 인하여 자신들의 땅에서 쫓겨나거나 새로운 일자리를 찾는 노동자들과 농민들 그리고 토착민들의 경제적 이민이 증가하게 되었다.[190] 또한 과거와 미래를 외면하고 현실주의적 현재에 붙들리도록 강요하는 과학기술 만능의 상황, 그리고 의미와 목적과 방향과 상관없이 그 자체가 인류의 궁극적인 목표인 것처럼 과장하는 상황 속에서 세계는 철저하게 비인간화되어 가고 있는 모습을 보이고 있다.

이런 상황에서 에큐메니칼의 통전적 인간 이해는 교회로 하여금 인간화의 차원에 관심을 갖도록 하고, 인간화에 기여하는 선교를 수행하도록 도전하는 데 공헌한다고 할 수 있다.[191] 에큐메니칼 신학의 인간화에 대한 지속적인 강조는 복음주의 진영으로 하여금 인간화의 중요성에 대한 의식을 깨우치도록 했다. 복음주의 진영의 학자로서 에콰도르에서 온 르네 파딜라(Rene Padilla)는 복음 선포와 사회 정의 사이의 우선권에 대한 논의를 거부하면서 말하기를, "만약 그들이 굶주림으로 희생되고 있는 자들의 숫자를 셀 수 있다면, 매분마다 그리스도 없이 얼마나 많은 사람들이 죽어가고 있는지에 대한 통계도 가질 수 없다."[192]라고 하면서 선교는 인간의 영혼뿐 아니라 사회의 죄악 된 구조의 갱신을 위한 전 피조물을 포함한다고 하였다.

---

190) WCC, *Mission and Evangelism in Unity Today*(Geneva: WCC, 1998), no. 20.

191) 특별히 세계 교회들의 연합 기구인 WCC는 모임을 가질 때 세계의 비극적인 상황을 염두에 두지 않을 수 없다. 그리고 이런 상황을 보면서 세계의 비인간화된 상황에 대한 교회의 대처 방안을 내어 놓는 것은 자연스러운 귀결이다. 다만 전 세계의 상황에 대처하기 위해 만들어진 WCC의 신학을 조그마한 지역의 교회들도 그대로 수용해야 하는 것처럼 생각하는 것은 에큐메니칼이 강조하는 상황화의 관점에서도 맞지 않는다고 할 수 있다. 즉 WCC가 처한 상황과 지역 교회가 처한 상황은 많은 차이가 있다는 점도 고려하는 것이 참된 상황화의 정신이 아닐까 생각해 본다.

192) Lausanne-Dokumente(LD) BD. I & II, *Alle Welt soll sein Wort horen*(Stuttgart, 1974), 146-194. 김은수, 『현대 선교의 흐름과 주제』, 270. 재인용.

또한 로잔 언약도 "먼저 정의와 화해를 구현하시고 인간을 모든 압박에서 해방시키는 하나님의 활동에 참여하지 못하고 등한시하며 때때로 전도와 사회 참여가 서로 상반되는 것으로 잘못 생각한 데 대하여 참회하고, …정치적 해방이 곧 구원은 아닐지라도 전도와 사회 및 정치적 참여는 우리 그리스도인의 의무라는 것을 확신한다."[193]라고 선언하였다. 이런 점에서 볼 때 에큐메니칼 인간 이해가 인간화 분야의 선교 사역 수행에 많은 도전과 지혜를 주었다고 볼 수 있다.

2. 세계 속에서 책임 있는 인간으로 살도록 도전

전통적인 인간 이해는 현세의 삶보다는 내세의 삶을 더 소중한 것으로 여기는 경향이 있으므로, 극단적으로 치우칠 경우 이 땅에서의 삶을 소홀히 할 수 있는 가능성이 내재되어 있다고 할 수 있다. 이러한 문제를 김균진은 다음과 같이 말한다.

영혼과 육체의 이원론은 하나님의 구원과 통치의 영역을 인간의 영혼으로 위축시키며, 이를 통해 육체와 물질의 영역을 하나님의 구원과 통치의 영역에서 제외시키는 영혼주의(spiritualism)를 초래한다. 육체와 물질은 기독교 영역이 관심을 가져서는 안 될 영역인 것처럼 생각된다. 이리하여 영혼과 육체의 이원론은 육체와 물질의 영역, 곧 현실의 세계에 대한 인간의 무관심을 초래하며, 현실의 세계에 등을 돌린 삶의

---

193) Lausanne Committee for World Evangelization, "The Lausanne Covenant", no.5, in James A. Scherer & Stephen B, Bevans, eds., *New Directions in Mission and Evangelization 1*(New York: Orbis Books, 1992), 255.

자세를 조장한다. 현실을 개혁하고자 하는 모든 노력을 불필요한 것으로 생각하며, 영적 문제에만 관심을 갖게 한다.[194]

물론 이원론적인 사고가 항상 현실 세계에 대한 무관심을 불러온다고 말할 수는 없다. 다만 지나치게 내세에만 치우칠 경우 현실 세계에서의 무책임을 불러올 수 있는 있는 가능성이 있다고 말하는 것이 옳다.[195] 어찌되었든 이런 가능성 때문에 에큐메니칼의 통전적인 인간 이해는 그리스도인으로 하여금 세상에서 책임적인 성도로 살 수 있도록 도전하는 데 기여한다고 보인다.

한 걸음 더 나아가 에큐메니칼 인간 이해는 인간 죄의 구조적 차원에 대한 시야를 열어 주는 데도 기여하였다. 전통적인 기독교 인간 이해는 죄의 개인적 차원만을 보는 데 제한되어 있어서 주로 개인의 결단과 변화를 촉구하는 것이었지 사회 구조의 변혁을 촉구하는 데는 한계를 드러내었다. 에큐메니칼의 인간 이해는 모든 대륙, 모든 나라, 모든 지역에 만연되어 있는 고통들 중 상당수가 구조적인 악 때문에 발생하는 것이며, 구조악은 개인의 변화로만 쉽게 해결될 수 없는 측면이 있음을 깨닫게 해 주었다. 오늘날은 에큐메니칼 운동가들 뿐 아니라 많은 복음주의자들도 전보다 더 심오한 방식으로 세상 안에 존재하고 있는 구조악의 깊이를 볼 수 있게 되었는데 여기에 에큐메니칼 인간 이해의 기여점이 있다.[196]

---

194) 김균진, 『생명의 신학』, 275.
195) 실제로 기독교 역사에 보면 영적으로 강한 부흥 운동이 일어나면 그것은 영적인 범주에만 국한되지 않고 반드시 사회의 변혁 운동으로 연결되었기 때문이다. 예를 들어, 찰스 피니(Charles G. Finney, 1792–1875) 당시 강력한 영적 부흥 운동이 일어났을 때 그것은 단순히 개인 차원으로 끝나지 않고 노예 폐지, 인종 차별, 여성의 권리 등의 사회적 변화를 수반하였다. 한국일, 『세계를 품는 선교』(서울: 장로회신학대학교출판부, 2004), 110.
196) 보쉬, 『변화하고 있는 선교』, 603.

3. 구령의 열정 약화 가능성

에큐메니칼 인간 이해는 인간을 통전적으로 보면서 전통적인 인간 이해에서 소홀했던 육적인 차원을 소중하게 여긴다. 그런데 에큐메니칼 진영의 선교를 보면 육적인 차원에 대해서는 많은 관심을 보이는 반면 영적인 차원에 대해서는 거의 관심을 기울이지 않는 경향을 보인다. 즉, 구령을 위한 복음화 사역에 대하여는 개종주의나 제국주의 잔재 등의 딱지를 붙이면서 피하거나 매우 소극적으로 이 일을 수행하는 경향을 보인다.[197] 반면에 구조악을 타파하고 경제적 착취, 정치적 조작, 군사력, 계급 지배, 심리적 통제 등의 타파에 참여하여 인간의 존엄성이 확립되도록 노력하는 데는 매우 적극적인 경향을 보인다.

즉, 에큐메니칼 신학에서 이해하는 구원은 수직적인 차원보다 수평적인 차원에 더 많은 강조점이 부여되는 듯하며, 영적인 차원보다는 물질적인 차원 그리고 미래적인 차원보다는 현세적인 차원이 더 강하게 부각되는 경향이 있다. 구원은 죄의 용서나 하나님과의 화해 그리고 영원한 삶과는 다소 거리가 멀며, 인간화로서의 구원에 강조점이 주어지는 경향이 강하다.[198] 이런 이유 때문에 죄의 문제를 근본적으로 해결하고자 복음 전도와 구령에 강조점을 두는 전통적인

---

197) 이것은 통계적으로 보아도 쉽게 알 수 있는데, 예를 들면, 미국 NCC의 해외 선교분과(DOM)에 속한 선교사는 숫자상 1969년(8,279명)에 비해 오늘(4,349명)에는 약 절반 정도밖에 되지 않는다. 복음주의적 협회들(IFMA & EFMA와 같은)과 독립적(그러나 주로 복음주의적) 선교회에 관련된 선교사의 수는 같은 기간 동안 꾸준하면서도 극적인 증가를 보여 왔다. D. J. 헤셀그레이브, 『현대 선교의 도전과 전망』, 장로회신학대학교 세계선교연구원 역(서울: 한국장로교출판사, 1991), 126.

198) 에큐메니칼은 구원을 종교적인 미신으로부터의 해방, 인간 복지의 성취, 도덕적인 미신으로부터의 해방, 억압으로부터의 해방 등을 구원으로 이해하는 경향이 강하다. 허버트 케인, 『세계 선교의 오늘과 내일』, 신서균 역(서울: 기독교문서선교회, 1994), 75.

접근[199]과는 달리 죄로 인해 나타난 갖가지 문제들을 해결하는 데 부심하는 경향을 보인다. 결국 전통적인 인간 이해가 지나치게 영적인 차원에 기울어졌다면, 에큐메니칼 진영의 인간 이해 역시 지나치게 육적인 차원으로 기울어져 있다고 말할 수 있다.

복음을 전한다고 하는 것은 결코 쉬운 일이 아니다.[200] 그것은 엄청난 희생을 대가로 지불할 때 이루어지는 것이고, 때로는 목숨까지 바칠 때에 이루어지는 사역이다. 기독교는 그 창시자인 예수께서 십자가 위에서 돌아가셨고, 그의 제자들도 모두 순교하였고, 그 후로도 기독교의 역사는 순교의 역사로 점철되면서 오늘에까지 이르렀다고 할 수 있다. 한마디로 기독교의 역사는 복음을 전하기 위해 흘린 피의 역사라고 말할 수 있다.[201] 이처럼 많은 성도들이 피를 흘리면서 복음을 전할 수 있었던 중요한 이유는 인간의 삶에 있어서 영적인 차원이 더욱 소중하고 우선적이며 이 삶을 위해서라면 육적인 생명까지도 드릴 수 있어야 한다는 믿음 때문이었다.[202]

성도들은 인간의 육적인 생명은 길지 않고 결국 죽음에 이르는 데 비하여, 영적인 생명은 무한한 가치가 있으며 마지막 아담이셨던

---

199) 김균진, 『기독교 조직신학 II』, 107.
200) 선교지에 학교, 고아원, 탁아소, 복지 시설, 학원 등을 만들어 주면서 복지 차원의 혜택을 주는 것은 재정적인 후원이 있으면 가능하다. 그러나 복음을 전하여 그것을 받아들이도록 하는 일은 여간 어려운 일이 아니다. 필자는 사역 경험을 통하여 자선 사업이나 각종 복지 사업은 재정 후원만 있으면 크게 어렵지 않게 할 수 있지만 구령 사업은 정말 길고도 험한 과정의 노력을 요구하는 사역이라는 것을 깨달을 수 있었다.
201) 기독교는 지금으로부터 500년 전만 해도 이슬람보다 교세가 약했으며, 200년 전까지만 해도 기독교가 오늘날과 같은 세계적인 분포를 지니리라고 기대를 갖기 어려웠다. 그러나 지난 200년 동안 수많은 성도와 성도들이 전 세계로 나아가 목숨을 건 선교사역을 감당한 결과로 오늘의 세계적 분포도를 지니게 되었다. 안승오, 『한 권으로 읽는 세계 선교 역사 100장면』(서울: 평단, 2010), 399.
202) 바울은 에베소 장로들에게 "내가 달려갈 길과 주 예수께 받은 사명 곧 하나님의 은혜의 복음을 증언하는 일을 마치려 함에는 나의 생명조차 조금도 귀한 것으로 여기지 아니하노라"(행 20:24)라고 말함으로써 구령 사역의 사명이 자신의 생명보다 귀함을 선언하였고 이러한 신앙은 기독교 역사에 면면히 흘러오고 있다.

그리스도는 바로 이 생명을 얻도록 하기 위하여 자신의 육적인 생명을 바치셨다고 이해하였다.[203] 그리고 부활하신 주님은 계속해서 이 생명 얻는 도를 온 세상에 전파하도록 제자들을 보내셨다고(마 28:18-20, 행 1:8) 믿었으며, 이런 이유 때문에 기독교 역사 속의 성도들은 이 세상에서의 생명을 희생해 가면서까지 구령의 열정을 불태웠다. 그리고 그와 같은 철저한 신앙 때문에 기독교 신앙은 전 세계적으로 삼분의 일 이상의 성도들에 의해서 고백되고 있다. 이러한 신앙이 아니었다면 그리스도인들은 구령 사역을 위하여 육적인 생명을 드리는 데 인색했을 것이고, 그랬다면 기독교 신앙은 이만큼 널리 전파되지 않았거나 벌써 이 땅에서 사라졌을지도 모른다.

지금 이슬람을 비롯한 타종교는 왕성한 부흥을 이룩하는 데 비하여 기독교는 선교의 본산지였던 유럽은 물론이고 비서구권에서 세계 선교를 주도한다고 자부하고 있는 한국 교회마저 성도가 감소하는 상황을 맞고 있는 형편이다. 이런 상황에서 에큐메니칼 인간 이해가 구령 열정의 약화를 가져올 수 있다면 그것은 신중하게 생각해 보아야 할 문제가 아닐 수 없다.

4. 종교로서의 기독교의 약화 가능성

종교의 가장 중요한 기능 중의 하나는 내세에 대한 길을 안내해 주는 것이다. 종교가 물론 이 땅 위에서의 삶에 대한 안내도 해 주

___

203) 이와 연관된 말씀들은 롬 7:5, 롬 5:17-18, 고전 15:22,45 등이다. 요한 문서들에 나타난 생명에 관한 말씀들도 다음과 같은 내용을 전제한다고 김균진은 말한다. "하나님 없는 인간의 생명은 살아 있다고 하지만, 죄 가운데서 죽은 것과 마찬가지다. 그들의 생명은 죄와 죽음의 세력에 묶여 있다. 인간도 다른 생물들처럼 '대사', '생식', '진화'의 기능을 가지고 있지만, 그들의 생명은 참 생명이 아니라 무의미하고 허무한 생명이다. 영원으로 이어지지 못하고 죽음으로 끝나버린다." 김균진, 『생명의 신학』, 450.

지만, 이 땅 위에서의 삶에 대해서는 종교가 아니어도 여러 가지 철학과 이데올로기 등 수없이 많은 안내역들이 존재하고 있다. 그러나 내세의 문제에 대한 안내는 주로 종교의 전문 영역이었다.[204] 그래서 고등 종교들은 모두 내세에 대한 상세한 가르침을 베풀고 있는데, 이러한 가르침들은 대부분 내세가 현세보다 더 영원하며 또한 중요하다는 점을 가르친다. 그렇기 때문에 그 중요한 내세를 위하여 현세에서 더 착하고 바르게 살며 내세를 준비해야 한다는 가르침을 베푼다. 그런데 내세에 대한 가르침은 단순히 내세만을 위한 것이 아니라, 사실은 현세를 바르게 살게 하는 중요한 동기가 된다. 종교에서 내세에 대한 관심이 약화되거나 분명한 가르침이 약화되면 그 종교는 자연히 약화되는 경우가 많은데, 그 이유는 현세의 문제를 위해서라면 굳이 종교를 찾지 않아도 얼마든지 다양한 해결책을 찾을 수 있기 때문이다. 이슬람이 강하게 성장하는 이유 중의 하나도 '강력한 내세에 대한 약속'[205] 때문이라고 할 수 있다.

앞에서 살펴본 대로 에큐메니칼 인간 이해는 영육을 통합적으로 보면서 영적인 차원에 강조점을 두었던 전통적인 인간 이해와는 달리 영육을 동일하게 보거나 육적인 차원에 더 강조점을 두는 경향을 보인다. 또한 영육을 통합적으로 보면서 종래에 내세의 삶에 강조점을 두었던 것과 달리 현세의 인간 삶에 많은 관심을 갖는 경향

---

204) 데오 순더마이어는 종교에 대하여 "종교는 초월 경험에서부터 나오며 인간의 '초월'에 대한 질문, 즉 인간의 '죽음'에 대한 질문에 대답한다. 종교는 삶의 안전을 보장하면서 죽음의 문제를 그 중심부에 세운다."라고 말한다. 데오 순더마이어, 『선교 신학의 유형과 과제』, 채수일 옮김(서울: 대한기독교서회, 1999), 320.
205) 이슬람에서는 지하드(거룩한 전쟁)에 참여하였다가 순교하는 경우에는 바로 천국에 들어가게 되는데, 평생 많은 죄를 지은 사람도 단 한 번의 지하드로 천국행 티켓을 얻게 된다고 가르친다. 또한 본인뿐 아니라 그의 가족과 일가친척 70명의 죄가 사해진다고 가르친다. 이러한 내세 신앙은 오늘도 수많은 무슬림들이 성전에 기꺼이 참여하여 순교하게 하는 강한 동기가 된다. 공일주, 『이슬람 문명의 이해』(서울: 예영 커뮤니케이션, 2006), 153.

을 보인다. 이러한 현상은 자유주의 신학이나 해방 신학 등에서도 나타나는 모습인데, 이러한 신학들에 나타나는 공통점을 보쉬는 다음과 같이 정리한다. 즉, 교회 자체보다 세상에 더 많은 관심을 두며, 타계적이거나 개인주의적인 관점을 거부하는 경향이 있다. 그리고 신 중심적이기보다는 인간 중심적인 점이라는 것에서도 공통점이 있다. 그리고 내재주의라는 점에서도 공통점이 있으며, 전통적인 교회적 신앙을 소홀히 여긴다는 점에서도 역시 공통점이 있다고 분석한다.[206]

이와 같은 신학은 세상에 깊은 관심을 두고 인간 중심적으로 세상의 문제 해결을 위해 힘쓰는 반면 복음과 천국 등과 같은 전통적 교회 신앙을 소홀히 여기면서 자연히 복음 열정의 약화와 그로 인한 교회의 약화가 일어날 수 있는 가능성이 높아지게 된다. 이러한 현상은 이미 종교 사회학적으로 증명이 되고 있는데, 피터 버거(Peter Berger)는 진보적 신학을 표방하는 주류 개신교회들과 사회 변화, 즉 모더니티에 순응하려고 애쓰던 종교 운동과 제도들은 한결같이 쇠퇴 국면을 맞이하고 있다고 말하고 있다.[207]

에큐메니칼의 인간 이해는 내세보다 현세에 더 많은 관심을 두게 되면서, 자연스럽게 선교의 방향도 내세를 준비시키는 방향보다는 현세의 문제를 해결하는 데 더 많은 노력을 기울이게 되는 모습을 보여 준다. 이러한 노력이 현세의 문제를 해결하는 데는 분명히 도

---

206) 보쉬, 『변화하고 있는 선교』, 647.
207) Peter L. Burger, *Desecularization of the World: Resurgent Religion and World Politics*, 김덕영 송재룡 역,『세속화냐? 탈세속화냐?: 종교의 부흥과 정치』(서울: 대한기독교서회, 2002), 20-23. 실제로 사회 참여를 강하게 외치는 진보적 주류 교단들은 점점 쇠퇴하면서 사회를 섬길 수 있는 역량을 점점 더 상실해 가는 반면, 복음화를 강조하는 보수적 교단들은 역동적으로 성장하면서 오히려 사회봉사를 잘 하는 현상이 나타나고 있다. 김성건, 『한국사회와 개신교』(서울: 서원대학교출판부, 2005), 151.

움을 줄 수 있을지 모르지만, 현세의 문제 해결을 위해서는 교회보다 더 효과적인 해결책을 제시하는 기관들이 많기 때문에 사람들은 굳이 교회로 가서 그 답을 얻을 필요가 없을 것이고, 자연스럽게 교회는 점차로 쇠퇴할 수 있다. 종교로서의 기독교는 종교만이 줄 수 있는 피안의 세계에 대한 길을 제시할 수 있어야 한다. 이 땅에서의 생명만이 아니라 예수 그리스도만이 주실 수 있는 영생을 전파할 때 교회는 성장의 가능성이 높아진다. 인간의 영적인 차원을 약화시키는 것은 결국 기독교 자체의 약화로 이어질 수 있다는 점을 깊이 생각해 볼 필요가 있다.[208]

요약 및 전망

에큐메니칼 신학의 인간 이해는 확실히 전통적인 기독교의 인간 이해의 폭을 넓혀 주었다. 영적인 차원에 치중되어 있던 인간 이해에 영육을 통전적으로 보는 인간 이해를 가져다주었고, 내세에 치중되어 있던 인간 이해에 현세까지를 함께 강조하는 인간 이해를 열어 주었으며, 개인적인 차원에만 머물던 인간 이해에 사회적인 차원의 인간 이해를 더하여 주었다. 전통적인 인간 이해에서는 구원의 수직적인 차원만 해결되면, 나머지는 자동적으로 해결되는 것인 양 생각하는 경향이 있었다. 즉, 인간이 얻는 구원의 의미를 다소 편협하게 생각하면서, 영과 육, 현세와 내세, 개인과 사회를 분리하여 생각하는 경향이 있었는데, 에큐메니칼 인간 이해는 이 모든 것을 통전적

---

208) 황선명, 『종교학개론』 (서울: 종로서적, 1982), 9-10 참조. 이종록, "성서적 고찰로 본 생명" 『그리스도께서 주신 생명과 평화』, 대한예수교장로회 총회교육부 편 (서울: 한국장로교출판사, 1996), 45. 참조.

으로 보면서 이 같은 편협한 인간 이해를 교정하는 데 도움을 주었다고 볼 수 있다. 이런 점에서 에큐메니칼 인간 이해는 전통적인 인간 이해에 비하여 더 포괄적이고 합리적이라고 평가될 수 있다. 그리고 인간화 분야의 선교 사업 수행에 도움이 되며, 세계 속에서 책임 있는 인간으로 살도록 도전하는 점에서 오늘의 선교에 기여한다고 할 수 있다.

그러나 전통적인 인간 이해에 약점이 있듯이 에큐메니칼 인간 이해에도 약점이 있다. 에큐메니칼 인간 이해는 이상적으로는 통전적인 인간 이해를 추구하지만 실제로는 에큐메니칼 인간 이해 역시 한쪽으로 치우치는 경향이 없지 않다. 즉, 인간의 영적인 차원과 육적인 차원 중 육적인 차원에 치우치는 경향을 보이고, 죄의 수직적 차원과 수평적 차원 중 수평적 차원에 치우치는 경향을 보이고, 인간의 현세의 차원과 내세의 차원 중 현세의 차원에 치우치는 경향을 보인다. 그리하여 정치적 자유, 독립, 경제적 복지, 그리고 사회적인 개혁의 가치 등을 강조하다가 구세주의 십자가와 그분이 인간에게 주신 복음 전도의 지상 명령을 소홀히 하는 경향을 보인다.[209] 이런 결과로 에큐메니칼 인간 이해는 구령 열정을 약화시키고 나아가서 기독교 자체를 약화시킬 수 있는 가능성을 보이는데, 이것은 기독교 인간 이해로서는 심각한 약점이 아닐 수 없다. 따라서 에큐메니칼 인간 이해는 구령 열정과 건강한 교회 성장에 기여할 수 있는 길을 함께 고민할 때 바람직한 이해로 거듭날 수 있으리라고 본다.

---

209) J.H. 바빙크, 『기독교 선교와 세계 문화』, 권순태 역(서울: 성광문화사, 1987), 204.

5장

구원 이해 :

선교는 어떤 구원을 전해야 하는가?

　　인간이 종교를 갖는 가장 근원적인 목적 중 하나는 구원 문제를 해결하기 위함이며, 이런 이유 때문에 모든 종교는 거의 예외 없이 구원 문제를 다루고 있다. 기독교 역시 구원을 약속하며, 구원을 모든 만민에게 전하는 것을 기독교 선교의 가장 중대한 목표로 삼아 왔다. 기독교인들에게 구원은 이 세상 그 어떤 것보다 귀한 것이었기에 성도들은 순교를 당하면서도 구원을 포기하지 않았고, 이 귀한 구원을 온 세계에 전하기 위하여 어떤 희생도 감수하였던 성도들 덕분에 기독교는 세계 방방 곳곳에 전파될 수 있었다.

　　그렇다면 구원이란 무엇인가? 1950년대 이전까지만 해도 구원의 의미를 정의하는 것은 그리 어려운 일이 아니었다. 간단히 말해 구원이란 개인이 회개하고 예수를 믿어 하나님의 자녀가 되는 것으로 정의될 수 있었다. 그러나 1950년대에 '하나님의 선교'(Missio Dei) 개념이 출현하면서부터 세계교회협의회에서의 구원 개념은 점차로 폭넓게 이해되어 왔다. 그 후 1973년 세계교회협의회의 방콕 CWME(Commission on World Mission and Evangelism) 대회에서는 구원의 개념을 새롭게 정립하였는데, 방콕에서 새롭게 정립된 구원 개념은 전통적인 구원 개념과는 사뭇 다른 폭넓은 내용을 함축하게 되었으며, 이러한 구원 이해는 에큐메니칼 선교를 전통적인 선교와는 다른 방향으로 이끄는 데 영향을 주었다.

기독교에 있어서 가장 핵심적인 주제 중의 하나는 구원의 문제일 것이다. 기독교를 믿는 그리스도인들이 얻는 가장 귀한 선물이 바로 구원이기 때문이다. 구원이 이처럼 귀한 것이기 때문에 이 귀한 선물에 동참하기를 원하는 마음으로 성도들은 목숨을 바쳐가면서까지 구원을 받으려 했고, 그 귀한 구원을 다른 이에게 전하기 위하여 어떤 희생도 감수하였다. 그렇다면 구원이란 무엇인가? 1950년대 이전까지만 해도 구원의 의미를 정의하는 것은 그리 어려운 일이 아니었다. 간단히 말해 구원이란 한 인간이 회개하고 예수를 믿어 하나님의 자녀가 되는 것으로 정의될 수 있었다. 그러나 1950년대에 '하나님의 선교' 개념이 출현하면서부터 세계교회협의회의 구원 개념은 점차로 폭넓게 이해되어 왔다.

그 후 1973년 세계교회협의회의 방콕 CWME(Commission on World Mission and Evangelism) 대회에서는 구원의 개념을 새롭게 정립하였는데, 방콕에서 새롭게 정립된 구원 개념은 전통적인 구원 개념과는 사뭇 다른 폭넓은 내용을 함축하게 되었다. 방콕 이후 세계 교회협의회의 구원 개념은 어느 정도의 변화를 겪고 있지만, 여전히 방콕의 구원 개념은 협의회의 구원 개념의 핵심을 이루고 있다고 볼 수 있다. 따라서 이 장은 방콕에서 정립된 구원 개념은 어떤 배경에서 탄생되었고, 그 개념은 어떤 특징을 가지고 있으며, 어떤 강점과 약점을 지니고 있는지 등을 살펴보고자 한다. 이러한 연구는 21세기의 바람직한 기독교 선교를 위한 하나의 방향을 제시하는 데 도움이 될 수 있을 것이다.

I. 에큐메니칼 방콕 구원 이해의 이론적 배경

1. 하나님의 선교(Missio Dei)의 포괄적 구원 이해

방콕 대회의 구원 개념에 가장 기본적인 배경이 되는 개념은 아마도 '하나님의 선교' 개념일 것이다. 하나님의 선교 개념은 세계교회협의회 선교 개념 변화에 가장 핵심적인 개념이고 이 개념의 등장 이후에 1968년 웁살라의 WCC와 1973년 방콕 대회(CWME)에서 각각 '인간화'와 '오늘의 구원' 개념이 선교의 핵심 사항으로 떠오르기 시작했다.[210] 그렇다면 이와 같은 하나님의 선교 개념이 어떻게 방콕의 '오늘의 구원' 개념에 영향을 미쳤는가를 살펴보기 위하여 하나님의 선교 개념의 주된 관심을 몇 가지로 살펴보자.

첫째, 하나님의 선교 개념은 선교의 주된 관심을 '교회'에서 '세상'으로 돌리면서 구원을 삶의 모든 영역 속에 이루어지는 것으로 보았다. 하나님 계획의 초점은 교회 안에서가 아니라 세계 속에서 발견된다. 세상은 하나님의 구원역사의 출발점이요, 현장이다. 신자들은 정치, 사회, 경제 등의 각 분야에 파송되고 교회와 세상은 분리가 아닌 공동 운명적인 연대관계에 서게 되면서 세상없는 주님이 없듯이 세상없는 교회란 있을 수 없게 된다. 이처럼 선교의 강조점이 교회에서 세상으로 옮겨지면서 구원도 교회 안에서만 얻어지는 구원이 아니라 세상의 삶의 모든 영역에서 실현되는 구원으로 이해하게 된 것이다.

둘째로 세상에 대한 관심은 곧 세상의 샬롬에 대한 관심으로 나

---

210) 이형기, 『21세기를 향한 새로운 신학적 패러다임의 모색』(서울: 장로회신학대학교출판부, 1997), 573.

타났다. 선교의 주역이 되시는 하나님께서는 이 세상에 샬롬을 이루어 가시고, 교회는 이 샬롬을 이루어 가시는 하나님의 선교 활동에 적극적으로 동참하여야 하는 것이다.[211] 즉, 하나님의 선교에 동참한다는 것은 단순히 영혼을 구원하고 교회를 세우는 것을 넘어서서 샬롬을 이루시는 하나님과 동역자의 관계 안에 들어가는 것, 세계 역사 안에서 하나님의 하시는 일들과 그리스도 안에 있는 인간성을 지적하는 것, 그리고 하나님의 선교의 견지에서 역사 안에서 일어나는 변화들을 이해하면서 그 변화를 위한 일과 투쟁에 동참하는 것으로 이해되었다. 즉, 비인간화되어 가는 현실 속에서 그리스도를 모범으로 하는 참된 인간성의 회복을 선교의 과제로 이해하게 되었다.[212] 하나님의 선교 개념에서 선교의 목표는 샬롬인데, 샬롬은 단순히 영혼만의 구원이 아니라 영혼과 육체 그리고 개인과 사회 등 모든 것의 포괄적 구원의 결과로 나타나는 것이며, 이러한 포괄적 구원이 곧 방콕의 '오늘의 구원' 이라는 개념으로 나타났다고 볼 수 있다. 따라서 하나님의 선교 개념은 방콕의 '오늘의 구원'을 탄생시킨 가장 핵심적인 배경이 되었다고 볼 수 있다.

2. 해방 신학의 구원 이해

방콕 대회의 구원 개념을 형성하게 된 또 하나의 결정적인 요인은 해방 신학이다.[213] 근대 에큐메니칼 운동이 시작될 당시만 해도

---

211) WCC, *The Section Reports of the W.C.C-from the first to the seventh*,『세계교회협의회 역대총회 종합보고서』, 이형기 역(서울: 한국장로교출판사, 1993), 566.
212) 김은수,『현대 선교의 흐름과 주제』(서울: 대한기독교서회, 2001), 229.
213) 해방 신학은 메델린 주교회의에서 태동되었다고 볼 수 있는데, 1968년 8월에 콜롬비아 메델린에서 열린 제2차 라틴 아메리카 주교 총회에서 구티에레츠는 '해방(Liberation)'이라는 이슈를 가지고 주제 연설을 하였다. 그 후 1971년에 구티에

선교에 있어서 사회 참여의 개념은 자선(charity)의 수준 정도에 머물러 있었지만, 이것이 '포괄적 접근'의 모델로 발전해 가면서, 의료, 교육, 농업 등의 제반 분야가 선교의 영역 안으로 들어오게 되었다. 그렇지만 선교에 있어서 보다 더 근본적인 새로운 전략이 필요하다는 요청에 따라 '개발' 개념이 등장하게 되었는데, 이것은 서구 교회와 선교 단체들이 선두 주자로 나서서, 제1,2세계가 제3세계의 빈곤 문제를 해결하겠다는 차원에서 나타난 것이었다. 그러나 시간이 흐를수록 서구 교회와 서구 중심의 선교를 통해서는 이 세계에 현존하는 구조적 불의(systematic injustice)의 문제를 해결할 수 없다는 사실을 절감하면서 개발보다는 해방의 필요성을 느끼게 되었다. 즉, 구조적 모순을 그대로 안고 있는 '발전'이 아니라 '해방'을 지향하기에 이르게 된 것이다.[214]

해방 신학이 개발 개념으로 만족할 수 없는 이유를 좀 더 자세히 살펴보면 다음과 같다. 첫째, 개발 개념은 문화적으로 제3세계를 고려하지 않았다. 즉, 서구 사회에 유익한 것은 제3세계에도 동일하게 유익하리라는 일방적인 전제를 가지고 있었다. 둘째, 개발이라는 개념 자체에 주체인 인간과 객체인 물질을 이분법적으로 구분하는 계몽주의적 전제가 들어 있었다. 셋째, 서구 세계는 항상 '주는 자'로서, 그리고 제3세계는 항상 '받는 자'로 인식되고 있었다. 변화는 제3세계에만 필요한 것이요, 제1세계에 대해서는 변화의 필요성을 생각지 않고 있었다. 그리고 넷째로 결정적인 문제는 개발의 결과 소수의 엘리트들은 개발의 혜택을 받았지만 대다수의 가난한 사람들

레츠는 『해방 신학』(A Theology of Liberation)이란 이름으로 책을 출간하였는데, 이것이 해방 신학 최초의 대표작이 되었다.
214) 데이비드 보쉬, 『변화하고 있는 선교』, 김병길, 장훈태 공역(서울: 기독교문서선교회, 2000), 641-642.

은 더 가난해지고 말았다. 부익부 빈익빈의 현상이 더욱 심화되었다. 결국 빈곤 문제는 지식이나 문화나 기술의 문제라기보다는 전 세계적인 구조적 관계들(global structural relationships)의 문제라는 결론에 이르게 된 것이다.[215]

이런 상황에서 사회 정치적으로 '개발'은 '혁명'으로 대치되었고, 신학적으로 '개발'은 '해방 신학'으로 대치되었다. 이와 같은 해방 신학이 등장하면서 이제는 '개발과 미개발'이 아니라, '지배와 종속(domination and dependence)' '부자와 가난한 자' '자본주의와 사회주의' 그리고 '억압하는 자와 억압을 받는 자'라는 도식이 나타나게 되었다. 이제 빈곤은 개발로 해결될 문제가 아니라 불의(injustice)의 근원적인 원인을 제거할 때 해결될 수 있다고 생각하게 되었다.[216] 이런 점에서 방콕은 구원을 단순한 영혼 구원으로 제한하지 않고, 가난과 억압과 각가지의 착취로부터의 해방으로 이해했는데, 이러한 구원 이해는 구원을 해방으로 이해하는 해방 신학으로부터 많은 영향을 받았다고 볼 수 있다.

3. 웁살라 대회의 '인간화' 개념

방콕 대회는 기본적으로 1968년 제4회 WCC 웁살라 총회가 제창한 '인간화에로의 선교 갱신'의 구체적 전략을 수립하기 위하여 회집되었으며, 한편 이는 웁살라에서의 '인간화' 선교 정책을 거부하고 나선 '프랑크푸르트선언'에 대한 반격이기도 하였다.[217] 이런 점에

---

215) Ibid., 639-641.
216) 보쉬, 『변화하고 있는 선교』, 641-642.
217) 조동진, "오늘의 구원: 1973년 WCC 방콕 '오늘의 구원을 위한 세계대회' 리포트", 《월간목회》, 2005년 7월호, 265.

서 방콕 대회의 주요한 배경 중의 하나가 웁살라 대회에서 다뤄진 인간화 개념이다.

1968년 웁살라에서 열린 웁살라 WCC 대회는 "보라, 내가 세상을 새롭게 하노라(Behold, I will make all things new)"라는 주제를 가지고 비인간화 문제, 정의와 평화 문제, 인종 차별 문제 등을 심각하게 다루었다. 웁살라 대회는 인간의 참 인간성과 사회가 어느 때보다 여러 가지 파괴적인 힘에 의해 위협받고 있는 것으로 보았다. 또한 인종차별주의가 모든 인권의 의미를 앗아가고 있으며 세계 평화에 대한 절박한 위험이 되고 있고, 몇몇 정부의 공식 정책과 많은 나라에서의 인종 폭력, 또 부국과 빈국 간의 인종적 요소에 의해 두드러지고 있음을 보았다.[218]

이런 이유에서 물질적 빈곤을 해결하는 것이 영적 빈곤 못지않게 더 중요함을 강조했다. 그리하여 웁살라 총회는 제2분과 위원회에서 "선교의 갱신(Renewal in Mission)"을 주제로 다루면서 "인간화(humanization)"를 다음과 같이 선교의 목표로 삼았다.

우리는 인간화를 선교의 목표로 설정했다. 왜냐하면 우리의 역사 시대에는 무엇보다도 선교란 메시야적 목표의 의미를 전달하는 것이라고 믿기 때문이다. 다음 시대에서는 하나님의 구속적 역사의 목표가 하나님이 인간에게로 향한다기보다는 인간이 하나님께 돌아서는 것으로 규정되었는지 모른다. 그러나 지금 중요한 문제는 참 인간이란 문제 이상의 것이기 때문에 선교 회중의 선교 목표로서 그리스도의 인간성에 가장 큰 관심을 기울여야 한다.[219]

218) WCC, "제4차 총회: 스웨덴 웁살라(1968)", 『역대총회종합보고서』, 291.
219) WCC, *Drafts for Sections Prepared for the Fourth Assembly of the World Council of Churches*(Uppsala, Sweden: WCC, 1968), 34.

움살라 대회가 이처럼 인간화를 선교의 목표로 삼으면서 새 인간성에 대해 이처럼 깊은 관심을 가지는 이유를 좀 더 자세히 살펴보면 다음과 같다. 첫째, 현대 세계에서 인간성은 위기에 직면해 있다. 산업화의 도시에서 소외와 인간의 비인간적 사용으로 인간성은 위협을 받고 있다. 마음의 자유는 매스 미디어로 인하여 억압당하고 있다. 둘째로, 이와 같은 비인간화의 상황 속에서 하나님이 인간에게 거시는 기대가 크다. 하나님은 인간으로 하여금 우주에서 그의 대리자가 되게 하셨다. 즉, 인간은 하나님을 대신하여 아직도 신음 중에서 새 인간인 하나님의 아들이 나타나기를 기다리는 피조 세계와 국가들을 위하여 헌신해야 하는 것이다.[220]

이런 점에서 움살라 대회가 본 세계의 근본적인 문제는 인간에 대한 문제이며 모든 비인간화의 현상을 극복하고 인간을 인간답게 하는 것이야말로 선교의 일차적 과제라고 보았다. 이를 위해 선교적 공동체의 결정적인 관심은 선교의 목표로서 그리스도의 인간성을 드러내는 데 있다고 보았다.[221] 그리고 선교의 장은 복음이 전해지지 않은 곳보다 비인간화가 일어나는 곳에 더 많은 초점을 두게 되었다. 움살라 대회는 비인간화의 문제를 해결하기 위해 물질적 빈곤을 해결하는 것이 영적 빈곤 못지않게 더 중요함을 강조하였고, 이로서 움살라는 선교의 수직적인 차원 (복음화)보다는 수평적인 차원(인간화)을 더 강조하게 되었다.[222] 방콕의 구원 개념이 수직적 차원보다

---

220) Norman Goodall, ed., *The Uppsala Report 1968*(Geneva: WCC, 1968), 22-23.
221) 이런 이유 때문에 움살라는 선교의 정의를 '새 인간성 창조'로 정하였다. 새 인간(the new man)인 예수 그리스도 안에서 충만한 인간성(into new humanity)으로 성장하도록 사람들을 초대하는 작업을 선교로 이해했다. Norman Goodall, ed., *The Uppsala Report 1968*, 28.
222) 이러한 경향에 대하여 존 스토트는 "그러나 나는 움살라 총회가 선교위임을 순종하고자 애쓰는 것을 보지 못하였다. 주님은 자기를 받아들이지 않는 예루살렘을 향해 울었지만 총회가 그와 같은 눈물을 흘리는 것은 본 적이 없다."라고

수평적 차원에 더 많은 강조점이 주어지는 경향은 바로 웁살라의 인간화 개념으로부터 받은 영향이 컸다고 볼 수 있다.

II. 에큐메니칼 방콕 구원 이해의 주요 내용과 특징

1. 주요 내용

1972년 12월 27일부터 1973년 1월 12일까지 태국의 수도 방콕에서 열린 방콕 CWME 대회는 선교 신학의 가장 핵심적인 개념인 구원(salvation)을 주제로 개최되면서 세계 교회의 이목을 집중시켰다. 방콕의 "오늘의 구원"이란 주제는 1963년 멕시코 CWME 대회와 연관성을 지니는데, 멕시코 CWME는 "세속화 된 세계 속에서 그리스도가 제시하는 구원의 형식과 내용이 무엇인가?"라는 질문을 하였고 방콕의 주제는 이러한 질문으로부터 시작되었다. 방콕은 참석자들에 의해 경험된 구원의 의미에 대하여 생각하고 연구하면서 구원의 개념을 형성하게 되었다.[223] 그 결과 방콕 CWME는 구원에 대한 포괄적인 개념을 형성하게 되었다. 방콕은 구원에 대한 이분법적인 사고를 부인하고 모든 것을 통합적으로 바라보면서 다음과 같이 말한다.

비판하였다. John Stott,, "Does Section Two Provide Sufficient Emphasis on World Evangelization?" in Donald McGavran, ed., *The Conciliar-Evangelical Debate: The Crucial Documents 1964-1976*(Pasadena: William Carey Library, 1972), 268.
223) Rodger C. Bassham, *Mission Theology*(Eugene, Oregon: Wipf and Stock Publishers, 1979), 92-93.

죄가 개인적이고 또 구조적이듯이 하나님의 해방의 능력도 개인들과 구조들을 변화시킨다. 우리는 우리의 사고 안에서 영혼과 육신, 개인과 사회, 인류와 피조 세계 사이의 이분법들(dichotomies)을 극복해야 한다. 그렇기 때문에 우리는 하나님의 선교를 통하여 세상의 전체적인 해방 안에 있는 요소들로서 경제 정의, 정치적 자유 그리고 문화적 갱신(cultural renewal)을 바라보는 것이다.[224]

방콕은 이상과 같은 포괄적인 접근 방식을 가지고 "오늘의 구원"이란 주제를 내걸면서 기독교의 구원론을 전면적으로 재검토하였다. 이러한 구원 이해는 복음에 대한 이해를 완전히 새롭게 하였다. 먼저 방콕은 기독론적 복음을 분명히 하면서 인간의 전 실재와 관계 맺는 복음을 언급한다. 즉, 만물을 예속에서 해방하는 단순하고도 포괄적인(simple and comprehensive) 기독론적 복음을 말한다. 아울러 그 복음은 인간을 억압하는 모든 것에 대항하여 투쟁(struggle)하는 일에 우리로 하여금 헌신하게 하는 복음이다. 이와 같은 복음 이해 위에서 포괄적인 구원의 개념이 등장하게 된 것이다.[225] 포괄적인 구원 개념이란 전통적인 영혼 구원을 넘어서는 것으로서 '경제 정의' '정치적 억압' '인간의 소외' 그리고 '인격적 삶의 좌절' 등으로부터의 해방을 모두 포함하는 것이다. 이와 같은 포괄적 구원 개념은 방콕 제2분과[226]에서 정의한 네 가지 사회적 차원들 안에서의 구원 개념 정의에 잘 나타나는데 네 차원은 다

---

224) CWME, *Bangkok Assembly 1973*(Bossey: WCC, 1973), 89.
225) Ibid., 1-2.
226) 제2분과는 오늘의 구원을 위한 정치적, 사회적, 경제적 해방 선교 전략을 책정하여 그 행동 지침을 모든 제3세계의 NCC와 교회들에 지시하고 WCC에 권고하는 일을 담당했다.

음과 같다.[227]

   ① 사람에 의한 사람의 착취에 대항하는 경제 정의를 위한 투쟁에서의 구원 역사들(salvation works)

   ② 동료 인간들에 의한 인간에 대한 정치적 억압에 대항하는 인간의 존엄을 위한 투쟁에서의 구원 역사들

   ③ 인간으로부터 인간의 소외(alienation)에 대항하는 연대를 위한 투쟁에서의 구원 역사들

   ④ 인격적인 삶(personal life)의 좌절에 대항하는 희망을 위한 투쟁에서의 구원 역사들

이상과 같이 방콕은 '경제 정의' '정치적 억압' '인간의 소외' 그리고 '인격적인 삶의 좌절' 등에 대항하는 투쟁 등의 구원 사역의 네 가지 차원들을 서로 관련시키면서 구원의 과정을 포괄적으로 말하였다. 아울러 구조적 불의에 대항하는 해방 운동 차원에서 물리적 폭력의 가능성을 거론하기도 하였다.[228] 제3분과[229]에서도 유사한 구원의 정의를 내리는데, "구원이란 그리스도께서 개인들을 모든 죄와 그것의 결과들로부터 해방하는 것이다. 그것은 또한 모든 형태의 억압으로부터 세계를 해방시키시고자 그리스도께서 당신의 교회들을 통하여 하시는 과업이다."[230]라고 정의하고 있다. 여기에서 억압의 사회, 문화, 경제적 차원은 죄의 결과로 인식되며, 교회는 하

---

227) CWME, *Bangkok Assembly 1973*, 89-90.
228) 강희창, "에큐메니칼 문서에 나타난 선교 신학의 패러다임의 변화에 대한 연구", 미간행 박사학위논문, 장로회신학대학교 대학원, 2003, 246-247.
229) 제3분과는 오늘의 구원 선교를 위하여 어떻게 교회들을 갱신해야 할 것인가에 대한 구체적인 방법론과 교육 과정과 진행을 위한 지침을 마련하여 WCC에 권고하는 역할을 담당했다.
230) CWME, *Bangkok Assembly 1973*, 102.

나님의 선교에 있어서 이러한 억압을 제거하는 데 가장 주된 기관으로 인식된다.

방콕 대회의 구원 개념이 이처럼 정치, 경제적인 차원을 포함하면서 포괄적으로 정의되는 것에 대하여 반대의 목소리가 없었던 것은 아니었다. 기독교의 기본 신앙인 '구원'의 문제를 '오늘' 이라는 조건으로 재정의하는 일에 대한 의문과 반대의 목소리가 서구 신학자들의 입에서 나왔다. 예를 들어 풀러신학교 선교 대학원장이었던 아더 글라서나 프랑크푸르트 선언을 기초하였던 피터 바이어하우스 등이 오늘의 구원에 대한 반론을 제기하였다. 그러나 이와 같은 반대 목소리들은 포괄적인 구원 개념에 대한 주장에 묻혀 버리고 결과적으로 정치, 경제적인 차원을 포함하는 포괄적인 구원 개념이 채택되게 되었다.[231]

이상과 같은 방콕의 구원 개념을 종합하여 보면 방콕 대회는 '구원'을 '해방'으로 해석하였다고 볼 수 있다. 그리고 구원을 가져오는 복음이란 다른 것이 아니라 개인과 사회 차원에서 인간을 억압하는 모든 것에 대항하여 투쟁(struggle)하는 데 우리들로 하여금 헌신하게 하는 것이다. 즉, 복음은 인종 차별, 사회적 부정의, 경제 정치적 억압, 비극적인 전쟁, 과학기술 문명으로 인한 비인간화 등에 대하여 예수 그리스도의 구원을 행동으로(in action) 나타내도록 촉구하는 것이다.[232]

아울러 이러한 복음을 받은 교회는 '해방시키는 그리스도의 능력에의 순종(the obedience to the liberating power of Christ)'을 위해서 구조악을 유발하는 세상적 구조에 대한 연구 분석을 하

---

231) 조동진, "오늘의 선교: 1973년 WCC 방콕 '오늘의 구원을 위한 세계대회' 리포트", 268-269.
232) CWME, *Bangkok Assembly 1973*, 1-2.

며 이러한 구조악을 척결하는 투쟁에 동참해야 한다. 이러한 투쟁의 성격에 대하여 방콕 대회는 구조적 불의에 대항하는 해방 운동 차원에서 물리적 폭력의 가능성을 거론하기도 하였다.[233] 그리고 이러한 일을 잘 감당하기 위하여 교회가 지배 계급과 인종 및 국가의 포로로부터 해방되지 않고는 구원하는 교회가 될 수 없다고 단정하였다. 아울러 해방을 위하여 방콕은 '친교(fellowship)'라는 용어를 '연대(solidarity)'라는 의미로 해석하기 시작했다. 방콕은 소망의 신학을 제창한 위르겐 몰트만의 영향으로 기독교의 몰역사성을 문제 삼으면서 세계의 미래에 대해 신학이 무엇인가를 말하기 위해서는 신앙의 정치적 차원을 말해야 함을 인식하였다.[234] 이처럼 방콕은 구원의 개념 자체를 포괄적으로 규정하면서 인간화를 포함하는 포괄적인 구원 개념을 설정하였다.

2. 현재적 관점의 구원 이해 경향

구원은 과거, 현재, 미래적 차원을 모두 함께 포함한다. 과거적 차원의 구원이란 하나님의 택한 백성이 믿음으로 이미 얻은 구원을 말한다. 바울은 "하나님께서 그를 죽은 자 가운데서 살리신 것을 네 마음에 믿으면 구원을 받으리라"(롬 10:9)라고 했으며, 아주 분명하게 "너희는 그 은혜에 의하여 믿음으로 말미암아 구원을 받았으니"(엡 2:8)라고 선언하였다. 그리스도의 십자가를 믿음으로써 그리스도인은 이미 구원을 얻은 것이다.

---

233) Ibid., 89-90.
234) 방콕 제2분과의 보고서는 몰트만의 신학을 많이 반영하고 있다. 희망의 신학에서 나타난 부활에 근거한 기독론적 희망, 십자가에 달리신 하나님으로부터 나타나는 해방과 참여의 요청, 그리고 삼위일체적인 파송의 신학 등은 몰트만의 신학요소를 잘 보여 주고 있다. Ibid., 88.

두 번째로 생각할 것은 현재적 차원의 구원이다. 바울은 "더욱 지금 나 없을 때에도 항상 복종하여 두렵고 떨림으로 너희 구원을 이루라"(빌 2:12)고 하였다. 그리스도께서는 "누구든지 나를 따라오려거든 자기를 부인하고 자기 십자가를 지고 나를 따를 것이니라"(마 16:24)고 하셨다. 현재적 차원의 구원의 예는 그리스도의 모범에 따라 기독교인이 현세에서 이루어야 할 수덕과 고난을 강조하는 전통적인 도덕 감화설이나 현대의 해방 신학 등에서 잘 볼 수 있다.

구원의 세 번째 차원은 미래적 차원의 구원이다. 바울은 "우리 몸의 속량을 기다리느니라"(롬 8:23), "이제 우리의 구원이 처음 믿을 때보다 가까웠음이라"(롬 13:11)고 하였다. 구원받은 자들이 져야 할 십자가의 짐은 여전히 무겁지만, 현재의 고난은 장차 구원이 완성될 때 얻을 영광과 족히 비교할 수 없다. 장차 이루어질 영광의 십자가를 바라봄으로 그리스도인은 현재 자기의 십자가를 질 수 있는 것이다.[235]

이상과 같은 구원의 3차원 중에 방콕의 구원 이해는 주로 현재적 차원에 많이 집중되는 경향을 보인다. 예를 들어 방콕은 구원을 4가지 차원으로 묘사하는데, 1)착취와 반대되는 경제적인 정의, 2)억압과 반대되는 인간의 존엄성, 3)소외와 반대되는 연대, 4)인간 삶에 있는 실망과 반대되는 소망을 위한 투쟁[236] 등으로 다분히 현세에 치중된 구원 이해를 지니고 있다. 물론 방콕이 구원의 과거적 차원이나 미래적 차원을 무시한다는 것은 아니다. 다만 현재적 차원의 구원에 많이 치중되어 있다는 것이다. 이러한 치중은 앞에서 묘사된 구원의 4가지 차원을 보아서도 잘 알 수 있다. 방콕은 "구원의 사회,

---

235) 허호익, 『현대조직신학의 이해』(서울: 대한기독교서회, 2003), 348.
236) CWME, *Bangkok Assembly 1973*, 98.

경제, 정치적인 차원에 관한 우리의 집중은 결코 구원의 개인적, 영원적 차원을 부인하지 않는다."[237]라고 말하고 있는데, 방콕의 구원 이해는 "구원의 사회, 경제, 정치적인 차원에 관한 우리의 집중"이란 표현 속에서 이미 언급하고 있듯이 사회, 경제, 정치적인 차원에 많이 집중되어 있고, 이것은 방콕의 구원 이해가 현재적 차원에 많이 기울어져 있다는 것을 잘 보여 주고 있다.

구원의 3차원은 서로 분리할 수 없을 정도로 서로 긴밀한 연관성을 지닌다. 구원의 과거적 차원이 확실할 때 현재적 차원의 구원이 가능해진다. 십자가를 믿음으로써 이미 구원을 얻은 신자가 아니고서는 그리스도의 남은 고난에 동참하기 위해 자기 십자가를 지고 그리스도를 따르는 일이 용이하지 않기 때문이다. 현재 이루어야 할 구원은 값없는 은총(Gabe)으로 이미 구원을 얻은 자의 과제(Aufgabe)인 것이다.[238] 또한 미래에 얻을 구원에 대한 확신이 있을 때에 현재 이루어야 할 구원의 짐을 능히 질 수 있는 것이다. 장차 이루어질 영광의 구원을 바라보지 않는다면 현재적으로 십자가를 지는 구원은 가능치 않게 되는 것이다. 이런 점에서 전통적인 구원 이해는 구원의 과거적 차원과 미래적 차원을 중시하였다. 그러나 방콕의 구원 이해는 과거적 차원과 미래적 차원의 구원이 약한 채 현재적 구원에 지나치게 집중되는 경향을 지닌다.

3. 사회 구조적 관점의 구원 이해 경향

전통적인 신학 이해에서 죄는 기본적으로 개인적인 차원에서 이

---

237) Ibid., 87.
238) 허호익, 『현대조직신학의 이해』, 347-348.

해된다. 죄는 창조주와 주인이 되시는 하나님을 거부하고 자신을 하나님의 위치에 세우며 모든 것의 중심이 되고자 하는 것으로부터 시작된다. 이와 같은 죄로 말미암아 인간에게 주어진 하나님의 형상이 파괴되며, 하나님과의 관계 곧 '계약의 파트너'로서의 관계 역시 파괴되었다. 물론 이 같은 죄의 영향은 개인적인 차원에 머물지 아니하고 사회적인 차원으로 나타나게 된다. 즉, 하나님과의 파괴된 관계로 인하여 이웃과의 관계도 파괴되어 이웃을 더 이상 사랑을 주고받는 파트너, 곧 '친구'로 여기지 아니하고 자기를 위한 이용 대상이나 지배 대상으로 만들게 된다. 나아가서 자연과의 관계 역시 왜곡되는데, 자연만물을 장려하고 보존하기보다는 이용하고 파괴하게 된다.[239] 그러나 죄는 근본적으로 손상된 하나님과의 관계에 그 뿌리를 두고 있으며 이런 점에서 전통적인 신학에서는 기본적으로 개인적인 측면을 중시하였다.

그런데 방콕의 구원 이해는 전통적인 죄의 이해와는 달리 죄의 개인적 차원보다는 사회적 차원에 더 많은 관심을 기울이는 경향을 보인다. 방콕에 따르면 죄는 가진 자가 못 가진 자를 구조적으로 억압하는 것이며, 이러한 죄의 해결은 구조적인 악에 속박당하여 죄인 취급을 받는 사람들을 해방시키는 데서 이루어진다고 본다. 이처럼 죄의 사회적인 차원을 강조할 때 나타나는 구원은 다분히 수직적인 차원보다는 수평적인 차원에서 이해되며, 영적이기보다는 물질적이며, 영원한 것이기보다는 현세적인 성격이 강하게 나타난다. 거기에서 말하는 구원은 죄의 용서나 하나님과의 화해 그리고 영원한 삶과는 거리가 멀며, 수직적 차원의 구원은 이론적으로는 인정되지만 사실은 거의 부인되면서 인간화로서의 구원에 강조점이 주어지

---

239) 김균진, 『기독교 조직신학 II』(서울: 연세대학교 출판부, 1987), 81-82.

는 경향이 강하다.[240]

방콕 대회에서 주제 강연을 했던 토마스는 말하기를, "나는 사회 역사에 축적된 죄악의 필연성을 부정할 만큼 유토피아주의자는 아니다. 그러나 나는 하나님의 용서의 메시지와 그 메시지에 의한 그리스도 안에서의 코이노니아가 정치를 넘어서 혹은 정치 후에 라고 하는 영역으로 추방될 수 있으리라고 생각하지 않는다."[241]라고 말함으로써 구원이 개인이나 교회에만 제한되는 것이 아니라 정치적인 혹은 사회 구조적인 차원에서 나타나야 한다고 보았다.

방콕의 구원 이해가 개인적인 차원보다는 사회적인 차원에 중점을 두는 신학임을 살펴보았는데, 이 같은 이해는 자연히 중생과 같은 개인 구원보다는 사회 구원에 더 많은 관심을 두는 결과를 가져오게 된다. 좀 더 구체적으로 표현하면 구원이란 모든 사람이 서구의 부에 동참하게 될 정도의 대규모의 기술적인 발전의 확장을 의미하며, 억압과 소외 착취가 사라지고 인간의 존엄성이 지켜지는 것을 의미한다. 이러한 구원 개념 속에서는 초월성의 개념은 거의 사라지고 거의 사회적 관점에서 기술된 구원 개념이 지배적이다.[242]

이와 같은 구원 개념 속에서 사회 구원을 이루기 위해서는 사회악을 타파해야 하며, 사회악 해결을 위해서는 사회 현상의 분석이 필요하다. 여기에서 필연적으로 사회학의 도입이 요구되며, 성경 해석도 정치적 관심에서 해석하는 소위 '정치적 해석학'이 발전되면서 마르크스주의와 해방 신학을 상당 부분 수용하는 경향을 보인다.

240) 허버트 케인, 『세계 선교의 오늘과 내일』, 신서균 역(서울: 기독교문서선교회, 1994), 75.
241) P. Potter, *Das Heil der Welt Heute*, 39, 김은수, 『현대 선교의 주제와 흐름들』, 261. 재인용.
242) George M. Marsden, *Fundamentalism and American Culture: The Shaping of Twentieth-Century Evangelism, 1870-1925*(New York/ Oxford: Oxford University Press, 1980), 92.

특별히 해방 신학자들은 자본주의가 사회 윤리를 결여하면서 적자생존의 잔인한 경쟁주의로 부익부, 빈익빈의 양극화를 심화시키고 이로 인해 인간들이 오늘날의 사회, 경제적 힘의 구조에 의해 완전히 비인간화되었다고 보면서 이 비인간화된 인간을 해방하는 단 하나의 길은 그 구조를 부수고, 완전히 다른 기초, 즉 사회주의를 세우는 길이라고 보는데 방콕도 이러한 견해를 많이 수용하는 경향이 있다.[243]

4. 인간 중심적인 구원 이해 경향

전통적으로 개신교는 구원의 문제를 철저하게 하나님의 은혜로 돌렸다. 아우구스부르크(Augsburg) 신앙 고백에 따르면 하나님 앞에서 인간은 자신의 힘이나 업적이나 활동을 통하여 의로워지는 것이 아니라 값없이 그리스도를 믿는 신앙을 통하여 의로워진다. 따라서 의로워지는 것은 1)오직 은혜로서만, 2)오직 그리스도 때문에, 3)오직 신앙으로서만 가능하다. 인간의 활동은 죄의 영역에 제한되어 있으며, 이 영역에서 인간은 오직 밖으로부터, 곧 하나님의 은혜에 의해서만 해방될 수 있다.[244] 이런 점에서 구원은 다음의 사항들을 핵심적인 사항으로 포함한다. 즉 죄의 용서, 하나님과의 화해, 영원한 생명의 세계로 옮겨짐, 하나님의 자녀 됨, 하나님과 함께 삶, 하나님과 계약을 맺음 등이다.

그런데 이러한 구원은 철저하게 예수 그리스도 안에서 일어난 것이다. 예수 그리스도를 떠나서는 구원이 일어날 수 없는데, 그 이유

---

243) 전호진, 『한국 교회와 선교 I』(서울: 엠마오, 1985), 114-115.
244) Confessio Augustana XVIII, 1, 4. 김균진, 『기독교조직신학 III』(서울: 연세대학교출판부, 1987), 208, 재인용.

는 예수 그리스도만이 하나님의 아들인 동시에 사람의 아들로서 그 자신의 인격 속에서 하나님과 인간의 대립을 극복하셨기 때문이다. 이런 점에서 구원의 유일한 통로는 예수 그리스도인 것이다.[245] 이런 점에서 구원은 인간 행위로 얻어지는 것이 아니라 기본적으로 하나님의 선물인 것이다. 물론 인간은 하나님의 동역자(고전 3:9)가 되어서 하나님의 구원을 증거와 봉사 안에서 다른 사람들에게 나누도록 부르심을 받는다. 그러나 구원의 가장 핵심적인 측면은 역시 인간의 노력이 아니라 하나님의 은혜로 주어진다는 사실이다.

그런데 방콕은 죄의 문제를 개인적인 것으로만 보지 않고 사회 구조적인 것으로 보기 때문에 그것의 해결책 역시 하나님의 은혜로만 해결되는 것이 아니라 인간적인 방법 즉 참여, 투쟁, 혁명 등으로 해결되는 것으로 이해된다. 그리하여 방콕 제2분과에서는 구원을 인간의 경제적, 정치적, 문화적 그리고 개인적 비참함에서 해방하는 것이라고 말하면서 포괄적인 하나님의 해방의 역사 속에서 경제적 정의, 정치적 자유 그리고 문화적 갱신을 위한 투쟁으로 인한 결과물들을 구원으로 이해하였다. 또한 예수의 하나님 나라 선교는 우주적 범위를 포괄하지만 구체적인 행동은 특수하게 곧 가난한 자에 대한 편파성을 가짐을 특별히 강조하였다.[246] 그리하여 협의회는 각처의 억눌린 자들의 울부짖음을 들어야 하고 이들의 해방을 위해 힘써야 함을 강조하면서 자주 해방 투쟁과의 연대를 칭송하며 그 같은 일을 실천하는데 노력을 기울여 왔다.

협의회의 신학은 이 땅의 가난한 자들을 주목하고 이들을 위하

---

245) 김균진, 『기독교조직신학 III』, 226-231.
246) 박종천, "WCC와 복음주의 선교학의 역사와 새로운 방향", 『한국적 선교학의 모색: 염필형 박사 회갑기념 논문집』, 박종천 외 편(서울: 성서연구사, 1998), 25.

여 하나님의 나라가 선포되었음을 강조하면서 이들과 더불어 이 땅에 하나님의 나라를 세워 가는 것을 강조한다. 그리고 이러한 입장에서 볼 때에 그동안 교회가 불의에 저항하여 빈자와 피압박자의 투쟁에 참여하는 일을 소홀히 하였음을 반성하며, 억압을 저항하는 빈자의 투쟁을 후원할 것을 다짐한다. 선교 및 복음화란 다른 것이 아니라 더 나은 공동체를 설립할 구조적 변혁을 위한 투쟁에 교회가 참여하는 것이며, 구체적으로는 종족적, 인종적 소수와 여성과 장애자와 도주자 등을 돕는 투쟁에 참여함을 의미한다.[247] 이처럼 해방으로서의 구원의 주제는 협의회 신학의 주된 강조점이 되었으며, 이것은 협의회의 구원 개념이 은혜를 강조하는 신 중심적인 구원 이해이기보다는 참여와 투쟁 등을 강조하는 인간 중심적 경향이 있음을 보여 주는 것이다.

III. 에큐메니칼 방콕 구원 이해가 선교에 미칠 수 있는 영향

1. 통전적인 구원 이해 제시

전통적인 구원론은 구원의 내용을 죄와 죽음과 사탄의 세력, 율법의 저주로부터의 해방이라고 이해하였다. 그러나 방콕 이후 협의회는 인간과 세계의 전적인 변혁이나 각종 사회적, 정치적 고난의 악순환으로부터의 해방을 구원의 현대적인 개념으로 보는 경향을 갖는다. 구원을 이루는 방식에 대해서도 전통적인 구원론은 화해하시

---

247) David Gill, ed., *Gathered for Life, Vancouver 1983*(Geneva: WCC, 1983), 50.

는 하나님이 화해된 인간이 되신 계시의 사건을 통해 구원을 이루
셨다고 보는 반면, 협의회는 그리스도가 구원을 이루신 방식을 하나
님 자신의 죽음으로 설명하면서 이러한 구원에 참여하는 방식으로
그리스도의 남은 고난에 동참하듯이 고난의 현장에서 사회적, 정치
적 실천을 다하는 것으로 본다.[248]

이와 같은 견해 차이로 인해 개인 구원과 사회 구원에 관한 논
쟁이 이어져 왔다. 전통적인 구원론의 입장에서 회심을 통해 개인의
영혼을 구원하고 세계 복음화를 이루는 것이 교회의 지상 과제라고
생각하는 사람들과, 사회의 구조적인 모순을 변혁하는 정치적인 실
천을 통해 인간화를 이루는 사회 구원이 그리스도를 따르는 과제라
고 생각하는 사람들 사이의 대립이 심화되었던 것이 사실이다.[249] 최
근에 와서는 개인 구원과 사회 구원을 넘어서는 생태 구원이 구원의
새로운 요소로 등장하였다. 개인의 회심을 통해 복음을 받아들이게
하는 복음화와 사회 구조악을 일소하여 '정의와 평화'를 이루어 인간
의 삶의 질을 높이는 사회 구원 못지않게 수질 오염, 대기 오염, 토
양 오염, 방사능 오염 등으로 파괴되어 가는 생태계를 회복하여 하
나님이 창조하신 생태계를 잘 돌보고 관리하여 '창조의 보전'을 이루
는 생태 구원이 중요한 신학적 과제로 등장한 것이다.

이와 같은 상황에서 구원의 내용을 포괄적으로 이해하는 통전
적인 구원 이해가 요구된다. 즉, 인간과 하나님과 바른 관계로서 개
인 구원, 인간과 인간 사이의 바른 관계로서 사회 구원, 인간과 자
연 사이의 바른 관계로서 생태 구원을 아우르는 통전적인 신학이 요
청되는 것이다.[250] 이런 통전적인 구원을 염두에 두면서 소비크(A.

---

248) 허호익, 『현대조직신학의 이해』, 345.
249) Ibid., 345.
250) Ibid., 346.

Sovik)는 다음과 같이 강조하였다.

> 그리스도 안에서의 하나님의 구원 행위를 완전히 정신적이며 내적이고 피안의 세계의 일로 지나치게 강조하는 경향은 종교를 '민중의 아편'으로 부른 유명한 정의를 초래하게 되고, 그렇게 되면 종교가 분명히 위안은 되지만 좀 더 정의로운 사회를 향한 투쟁에서 효과적인 힘이 될 수 없다. 또 다른 경향, 즉 정신적이고 내적인 요소를 배제하고 기독교의 사회, 윤리, 정치적인 국면만을 강조하는 것은 교회를 정당 정도의 것으로 만들 가능성이 있으며 정치 제도에 대하여 신적인 권위와 지지를 주장하게 되어 정치 제도를 절대화하거나 우상화할 가능성이 있다.[251]

방콕의 구원 이해는 사회 구원에 치우친 경향이 없지 않으나 포괄적인 구원 이해를 제시함으로써 기독교의 구원 이해가 보다 더 통전적인 구원 이해가 될 수 있도록 도전하였다는 데 어느 정도 기여를 하였다. 방콕의 구원 이해로 말미암아 기독교의 구원이 개인적인 차원을 넘어서서 사회를 변혁시키며 생태계를 보존하는 데 기여할 수 있는 구원 이해로 도약하게 한 것은 방콕 구원 이해의 하나의 기여점이라 볼 수 있다.

2. 세계에 대하여 보다 책임적인 구원 이해 제시

교회는 하나님의 피조물을 관리하는 청지기가 되도록 부르심을 받았다. 따라서 교회는 결코 혼자일 수 없다. 세상을 떠나서 세상

---

251) A. Sovik, *Salvation Today*, 『오늘의 구원』, 박근원 역(서울: 대한기독교출판사, 1980), 54.

과 무관하게 자신들만의 게토를 만들고 자신들만을 위하여 존재할 수는 없다. 교회가 섬겨야 할 세상은 갈수록 비인간화되어 가고 있다.[252] 또한 과거와 미래를 외면하고 현실주의적 현재에 붙들리도록 강요하는 과학 기술적인 세계, 의미와 목적과 방향과 상관없이 그 자체가 인류의 궁극적인 목표인 것처럼 과장하는 상황 속에서 세계는 철저하게 비인간화되어 가고 있다. 이런 세계를 교회가 외면해서는 안 되는 것이다.

이런 상황에서 전통적인 구원 이해는 주로 개인적이고 영적인 차원에 강조점이 있었으므로 사회적 차원의 구원에 대하여는 큰 관심이 없었다. 전통적인 신학의 관점에서 보면 이 세상은 어차피 멸망될 세상이므로 세상을 변혁시키는 것보다는 세상에 복음을 전하여 세상으로부터 교회로 나오는 것이 더 중요하게 여겨진 경향이 있었다. 따라서 전통적 구원 이해는 세상에 대하여 특별히 세상의 구조적 악의 문제에 대하여는 다소 무관심한 면이 없지 않았다.

그러나 방콕은 죄의 사회 구조적인 차원을 보면서 사회에 대하여 책임적인 교회가 될 것을 강조한다. 이런 점에서 방콕은 "그리스도인들은 인간적 위기와 고난을 극복하고 사회적 정의를 실현하며 한 공동체로 협력하고 평화를 위해 싸우며 다른 자들과 함께 일할 준비가 되어 있다."[253]라고 선언하고 있다. 하나님은 스스로 역사 속에서 일하고 계시며, 삼위일체 하나님 스스로의 확장 속에 계시는 하나님의 파송은 구원의 포괄적이며 전체적인 역사를 지향하고 있다.[254] 방콕은 교회로 하여금 교회 안에만 머물지 않고 세계에 대하여 책임

---

252) WCC, *Mission and Evangelism in Unity Today*(Geneva: WCC, 1998), No. 20.
253) CWME, *Bangkok Assembly 1973*, 188.
254) 김은수, 『현대 선교의 흐름과 주제』, 262.

적이며 참여적이 되도록 도전하는 데 기여하였다고 볼 수 있다.

3. 복음 전도 열정의 약화 가능성

앞에서 살펴본 것과 같이 구원을 포괄적인 것으로 볼 때의 강점은 구원을 너무 개인적이고 영적인 것으로만 제한하지 않고 통전적으로 볼 수 있다는 점이다. 그러나 구원의 여러 차원을 모두 동등한 것으로 보면, 정치적·경제적 해방을 가져다주는 것을 모두 다 구원 사역으로 인식하게 되면서 복음 전도 열정이 약화될 가능성이 있다. 이러한 가능성과 연관하여 방콕 CWME에서 '오늘의 선교' 개념을 책임 맡았던 토마스 위저(Thomas Wieser)는 "어떤 종류의 정치적 운동이 참으로 하나님의 선교에 속한 것인지에 대한 적절한 판단의 기준 없이 무조건적으로 인정하는 것처럼 보인다."[255]라고 말한 바 있다. 구원 개념을 너무 폭넓게 할 경우 모든 것이 다 구원인 것처럼 생각되면서 전통적으로 복음 전도에 쏟아 부어졌던 열정이 약화될 가능성이 충분히 있다. 김은수는 방콕과 연관하여 "사회 정의와 관련짓는 이 토론에서는 특정한 차원의 역사적 우선성에 강조를 두고 있어서 인간의 영적인 차원이 경시되고 있다."[256]라는 지적을 하고 있다. 김은수의 지적처럼 구원의 여러 차원 중 경제, 정치, 그리고 문화적 차원을 강조하다 보면 전통적으로 영적인 차원의 구원만을 강조하였을 때보다는 영적인 차원에 적은 강조점이 주어지는 것이 사실이다. 바삼(Rodger C. Bassham)은 방콕 대회를 정리하면서 이러한 경향을 잘 지적하고 있다.

255) Thomas Wieser, "Report on the Salvation Study," *International Review of Mission*, 62:246(1973), 177.
256) 김은수, 『현대 선교의 흐름과 주제』, 259.

사회적이고 정치적인 해방에 참여하는 것에 대한 강조에 비하여 그리스도를 통하여 하나님과 개인 간의 관계 개선으로 이해되는 구원은 거의 강조되지 않았다. 이런 이유로 방콕 대회는 "모든 사람이 그리스도를 믿고 구원을 얻을 수 있도록 예수 그리스도의 복음을 땅 끝까지 선포하도록 하기 위하여"라는 CWME의 목표에 나타난 소망을 이루어 내지 못하였다.[257]

방콕의 구원 개념이 복음 전도의 열정을 약화시킬 수 있는 가능성이 있다는 것은 이미 방콕 대회 자체에서부터 나타났다. 방콕은 사회 정의, 경제 정의, 문화 갱신 등의 용어는 많이 사용한 반면 전도에 대하여는 거의 언급조차 없었던 것이 사실이다. 방콕 보고서에는 복음이 미치지 못한 민족과 지역에 대한 보고는 찾을 수가 없고, 아프리카, 아시아, 라틴 아메리카, 제3세계 개발 도상국가에서 정치적 억압과 열악한 노동 조건으로부터의 해방 운동의 행동 보고만이 있다.

이런 점에서 아더 글라서는 방콕이 교회의 사회적 책임에 대하여는 많은 말을 한 반면 전도에 대하여는 거의 말을 하지 않았다는 점에서 심한 이중감정의 병존을 느낀다고 서술했다.[258] 바티칸의 제롬 하버(Jerome Haber) 신부도 "나는 [방콕에서] 믿음으로 의롭다고 말하는 사람을 한 명도 보지 못했다. 나는 영생에 대하여 말하는 사람을 하나도 못 봤다. 죄에 대한 하나님의 분노에 대하여도 마찬가지다."[259]라고 말했다. 동방정교회도 방콕이 구원의 마지막, 즉

257) Rodger C. Bassham, *Mission Theology*, 98.
258) Ralph Winter, ed., *The Evangelical Response to Bangkok*(Pasadena, CA: William Carey Library, 1973), 99–102.
259) Ibid., 92.

하나님 안에서의 영생에 대하여 아무런 언급이 없었다는 것을 비판하였다.[260] 이처럼 전통적인 구원의 핵심인 영혼 구원에 대한 관심이 부족한 방콕의 구원 이해는 자연히 전도 열정의 약화 가능성을 지니고 있었다.

4. 전통적인 구원 개념의 혼선 가능성

전통적인 신학에서는 구원과 성화, 구원과 그 후에 오는 축복, 그리고 구원과 윤리 등이 비교적 명확하게 구분되어 있었다. 그런데 방콕의 구원 개념은 이 모든 것을 다 하나로 묶어서 포괄적인 구원으로 보는 경향이 있다. 전통적인 구원론에서는 칭의와 성화가 구분되어 이해되었다. 의롭지 못한 죄인이 하나님 사랑의 은혜와 신앙을 통하여 하나님의 의롭다는 인정을 얻는 것이 바로 '칭의'이다.[261] 칭의는 한 역사적 순간에 일어나는 하나님의 유일회적인 행위이다. 그것은 인간의 존재 전체와 연관된 전체적 사건이다.

그런데 이와 같은 유일회적이며 전체적인 사건으로서의 칭의는 역사적 연속적 과정으로서 일어나는 성화로 연결된다.[262] 칭의와 성화의 관계는 나무와 열매의 관계로 비유될 수 있다. 즉, 나무에서 열매가 맺혀지듯이 칭의가 이루어질 때 성화의 열매가 맺혀지게 되는 것이다. 성화의 열매를 맺을 수 있는 것도 인간의 노력으로 말미암은 것이 아니라 그리스도 안에서 하나님이 그들의 죄를 용서하시고 그들을 의롭다고 인정하심으로써 죄의 세력으로부터 해방하였기 때

---

260) Rodger Bassham, *Mission Theology*, 96.
261) 김균진, 『기독교조직신학 III』, 205.
262) Ibid., 263.

문에 가능한 것이다.[263] 즉, 칭의가 일어났기 때문에 성화가 일어나게 되는 것이다. 그리스도인은 그리스도 안에서 하나님의 거룩한 자들로 인정받았기 때문에 거룩한 자들로서의 새로운 삶, 즉 성화의 삶을 시작하게 되는 것이다.[264]

방콕의 구원 개념은 전통적인 칭의와 성화를 한데 묶어서 구원이라고 보면서 또한 사회적인 차원의 성화까지를 포함하여 구원으로 보는 경향이 있다. 물론 선교를 수행하는 사람의 입장에서 보면 복음을 받아들였음에도 불구하고 여전히 그 사회가 변화되지 않고 구조적 악이 팽배하고 죄악이 만연할 경우에 '도대체 구원을 받았다는 것이 무엇을 의미할까?'라는 의문이 들 수 있다. 방콕이 구원의 개념을 정치, 경제적 구원까지를 포함하게 된 것은 바로 그런 이유에서였을 것이라 생각된다.

그렇다면 과연 구원을 받았다는 것은 과연 무엇을 의미할까? 예수를 받아들이고 구원을 받은 사람이 여전히 정치적으로 경제적으로 억압 가운데 있다면 그는 여전히 구원을 받지 못한 것일까? 바울은 그리스도인이 된 노예들이 여전히 노예의 신분을 가지고 있음에도 불구하고 그들을 구원받은 성도로 생각하면서, 주인을 잘 섬기라고 권면하였다(엡 6:5, 딤전 6: 1-2). 즉, 바울에게 있어서는 사회신분적으로 자유인인가 노예인가의 문제가 아니라 그리스도를 영접했는가 안 했는가의 문제가 구원의 기준이었다. 즉, 바울에게는 칭의 차원의 구원이 가장 핵심적인 차원의 구원이었던 것으로 보인다.

---

263) Ibid., 259.
264) 성화는 기본적으로 개인 윤리적인 차원에서 이해되지만 여기서 머무르지 않고 사회 윤리적인 차원으로 확대되어 이해되어야 한다. 하나님이 원하시는 성화는 성도 개개인의 마음뿐 아니라 온 세계가 그 속에 하나님이 거하실 수 있고 사람과 모든 생물들이 마음 놓고 살 수 있는 세계로 변화되는 데에 성화의 참된 의미가 있는 것이다. 김균진, 『기독교조직신학 III』, 296.

이에 비하여 방콕의 구원 개념은 핵심적인 차원의 구원 개념이 없이 모든 차원을 동등하게 여기면서 포함하는 경향이 있다. 이런 점에서 방콕의 '오늘의 구원' 문제를 실제적으로 책임졌던 토마스 위저도 구원의 문제를 다룰 때 견고한 신학적 기준의 필요성을 언급한다.

분명히 이것은 정치적 운동 혹은 이념적 경향을 무조건 승인한다는 것을 의미하는 것은 아니다. 역사적 사건들 속에서 하나님의 구원 목적을 파악하는 임무에는 중대한 판단이 만들어질 수 있는 기초 위의 견고한 신학적 기준이 요구된다. 여기에서 단기간의 연관성의 진전 속에서 교회의 신뢰성이 다시 상실되지 않도록 하기 위하여 중요한 임무를 수행해야 한다.[265]

바삼도 방콕을 평가하면서 "방콕에서는 참여자들이 직면한 신학적 임무의 요구가 적절히 다루어지지 않았기에 더 빈약했다."[266]라고 말하고 있다.

5. 미래적 차원의 구원 신앙 약화 가능성

전통적인 구원 개념은 미래적인 차원에 많은 강조점을 둔다. 그리스도인들은 현세에서 비록 환난과 핍박을 받는다 해도 영원한 삶이 있기에 구원을 선택하였다. 성경에서는 전반적으로 인간의 현세만을 고려하지 않고 내세를 함께 고려한다. 아니 어떤 면에서는 오히려 내세에 더 강조점이 주어진다. 내세에서의 삶을 위하여 현세

---

265) Thomas Wieser, "Report on the Salvation Today," *International Review of Mission*, 62:246(1973), 177.
266) Rodger C. Bassham, *Mission Theology*, 93.

의 행복을 유보할 수 있고 심지어는 포기할 수 있는 자가 복 있는 자라고 말한다(마 10:28).[267] 내세의 영원한 행복을 위하여 죄를 범하는 손, 발, 눈까지라도 뺄 수 있어야 한다고 예수는 말씀하신다(마 5:29-30).[268]

예수께서는 또한 많은 병자들을 고쳐 주셨다. 그리고 가난한 자들을 먹이셨다. 그러나 만일 그들의 병 고침이나 가난한 자들을 먹이심이 예수께서 그들에게 줄 수 있었던 보다 큰 축복이었던 영생의 축복의 한 징표에 불과하다는 사실을 이해하지 못했다면 그것은 본질을 놓친 것이다. 만약 예수께서 병을 고쳐 주시거나 빵을 먹여 주시는 것에 강조점이 있었다면 이스라엘에 있는 병자들을 더 많이 고쳐 주시고 가난한 자들을 먹이는 일에 더 많은 시간과 노력을 투자하셨어야 했다. 그러나 예수는 그렇게 하지 않으셨다. 예수께서 하신 병자 치유나 가난한 자들을 먹이심 등은 영생으로 솟아나게 하는 샘물이 되는 물을 예시하는 것이었다.[269] 예수의 사역에 있어서 주된 강조점은 상당 부분 내세에 많이 있었다고 할 수 있다.

방콕의 구원 개념은 전통적인 구원 이해와 달리 현세에 강조점을 두는 경향이 강하다. 현재에서 경제적인 착취로부터 해방되는 것이 구원이고, 현재 정치적인 억압으로부터 벗어나는 것이 구원으로 이해된다. 그래서 오늘의 구원이란 말이 나오는 것이다. 방콕의 구원이 목적하는 바는 그리스도로 말미암는 영생이 아니라 이 땅 위의

---

267) 몸은 죽여도 영혼은 능히 죽이지 못하는 자들을 두려워하지 말고 오직 몸과 영혼을 능히 지옥에 멸하실 수 있는 이를 두려워하라"(마 10: 28).

268) 만일 네 오른 눈이 너로 실족하게 하거든 빼어 내버리라 네 백체 중 하나가 없어지고 온 몸이 지옥에 던져지지 않는 것이 유익하며 또한 만일 네 오른손이 너로 실족하게 하거든 찍어 내버리라 네 백체 중 하나가 없어지고 온 몸이 지옥에 던져지지 않는 것이 유익하니라"(마 5:29-30).

269) J.H. 바빙크, 『기독교 선교와 세계 문화』, 권순태 역(서울: 성광문화사, 1987), 205.

행복과 번영에 초점이 맞추어져 있다. 방콕의 구원은 대부분 인간의 언어로 정의되며 사회적 정의, 자유, 인간의 발전 등 이 땅의 문제에 집중되어 있는 모습이다. 자연히 이러한 구원 이해는 성경이 말하는 구원 이해로부터 멀어진 경향이 있고, 세상을 강조하면서 교회의 약화를 가져올 수 있다. 또한 현재적 구원을 강조함으로 말미암아 현재 어려움이 있다 해도 미래의 구원을 위하여 현재의 행복을 유보할 수 있는 미래적 구원관의 약화를 가져올 수 있는 가능성이 있다고 할 수 있다.

요약 및 전망

방콕의 구원 이해를 중심으로 협의회의 구원 이해를 살펴보았다. 방콕의 구원 이해의 배경이 된 '하나님의 선교' '해방 신학' '인간화' 등의 개념을 살펴보면서 이러한 개념들이 어떻게 방콕의 구원 이해에 영향을 주었는지를 살펴보았다. 아울러 방콕 구원 개념의 주된 내용들을 살펴보고, 그 주된 특징을 살펴본 후에, 방콕 구원 이해의 강점과 약점 등을 살펴보았다. 방콕 구원 이해는 통전적인 구원 이해를 갖도록 기여하면서, 사회에 책임적인 교회가 되도록 도전하였다는 점에서 좋은 기여를 한 것으로 평가된다. 그러나 우선적인 차원이 없는 포괄적 구원 이해로 말미암아 복음 전도의 열정이 약화될 우려와, 구원의 모든 차원을 하나의 개념으로 묶어 내면서 구원 개념에 혼선을 줄 수 있는 가능성과, 지나치게 현재적 구원에만 초점을 맞춤으로 말미암아 구원의 미래적 차원을 상실하게 될 수 있는 가능성이 있다는 점 등이 약점으로 지적될 수 있음을 보았다. 이런 점에서 바람직한 구원 이해는 통전적이면서도 우선적인 차원을 함께 지니는 것이어야 한다고 본다. 즉, 하나님과의 관계 개선이 이루어지는 구원을 우선적으로 고려하고 다른 구원의 차원들을 함께 고려하는 것이 필요한 것으로 보인다.

6장

교회 이해 :

선교에 있어서 교회는 어떤 위치에 있는가?

칼 브라텐(K. Braaten)은 시대적으로 신학의 주제들을 언급하면서, 고대 교회는 기독론을, 중세 교회는 성례전론을 그리고 종교 개혁 시대에는 구원론을 문제 삼았으나, 현대 교회의 기본적인 문제는 교회론이라고 주장하였다. 그만큼 교회론은 오늘날 신학에서 중요한 위치를 점하고 있다는 말일 것이다. 실제로 교회를 어떻게 이해할 것인가 하는 문제는 교회가 하는 모든 사역과 교회의 나아가는 방향에 결정적인 영향을 미치며, 당연히 교회가 추구하는 선교 사역에도 결정적인 요인이 된다.

전통적인 선교 이해에서는 교회가 없는 지역에 가서 스스로 서 가는 교회를 세우는 것이 선교의 최종적인 목표 중의 하나였고, 건강한 자립 교회를 얼마나 많이 세우는가 하는 것이 곧 선교의 성적표였다. 이런 점에서 전통적인 선교에서는 교회가 선교의 시작이고 마지막이었다고 해도 과언이 아니다. 그런데 '하나님의 선교' 개념이 등장하면서 이와 같은 교회 이해는 거부되기 시작하였다. 하나님의 주된 사역은 교회를 통해서가 아니라 세상 속에서 직접 하나님에 의해 이루어지며, 이런 점에서 교회는 더 이상 선교의 주된 기관도 아니며, 하나님의 선교 역사에서 중심적인 위치를 점하는 것이 아니라고 여겨지게 되었으며, 이러한 이해가 에큐메니칼 선교에 상당한 영향을 미쳤다.

칼 브라텐(K. Braaten)은 시대적인 신학의 주제들을 언급하면서, 고대 교회는 기독론을, 중세 교회는 성례전론을, 그리고 종교 개혁 시대에는 구원론을 문제 삼았으나, 현대 교회의 기본적인 문제는 교회론이라고 주장을 하였다.[270] 그만큼 오늘날 신학에서 교회론은 중요한 위치를 점하고 있다고 할 수 있는데, 이처럼 중요한 교회론은 선교에 있어서도 중요한 관심사가 아닐 수 없다. 선교를 수행하는 가장 핵심적인 기구 중의 하나가 교회이며, 이런 점에서 교회가 든든히 설 때에 선교가 능력 있게 수행되는 것이다. 특별히 전통적인 선교 이해에서는 교회가 없는 지역에 가서 스스로 서 가는 교회를 세우는 것이 선교의 최종적인 목표 중의 하나였고, 건강한 자립 교회를 얼마나 많이 세우는가 하는 것이 곧 선교의 성적표였기 때문이다. 전통적인 선교에서는 교회가 선교의 가장 주된 기관이었고, 또 다른 교회를 세우는 것이 선교의 목표였기 때문에, 교회야말로 선교의 시작이고 마지막이었다고 해도 과언이 아니다.

그런데 에큐메니칼 신학의 '하나님의 선교' 개념이 등장하면서 이와 같은 교회 이해는 많은 도전에 직면하기 시작하였다. 하나님의 선교 개념에 따르면 하나님의 주된 사역은 교회를 통해서가 아니라 세상 속에서 직접 하나님에 의해 이루어지며, 이런 점에서 교회는 더 이상 선교의 주된 기관도 아니며, 하나님의 선교 역사에서 중심적인 위치를 점하는 것이 아니라고 여겨지게 되었다. 아울러 이 개념의 등장과 함께 교회 설립을 선교의 주된 목표로 삼던 전통적인 선교 방향에 큰 변화가 일어나게 되었다. 물론 복음주의 진영은 전통적인 교회 개념을 가지고 여전히 교회 설립을 중시하는 경향을 보이지만, 세계교회협의회를 중심한 에큐메니칼 진영은 교회 설립 중심

---

270) K. Braaten, 『신의 미래』, 채 위 역(서울: 대한기독교서회, 1974), 174–175.

의 선교관을 잘못된 것으로 보면서, 두 진영 사이에는 교회관에 대하여 상당한 이견이 존재한다.[271]

이 장에서는 전통적인 교회관에 비하여 세계교회협의회의 에큐메니칼 교회관이 가지는 특징들을 분석하면서 바람직한 선교를 위한 교회 이해의 이론적 기초를 제시하는 데 그 목적을 두고자 한다. 이를 위해 이 장은 주요한 에큐메니칼 대회들에 나타난 교회 이해를 역사적 관점에서 살펴보고, 여기에 나타난 교회 이해들의 주된 특징들을 알아 보고, 그 후에 에큐메니칼 교회 이해를 평가하면서 오늘의 선교를 위한 바람직한 교회 이해를 위한 제언을 하고자 한다.

I. 주요 대회에 나타난 에큐메니칼 교회 이해

1. 에반스톤 대회(1954)

세계교회협의회의 교회 이해가 전통적인 교회 이해와 확연한 차이를 드러내기 시작한 것은 1954년 에반스톤 대회 때부터라고 할 수 있다. 물론 1954년 에반스톤 이전에도 에큐메니칼 교회 이해는 전통적인 교회 이해와 다른 특징을 드러내었다.[272] 그러나 1954년 에

---

271) WCC의 교회 이해 속에 복음과 교회 정체성을 강조하는 부분이 기본적으로 전제되어 있다. 다만 전통적인 교회 이해와 비교하여 볼 때 이런 부분보다는 교회의 사회 참여 부분이 더 강하게 부각되는 경향이 있다. 한편 전통적인 복음주의 교회 이해에도 사회 참여의 부분이 없는 것은 아니지만 복음 전도와 이로 인한 교회 설립에 더 많은 강조점이 주어져 있다. 즉 양편은 나름대로 균형감을 가지고 있지만, 그럼에도 불구하고 강조점이 서로 다른 것을 발견할 수 있다. 이형기, "WCC에 나타난 교회와 사회 문제", 『WCC 역대총회종합보고서』, 이형기 역(서울: 한국장로교출판사, 1993), 567.
272) 예를 들면 1928년 예루살렘 IMC 대회에서는 개인뿐 아니라 사회도 예수 그리스도의 모습으로 바꾸어야 함을 역설했고, 이후 IMC와 WCC는 교회의 사회 참여를 강하게 주장하면서 교회의 복음적 책임뿐 아니라 역사적 책임을 함께 강조

반스톤 대회 때부터 에큐메니칼 교회 이해의 특징이 보다 극명하게 나타나게 되었는데 그것은 1952년 윌링겐 IMC 대회의 결과로 출현하게 된 '하나님의 선교' 개념의 영향이 컸다고 할 수 있다.[273] 즉, 하나님의 선교 개념의 영향으로 교회는 전통적으로 자신을 중심으로 세상을 보던 관점에서 세상을 중심으로 자신을 바라보는 관점의 변환을 갖게 되었다.

에큐메니칼 신학의 핵심 주제들이 대부분 하나님의 선교 개념에 근거하듯이 에큐메니칼 교회 이해도 '하나님의 선교' 개념에 그 가장 깊은 뿌리를 두고 있다고 할 수 있다. 즉, 세상을 죄악 된 곳이나 멸망할 곳으로 보면서 속히 구원해야 할 대상으로만 보던 전통적 사고에서 세상이야말로 하나님의 우선적 사랑의 대상이며 교회보다는 오히려 세상이 하나님의 구원 역사에서 중심이라는 사고가 형성되면서 자연히 교회 중심적인 사고를 가졌던 전통적인 교회관은 변화될 수밖에 없게 된 것이다. 이와 같은 사고가 한마디로 표현된 것이 바로 "하나님-교회-세상"의 패러다임에서 "하나님-세상-교회"의 패러다임으로의 변화인 것이다. 즉 에반스톤으로부터 에큐메니칼 교회 이해는 전통적인 교회 이해와 확연히 다른 특징을 드러내기 시작했다고 볼 수 있다. 에반스톤은 이렇게 말한다.

하나님의 백성은 이 세상 한복판에 있는 교회이다. 이들은 결코 세상을 떠나서 주님과만 함께 있을 수 없다. 예수 그리스도께서는 바로 이 세상을 구원하시기 위하여 오셨다. …도대체 복음 전도의 관심이란 무

하는 정체성을 가지게 되었다. 이형기, "WCC에 나타난 교회와 사회 문제", 『WCC 역대총회종합보고서』, 539.

273) 이형기도 "무엇보다 '하나님의 선교'의 역사가 교회의 사회 참여를 크게 진척시킴과 아울러 첨예화시키기에 이르렀다."라고 말한다. 이형기, "WCC에 나타난 교회와 사회 문제", 567.

엇인가? 우리는 남자와 여자들이 참여하고 있는 사회의 집단들과 사회의 패턴들을 개변시키기 위하여 복음을 선포해야 한다. 이 복음 선포의 목적은 인간의 제도들과 사회 구조를 하나님의 의도에 더 가까이 순응하게 하는 데 있으며 우리를 어거하시는 하나님의 특권을 존중하는 데 있다.[274]

앞에서 일부 살펴볼 수 있는 대로 에반스톤은 비판적이고 농도 짙은 교회의 사회 참여를 강조하였고, 이와 같은 책임적 사회의 실천을 위하여 정치와 경제에 적극적으로 참여하는 것이 바로 교회의 주된 정체성이라고 강조하였다. 이와 같은 참여의 구체적인 예를 몇 가지로 살펴보면, 교회는 노동자의 사회적 지위를 확보해 주어야 하며, 농민들의 일정 수입에 대한 요구의 정당성을 인정해야 하며, 육체적·경제적 약자들을 위한 국가적·국제적 차원의 도움이 주어지도록 힘써야 하며, 착취에 항거하는 노동 운동을 환영해야 하며, 국가의 탈 중앙 집권화를 이루는 데 힘써야 하는 것 등을 들고 있다.[275]

2. 뉴델리 대회(1961년)

뉴델리 대회에서는 교회의 사회 참여가 에반스톤에서보다 훨씬 강해졌다. 뉴델리는 세상 구원에 초점을 맞추어 복음의 정체성을 다음과 같이 말하였다.

교회가 선포하는 복음이란 항상 하나님의 구원하시는 사랑의 변함

---

274) WCC, *The Evanston Report, 1954*(NY: Harper & Brothers, 1955), 100–101.
275) Ibid., 117–120.

없는 복음으로서 우리 주 예수 그리스도에 의한 세계 구속이며, 그의 성령의 능력을 통하여 우리에게 알려진다. …나사렛 예수 그리스도는 우주적 주님이시요, 구세주이시다. …하나님의 아들이 인간이 되신 것은 만인을 위한 것이다. 예수 그리스도의 지상 교역, 죽음, 부활, 승천을 통하여 나타난 하나님의 위대한 행위들은 세상 구원이라고 하는 단 하나의 목표를 달성하는 것이다.[276]

뉴델리에서 보는 교회란 바로 이와 같은 세상 구원을 이루면서 복음을 전하고 실천하는 기관인 것이다. 특별히 뉴델리는 이와 같은 교회를 이루기 위해 가장 적절한 교회 구조는 어떤 것인가에 대한 논의를 많이 하였다. 즉, WCC에서 승인된 '회중의 선교적 구조'에 대한 연구는 "교회의 선교적 과제를 위해서 가장 적절한 교회 삶의 형태가 어떤 것인가?"를 밝혀내려는 의도에서, '선교를 위한 교회 구조들의 기능 평가를 돕기 위한 연구'로서 시작된 것이다. 이러한 연구가 진행되는 동안에 기존의 교회 구조들은 심하게 비판당할 수밖에 없었다. 특히 기존 교회의 교구 체제들은 '행태학적 근본주의(morphological fundamentalism)'라는 비판을 당하였다. 그러면서 기존의 구조 대신에, '사회학적 실재들과 관련된 유연한 구조'가 제안된 것이다. 에큐메니칼 신학의 중요한 명제인 '세상이 의제(agenda)를 제공한다'는 명제는 바로 이런 맥락에서 등장한 것이고, 교회의 형태는 세상 속에 있는 백성들의 필요에 따라 변화되어야 한다는 주장이 전면에 나서게 된 것이다.[277]

---

276) WCC, *The New Delhi Report*(NY: Association Press, 1961), 78–79.
277) Roger C. Bassham, *Mission Theology: 1948–1975 Years of World-wide Creative Tension Ecumenical, Evangelical, and Roman Catholic* (Eugene: Wipf and Stock Publishers, 2002), 69.

그리하여 교회는 '인간들의 요청(human need)'에 응답하는 적
극적인 구조(go-structures)를 가지고서, 부정의(injustice), 소외,
인종 문제, 그리고 또 다른 선교적 과제를 향하여 나아가려고 했다.
'교회를 통한 하나님의 세상에 대한 선교'가 아니라 '하나님의 세상
선교'에 교회가 참여하는 방향으로 변화가 이루어져 간 것이다. 아
울러 교회의 주된 사역인 선교의 강조점이 전통적인 복음 전도 중
심의 선교로부터 샬롬이나 인간화를 이루기 위하여 세상 속에서 하
나님의 선교에 참여하는 선교로 옮겨지므로 말미암아 세상 안에서
세속적 소명에 참여하고 있는 평신도(laity)들의 선교적 위상이 부
각되었다.[278]

3. 웁살라 대회(1968)

웁살라 대회는 1948년 암스텔담 이후에 교회의 사회 참여를 가
장 강하게 강조한 회의였다고 할 수 있다.[279] 이처럼 교회의 사회 참
여를 강하게 외치게 된 배후에는 60년대가 J. F. 케네디와 마틴 루
터 킹 목사의 암살, 신 마르크스주의, 학생 운동, 베트남 전쟁 등으
로 얼룩진 격동의 시대였다는 시대적 배경이 자리를 잡고 있다. 또
한 개교회의 선교적 구조를 문제 삼고 타자를 위한 교회를 중요시
하는 1963년 멕시코 CWME 대회, 1966년 제네바 대회, 1968년 베
이루트 대회 등의 대회들이 웁살라의 성격을 결정하는 데 깊은 영
향을 미쳤다고 할 수 있다.[280] 웁살라는 교회가 세계 경제 정의를

---

278) Ibid., 104.
279) 이형기, "WCC에 나타난 교회와 사회 문제", 『WCC 역대총회종합보고서』,
555.
280) Ibid., 566.

위한 투쟁에서 올바른 역할을 하기 위하여 다음과 같은 일을 해야 한다고 강조한다.

> …교회는 그동안 때때로 기독교 선교의 특징이라 할 수 있는 단편적이며 가부장적인 자선을 넘어서서 세계 경제의 구조악에 적극적으로 대처해야 한다. …이것을 위해 교회는 여론에 영향력을 행사할 수 있는 정당, 노조, 기타 다른 집단들에 대해 특별히 관심을 가져야 한다. …국제적 차원에서의 화해 및 봉사의 사역에 더 많은 자금과 우선권이 돌아가야 하며, 특히 부정의가 일촉즉발의 위험으로 도사리고 있는 곳에 투자되어야 한다. 사회 내 폭력의 근원적 원인을 제거하기 위한 연구와 혁명 및 사회 변혁의 비폭력적 전략들을 연구해야 한다.[281]

위에서 볼 수 있는 대로 웁살라에서의 선교는 전통적인 복음 전파 위주의 선교보다는 사회 참여를 강조하는 선교에 많은 초점이 기울여졌다. 이 대회는 235개 회원 교회들로부터 704명의 대표들이 모여 "볼지어다! 내가 만물을 새롭게 하노라"라는 주제를 내걸고 모였는데, 이는 주제와 같이 "세계를 어떻게 변혁시킬 수 있을까?"에 깊은 관심을 모은 회의였다. 즉, 특수 공동체인 교회보다는 보편적인 인류 공동체인 세상에 주된 관심을 집중시킨 대회였던 것이다.

4. 나이로비 대회(1975)

케냐 나이로비(1975) 총회는 "예수 그리스도는 자유케 하시고 연

---

281) WCC, "제4차 총회: 스웨덴 웁살라(1968), 『WCC 역대총회종합보고서』, 295.

합하신다(Jesus Christ Frees and Unites)"라는 주제로 열렸는데 사회 정의 문제와 인권 문제를 심층적으로 다룬 대회였다. 나이로비는 예수 그리스도께서 "그의 참되고 신실한 증거에 의하여 우리를 죄의 노예 됨에서 해방시켜 성령의 영광스러운 자유를 누리게 하신다."[282]라고 고백한다. 모든 교회는 이 그리스도의 복음을 전해야 할 의무를 지니는데 그 복음의 성격을 나이로비는 다음과 같이 설명한다.

복음이란 예수 그리스도를 통해서 계시된 하나님의 나라와 하나님의 사랑을 선포하는 것이요, 은혜 베푸심과 죄들의 용서, 회개와 예수 그리스도에 대한 신앙, 하나님의 교회 안에서의 사귐, 하나님의 구원의 말씀과 행동의 증언, 정의와 인간 존엄성을 위한 투쟁에의 참여, 인간의 통전성을 저해하는 모든 것을 배격해야 할 의무, 목숨까지도 버리는 참여를 포함한다. 오늘날 복음은 억눌린 자를 해방시키는 격려의 메시지로서 이들로 하여금 해방을 위한 투쟁을 견디게 한다. 이 투쟁이야말로 돌입해 오는 하나님의 나라에 대한 소망의 표시이다.[283]

이와 같은 복음 이해를 지니면서 나이로비는 '삼위일체 하나님과 신앙'을 중시하면서도, 해방 신학 전통을 적극 수용하였으며, 구조악에 대해서는 그 어느 때보다 더 진지하게 생각하고 있었다.[284] 그리하여 이 구조악을 그대로 지닌 발전보다는 해방을 지향했다. 그 결과 나이로비 대회는 전도와 선교가 사회와 정치적 해방의 문제에 가

---

282) David M. Paton, ed., *Breaking Barriers, Nairobi 1975*(Grand Rapids, MI: Eerdmans, 1975), 45.
283) Ibid., 52.
284) 강희창, "에큐메니칼 문서에 나타난 선교 신학의 패러다임 변화에 대한 연구", 2003학년도 미간행 박사학위논문, 장로회신학대학교 대학원, 249.

리게 되었고, 복음 전파보다는 교회의 사회와 세계에 대한 책임 문제에 많은 관심을 기울이는 경향을 보이게 되었다. 특별히 나이로비는 "교회가 사회에서 평화, 정의, 자유를 위한 하나님의 뜻을 실현하기 위하여 투쟁하라는 명령을 받았다."[285]라는 사실을 강조하면서 교회의 해방적 기능을 역설하였다. 그래서 해방자 예수가 부각되었고 눌린 자에게 자유를, 가난한 자에게 먹을 것을 주는 일을 선교로 정의했다. 또 교회가 가난한 자와 무력한 자들이 그들의 착취된 상황을 깨닫도록 의식화(Conscientization)하는 작업을 하도록 하였다. 나이로비에서 나타난 교회는 이 세계 속에서 복음을 전하여 평화, 자유, 정의를 실현하기 위해 부름 받은 도구라고 정리해 볼 수 있다.

5. 호주 멜버른 대회(1980)

멜버른 2분과에서는 "하나님의 선교의 대행자인 교회가 이 문제를(가난하고 억눌린 자들의 해방) 해결하기 위하여 어떻게 해야 하는가?"라고 물으면서, "교회의 특수 과제는 예수 그리스도 안에 나타난 하나님의 종말적 계시를 노출시키고, 성령의 도우심으로 하나님 나라의 가시적 표지판들을 세우는 것이다."[286]라고 말했다.[287] 여기에서 '하나님 나라의 가시적 표지판들'은 주로 교회 밖, 즉 보편사 속에서 일어나는 해방 운동들을 의미한다. 특히 하나님 나라의 복음을 다양한 지역 상황에서 일어나는 해방 운동들에 적극 적용시킬 것을 주장하고 있다. 즉, '불의한 경제 구조들' '인권에 관하여는 소

---

285) David. M. Paton, ed., *Breaking Barriers: Nairobi 1975*(Grand Rapids, MI: Wm. B. Eerdmans, 1976), 43.
286) WCC, *Your Kingdom Come*(Geneva, WCC, 1980), 181.
287) Ibid., 181.

리조차 발할 수 없는 사람들의 소리' '점증하는 군사력 증강과 국가 안보 교리' 등을 하나님 나라의 반대 표지판으로 보면서 이러한 것들을 해결하기 위하여 지역별 상황에서 인권 투쟁까지도 해야 한다고 보았다.[288]

멜버른이 특별히 관심을 가진 주제는 "가난한 자들을 향한 교회의 자세"였다. '가난한 자'의 문제는 비유적인 영역에 머물러 있는 것이 아니라 실제적인 것이 되었고, 이것은 단지 '사회 윤리적인 문제'가 아니라 '복음 자체의 문제'라고 보았다. 그래서 중산층의 가치관을 대변하면서 현상 유지(status quo)를 추구하는 제도적 교회들은 '바로의 통치 아래 있는 교회'라고 여기게 되었다.[289] 멜버른은 가난한 자들을 위한 교회의 과제를 다음과 같이 말한다.

교회들은 이러한 투쟁들 속에서 그리고 이러한 투쟁이 지닌 불투명성 속에서 하나님 나라를 지향하는 표지판들과 그것의 반대 표지판들을 구별하는 예언자적 과제를 안고 있다. 교회는 자신의 예언자적 역할을 다시 깨닫고 하나님 나라의 효과적 표지판들을 세워 나가기 위하여 성령의 은사를 간구하지 않으면 안 된다. 교회들은 자신들에게 맡겨진 복음에 의해서 자신들의 삶의 태도와 스타일을 바꾸고, 갱신되어야 한다. 그래야 이들은 많은 투쟁들 속에서 무엇이 일어나고 있는지를 인류에게 해석해 주면서, '하나님께서 그분 안에서 모든 것을 총괄하시는' 예수 그리스도를 가리킬 수 있다.[290]

멜버른에서는 하나님의 나라가 '교회의 존재 이유(raison d'etre)'

---

288) Ibid., 183–186.
289) Ibid., 176–177.
290) WCC, *Your Kingdom Come*, 192.

가 되는 것이다. 멜버른의 교회는 종말론적 하나님의 나라로부터 존재 근거를 부여받는다. 멜버른의 교회는 종말론적인 근거 위에 세워진 것이다. 그래서 멜버른은 "하나님의 나라를 교회의 핵심적이고 특수한 역할과 본성(being)으로부터 분리시켜서는 안 된다"[291]라고 강조한다. 즉, 멜버른은 기본적으로 종말론적 하나님 나라와의 연속성 속에서 기독론과 교회론을 말하며, 교회란 하나님의 나라를 증거하는 것을 그 존재 이유로 삼는 것이다.

6. 호주 캔버라 대회(1991)

호주 캔버라 대회는 "오소서, 성령이여-만물을 새롭게 하소서"라는 주제를 가지고 열렸다. 주제에서도 쉽게 알 수 있듯이 만물에 대하여 깊은 관심을 가진 특징을 지닌다. 즉, 정의와 평화의 문제에 더하여 캔버라는 나이로비에서부터 점차로 관심을 받아왔던 창조 질서 보존을 주된 관심사로 두면서 생태계의 문제를 교회의 주된 과제 속에 포함하면서 다음과 같이 말한다.[292]

정의, 평화, 창조 질서의 보전(JPIC)에 관한 에큐메니칼 진행은 현재 만연해 있는 경제 성장 및 세계 무역에 관한 모델이 정의로우며 지탱력 있는 세계 사회를 창조하지 않고 오히려 세계의 생태계를 파괴하고 대량의 이주를 초래하며, 또 전쟁으로 이끌고 있다는 견해를 확신시

---

291) Ibid., 15.
292) 1975년 나이로비의 주제는 JPSS의 정의(Justice), 참여(Participation), 지탱 가능성(Sustainability)이었으며, 1983년 밴쿠버 회의의 주제는 JPIC(Justice, Peace, Integrity of Creation)였다. 따라서 창조 질서 보전의 주제는 이미 1975년부터 관심을 끌기 시작했다고 할 수 있다.

켜 주었다.[293]

여기에서 나타나는 교회는 경제 정의, 평화 문제, 그리고 창조 질서 보존의 과제를 감당하는 막중한 임무를 지고 있는 교회의 정체성을 보게 된다. 캔버라에 나타난 또 하나의 특징은 타종교와의 대화에 대한 강조이다. 이와 연관하여 캔버라는 말한다.

> 우리는 구원이 그리스도 안에 있다는 진리를 증거하지만 또한 다른 사람들이 진리를 경험한 바 그 진리에 대한 그들의 표현에 대해서 개방적일 것을 추구한다. 오늘날 세계의 많은 곳에서 종교가 분열의 힘으로 사용되고 있으며, 종교 언어와 상징들이 갈등을 부채질하는 데 사용되고 있다. 무지와 관용치 않음이 화해를 어렵게 만든다. 우리는 타종교인들과 존중심과 이해로서 함께 살아가기를 추구하며, 이 목적을 위해서는 '상호 신뢰' 및 '대화의 문화' 구축이 필요하다. 이러한 일은 우리가 타종교인들과 대화하고, 특별히 정의 및 평화 증진에 공동 행동을 취함으로써 지역적 차원에서 시작된다. …기독교인으로서 우리는 계시된 그리스도를 굳건히 붙잡고, 신앙을 지키며, 또 다른 사람의 신앙과 만나라고 우리에게 조언하시는 성령을 확신한다.[294]

교회가 구원의 진리를 배타적으로 가지고 있다는 생각으로 타종교에 대하여 닫힌 자세를 갖기보다는 타종교와 열린 마음을 가지고 대화하라고 주문하는 캔버라는 구원 사역에서의 교회의 위상을 새롭게 바라보고 있다.

---

293) WCC, "제7차 총회: 호주 캔버라(1991)", 『WCC 역대총회종합보고서』, 516.
294) Ibid., 525.

7. 아프리카 짐바브웨 하라레 대회(1998)

WCC의 8차 총회인 하라레 대회는 "하나님께 돌이켜라-희망 중에 기뻐하라(Return to God — Rejoice in hope)"는 주제로 열렸는데, 이 대회는 인류의 많은 문제를 해결하는 것은 곧 삼위일체 하나님께로 돌아가는 것임을 강조했다. 이 대회에서 가장 큰 관심을 둔 것은 '생명의 신학'이었으며, 좀 더 구체적으로는 다음과 같은 이슈들에 관심을 두었다.

첫째, WCC로 하여금 아프리카에 포커스를 맞추도록 요청했다. 둘째, 아프리카에 있는 WCC 회원 교회들을 지원하는 프로그램을 진행하면서 그들이 정의로운 사회를 창출하며, HIV/AIDS를 극복하며, 노동과 경영 등에서 타당한 윤리적 삶을 유지하도록 돕고자 했다. 셋째, 하라레 대회는 회원 교회들에게 인권 존중, 대안적인 경제-질서와 채무 경감, 수단 및 다른 분쟁 지역에서의 정의와 평화 구축, 그리고 무기 판매 축소 등을 촉진하도록 고무시켰다. 넷째, 하라레 대회는 분쟁의 역사와 WCC의 평화 제안들을 파악하고 지속적인 평화 구축 노력들을 지원하고자 했다.[295]

교회의 역할과 관련하여 이 대회는 "인간 권리들을 위한 교회의 행동이 여러 가지로 부족했음을 우리는 인식한다. 우리는 사람들이 위협을 당하거나 고통을 당할 때 비적극적이거나 무능했으며, 폭력과 차별을 당하는 사람들을 위해 일어서는 일에 실패했음을 인식한다."[296] 라는 것을 천명하였는데, 여기에서 우리는 에큐메니칼 진영

---

295) WCC, *Together on the Way: Official Report of the Eighth Assembly of the World Council of Churches*(Geneva: WCC Publications, 1999), 177–206.
296) Ibid., 197.

이 보는 교회의 중요한 역할은 바로 생명과 인간의 권리를 위해 노력하는 것임을 발견할 수 있다. 나아가서 하라레는 교회를 향하여 권면하기를, "우리는 지구화의 부정적인 경향들에 대하여 항거하고 맞서는 방법으로 인간 권리를 위해 투쟁하는 일을 위해 강화된 전 지구적인 연합에 참여하고 격려하는 일에 교회들이 참여할 것을 촉구한다."[297]라고 강조함으로써 교회가 추구해야 하는 방향은 바로 지구화의 시대에 고난을 당하는 사람들의 생명과 인권을 위한 투쟁임을 나타내고 있다.

8. 브라질 포르토 알레그레 대회(2006)

브라질 남부 도시 포르토 알레그레(Porto Alegre)에서 개막된 세계교회협의회 제9차 총회는 "하나님, 당신의 은총으로 이 세계를 변화시켜 주옵소서(God, in your grace, transform the world)"라는 주제로 열렸다. 21세기 들어 처음 열린 WCC 총회가 반세계화 포럼이 열렸던 브라질 포르토 알레그레에서 이루어졌다는 사실은 의미가 있다. 포르토 알레그레 총회는 영성에 기반을 둔 에큐메니컬 운동을 지향했다는 점에서 그 특징을 영성과 해방으로 요약할 수 있다.

좀 더 구체적으로 말해 9차 총회는 빈곤의 세계화, 전쟁과 갈등의 증폭, 자연과 에이즈의 재앙 등 절망의 신음이 가득 찬 이 세상을 향해 하나님이 주시는 은혜로 새 세상을 만들 수 있다는 희망의 메시지를 던지고자 했으며, 이를 위해 남미 지역의 빈곤과 일부 지역에서 여전히 존재하는 정치적 폭력, 불의 등에 주목하고 빈곤과

---

297) Ibid., 198.

불의, 폭력에 맞서 이를 치유하고 극복하려는 남미 교회를 지원하는 데 노력을 기울이자고 강조했다. 또한 세계 곳곳에서 벌어지는 폭력과 인권 유린, 무기 확산, 그리고 에이즈 문제 등에 교회가 적극 대처해야 할 책임이 있으며, 이를 위한 해결책으로 예방 활동이 강조되었다. 아울러 테러와 대 테러전에 대한 우려를 나타내면서, 이와 같은 폭력이 정치적·종교적·사회적 문제에서 빚어진 데 유감을 표하면서 자제해 줄 것을 촉구했다. 특별히 인간의 무절제한 탐욕으로 하나뿐인 지구 생태계가 위협당하는 현실적 상황 속에서 생명을 심고, 생명을 가꾸고, 생명을 살리는 행진을 추진하자는 것을 강조하였다.[298] 이와 같은 강조점 속에서 포르토 알레그레는 교회의 사명을 다음과 같이 기술하였다.

선교는 교회의 삶에 필수적이다. 교회는 선교 속에서 모든 피조물들에게 복음을 선포하고 살아 계신 그리스도를 전함으로 그의 소명을 표현한다. 교회는 다른 살아 있는 신앙과 이데올로기들과 나란히 있는 자신들을 발견한다. 모든 피조물들 위에 계시는 하나님의 하나의 도구로서 교회는 전 지구의 복지와 모든 피조물들에게 선을 가져올 수 있도록 그들과 대화와 협력에 참여하도록 부름을 받는다. 모든 교회들은 그들 내부와 주변에 나타난 죄에 대항하여 싸우고, 타인들과 협력하고 부정의와 싸우고, 인간의 고통을 경감시키고, 폭력을 이기고, 모든 사람을 위한 생명의 충만함을 분명히 하도록 부름을 받는다.[299]

---

298) 대한예수교장로회총회 에큐메니칼위원회, "제9회 세계교회협의회총회", 미간행 자료집(서울: 총회출판국, 2006), 126-133.
299) World Council of Churches, "Called to be the One Church", 23. 02. 2006. cited from http://www.oikoumene.org/en/resources/documents/assembly/porto-alegre-2006/1-statements-documents-adopted/christian-unity-and-message-to-the-churches/called-to-be-the-one-church-as-adopted.html

포르토 알레그레는 교회가 복음을 전하고 살아 계신 그리스도를 전하는 소명을 위해 부름 받았다는 것을 언급한다. 또한 교회는 생명의 충만함을 위해 존재하며 이를 위해 구체적으로 죄, 부정의, 고통, 폭력 등과 투쟁을 해야 하며, 이러한 목표를 실천하기 위해서는 타종교나 다른 이데올로기들과도 적극적으로 협력을 해야 하는 존재로 나타난다. 특별히 포르토 알레그레는 타종교나 다른 이데올로기와의 협력을 언급함으로써 교회가 생명의 충만을 위해 부름 받은 여러 기구 중 하나임을 암시하고 있다.

II. 세계교회협의회 교회 이해의 주된 특징

1. 교회의 위상

하나님의 구원 역사에 있어서 교회는 어떤 위치를 점하고 있는가? 전통적인 교회관에서 보면 교회는 지상에서 유일하게 구원의 소식을 가진 기관으로서 그 소식을 전달해야 하는 책임을 강하게 의식하는 기관이었다. 반면에 에큐메니칼 교회 이해에서 보면 교회란 기껏해야 세상에 대한 하나님의 활동의 한 예시로서만 간주되는 경향이 강하며, 이런 점에서 협의회는 "세상을 향한 하나님의 관심의 견지에서 볼 때 교회는 세상의 한 조각, 즉 그리스도의 현존과 하나님의 궁극적 구속 사업을 지향하고 축하하기 위하여 세상에 부가된 하나의 첨가물(postscript)이다."[300]라고 언급하고 있다. 전통적인

---

300) WCC, *The Church for Others and the Church for the World*, 박근원 역, 『세계를 위한 교회』(서울: 대한기독교출판사, 1979), 121-122.

교회 이해에서 보면 교회는 지상에 있는 하나님의 통치의 부분적인 실현이며, 선교는 불신자들을 영원한 죽음에서 생명으로 옮기는 데 기여하는 활동으로 간주된다. 그러나 협의회의 교회 이해의 관점에서 보면 교회는 기껏해야 하나님께서 세상에서 활동하는 방식에 대한 하나의 지시자에 불과한 것이다.[301] 이런 점에서 『세계를 위한 교회』는 다음과 같이 말한다.

> 지역 회중이 만약에 그리스도께서 맡겨 주신 사명을 혼자서 짊어져야 할 독점권을 갖지 않았음을 깨닫게 된다면, 그리고 복잡한 사회 속에서 사명을 수행하도록 착안된 새로운 회중 역시 '교구' 교회임을 인식하고 받아들일 준비가 되어 있다면, 지역 회중은 새롭고 적절한 삶 속에서 안정감을 되찾을 것이다. …만약 지역 회중이 현재 직면하는 새로운 상황의 실체를 인식한다면, 그는 자신의 제한된 능력을 인정하고 오늘날의 총체적 선교의 한 부분을 맡고 있는 자신의 위치를 받아들이는 데 구애받지 않을 것이다.[302]

이상의 주장에 따르면 '그리스도께서 맡겨 주신 사명', 곧 선교의 사명은 교회에만 독점적으로 주어지지 않은 것이다. 하나님께서는 교회 외에도 다양한 기관들을 통해서 하나님의 선교를 이루어 가시기 때문에 교회는 그 많은 기관들 중 하나일 뿐이라는 사실을 기억해야 하며, 교회만이 구원의 소식을 점유하고 있다고 생각하는 것은 오만한 생각이 된다.

---

301) David J. Bosch, *Transforming Mission: Paradigm Shifts in Theology of Mission*, 『변화하고 있는 선교』, 김병길 장훈태 공역(서울: 기독교문서선교회, 2000), 566.
302) WCC, 『세계를 위한 교회』, 56-57.

반면에 전통적인 교회관에서 교회는 세상에서 불러냄을 받아 구원을 받은 자들의 모임으로서 다른 사람 또한 구원으로 불러내야 하는 자들의 모임으로 이해된다. 이 경우 하나님의 구원 소식을 맡겨 놓은 곳은 오직 교회밖에 없으므로 교회는 목숨을 다해 이 구원 소식을 전해야 하는 사명을 지니게 된다. 그리고 이 사명을 다하는 결과로 생겨나는 것이 바로 구원 얻은 자들의 모임인 교회이다. 이 같은 전통적인 교회관에서는 교회가 하나님의 구원 역사에 있어서 핵심적인 위치를 점하고 있으며 교회 설립은 선교에 있어서 거의 최종적인 목적으로 이해되고 있다.

그러나 에큐메니칼 교회관에서는 "…교회는 하나님의 최종적 목표가 될 수 없다. 오히려 교회는 하나님께서 전체 피조물과 교제하시는 데 필요한 도구요 성례전이다."[303]라고 말한다. 이형기는 이러한 현상을 '탈(脫) 교회 중심적 교회관'이라고 명명할 수 있다고 말하는데,[304] 협의회는 전통적인 교회관에서 주어졌던 교회의 절대적인 위상에 강한 이의를 제기하는 것이다.

2. 교회의 목표

전통적으로 교회의 목적은 세계를 복음화함으로써 전 인류를 하나님께로 인도하는 것이라고 생각하는 데 이의가 없었다. 아울러 인류가 하나님께로 돌아오게 되면 자연스럽게 교회들이 생겨나게 될 것이므로 자립하는 교회를 세우는 것이 교회의 주된 목적이 되었고, 선교에 있어서 다른 사역들은 이 같은 최종적 목적을 돕기 위한 부

---

303) Ibid., 70.
304) 이형기, 『21세기를 향한 새로운 신학적 패러다임의 모색』 (서울: 장로회신학대학교출판부, 1997), 576.

차적 사역으로 간주되어 왔다.

그러나 에큐메니칼 교회 이해에서는 이 같은 목적이 교회의 자기 세력을 확장하려는 제국주의적인 일이 될 수 있다는 점에서 심각한 이의를 제기하면서 교회의 목적은 교회를 늘리는 것이 되어서는 안 되고 세상을 섬기고 세상에 샬롬을 이루고 그리스도 안에 있는 인간성을 실현하는 것을 목표로 삼아야 한다고 강조한다.[305] 에큐메니칼 교회 이해는 이 세상 속에서 활동하고 계시는 하나님의 현존을 분별하는 데에 초점을 맞추면서, 하나님이 주신 잠재력 안에서의 인간다운 삶의 충만함을 세우는 것을 교회의 목표로 정하였는데, 북미는 이것을 '인간화(Humanization)'라는 용어로, 유럽 대륙에서는 이것을 '샬롬'이라는 말로 표현하였다.[306] 이와 같은 이해는 WCC의 다음 글에서 잘 볼 수 있다.

하나님이 일하시는 목적, 즉 하나님의 선교의 궁극적 목표는 샬롬을 세우는 것이며, 이것은 모든 피조물의 잠재적 가능성의 실현과 피조물의 궁극적 화해 및 그리스도 안에서의 일치를 포함한다. …하나님이 세계 속에서 꾸준히 활동하고 계시고 샬롬을 세우는 것이 하나님의 목적이라면, 교회의 사명은 이러한 징조를 알아차리고 지적해 주는 것이어야 할 것이다. 교회는 하나님의 존재와 활동이 교회가 자신을 중심으로 그려 놓는 영역 안에 한정된다고 믿도록 항상 유혹을 당할 뿐만 아니라 샬롬이란 교회 안에서만 찾아질 수 있는 것이라고 생각하게끔 유혹도 받는다. 그러나 그리스도의 죽음과 부활에는 온 세계가 연루되었다.[307]

---

305) WCC, 『세계를 위한 교회』, 137.
306) Roger Bassham, *Mission Theology*, 68.
307) WCC, 『세계를 위한 교회』, 28–29.

이와 같은 관심에서 에큐메니칼 교회관은 "타자를 위한 교회 (The Church for Others)" "세계를 위한 교회(The Church for the World)" 혹은 "자신을 주는 교회(self-giving church)"[308]라 는 표현 속에서 그 특징을 잘 찾을 수 있다.[309] 이런 관점에서 에큐 메니칼 교회관은 모이는 교회보다는 흩어지는 교회에 더 깊은 강조 점을 둔다. 즉, 모여서 예배드리고, 친교하고 훈련을 받는 것보다 세 상 속에 흩어져서 소금과 빛의 역할을 하고 세상을 변화시키고 세 상에 샬롬을 구축하는 것에 더 깊은 관심을 갖는 것이다. 특별히 교회로 사람들을 이끌려고 하는 것을 개종으로 보면서 다음과 같 이 비판한다.

개종화만 추진하는 교회는 그 자신을 구원의 중개소로 취급하며 사 람들이 세상으로부터 교회 구조 안으로 이민해 오기를 기대한다. 이와 는 반대로 우리는 선교의 열매로서 생겨나는 새로운 공동체들이 자기 자신들의 삶을 형성하기에 충분한 기회를 갖도록 자유를 부여하지 않 으면 안 된다.[310]

즉, 교회의 목표를 자체 확장에만 두면서 개종에만 급급하지 말 아야 하며, 교인 수나 교회 활동의 견지에서의 성공에 관심을 갖 지 말고 종의 형태로서 메시아적 생활 방식을 채택해야 함을 강조한 다.[311] 협의회의 교회관은 무조건 '교회'라고 하는 일정한 형태로 끌 고 들어오는 것에 대하여 부정적인 반응을 보이면서, 오히려 그들

---

308) Ibid., 46.
309) Bassham, *Mission Theology*, 67.
310) WCC, 『세계를 위한 교회』, 38.
311) Ibid., 37.

스스로 자유를 가지고 나름대로의 세상 속에서 삶을 살아갈 수 있도록 자유를 부여해야 한다는 것을 강조한다. 즉, 협의회의 교회관에 나타난 교회의 목적은 사람을 교회로 인도하여 교회를 확장하려는 개종이 아니라, 그리스도의 인간성을 이 땅 위에 실현하는 인간화와 샬롬의 구현인 것이다.

3. 교회의 장

교회가 위치하고 있고 교회가 활동하는 장은 어디인가? 전통적인 교회관에서는 교회를 '에클레시아'로 부르면서 세상으로부터 불러냄 받은 것을 강조하였다. 물론 세상으로부터 불러냄 받은 것이 세상으로부터 완전히 결별을 의미하는 것은 아니고 결국 세상을 향하여 나아감을 내포하고 있지만, 어찌되었든 세상과의 구별이 분명하였다. 그러나 협의회의 교회 이해에서는 세상 속에 위치하면서 세상과 하나 되는 교회관을 강조하면서, "우리는 세상 속에서의 교회의 위치를 미리 확인할 수 있다거나 교회와 세상 사이의 명확한 한계선을 그을 수 있다는 가정으로부터 우리 자신을 탈피시켜야 된다."[312] 라고 주장한다. 즉, 협의회의 교회 이해에서 교회 사역의 주된 장은 바로 세상인 것이다. 즉, 특수 공동체인 교회를 관심의 초점에 두는 것이 아니라 인류 공동체 즉 세상이 교회의 주된 관심사가 되며 주된 활동의 장이 되는 것이다. 이러한 이해는 1952년 빌링겐 IMC 대회의 보고서에도 잘 나타나 있다.

교회란 이 세계 속에 있으며 이 교회의 주님께서 자신을 이 세상과

---

312) Ibid., 119.

자신을 동일시하셨듯이 교회도 그렇게 해야 한다. [교회는] 이 세계 속에서 하나님의 주권적 행동들에 대한 확실한 징표들을 분별해야 한다. [이런 의미에서] 그리스도의 세계에 대한 선교에 참여하지 않고는 아무도 그리스도에게 참여할 수 없다.[313]

1954년 에반스톤 대회도 "하나님의 백성은 이 세상 한복판에 있는 교회이다. 이들은 결코 세상을 떠나서 주님과만 함께 있을 수 없다. 예수 그리스도께서는 바로 이 세상을 구원하시기 위하여 오셨다."[314]라고 말하면서 교회 사역의 장이 바로 세상이 되어야 함을 강조하고 있다. 교회의 장이 세상이라는 사실은 또한 교회 사역의 세부 사항이 세상에 의하여 결정되어야 함을 의미한다. 세계교회협의회의 다음의 글을 살펴보자.

교회에 적절한 구조는 그 교회가 처한 세상에 의해 형성된다. 이 점은 '세상으로 하여금 교회에 요청사항(agenda)을 쓰게 하라'는 말에 잘 표현되어 있다. …예수님은 세상으로 하여금 요청 사항을 제출하도록 허락하셨다. 즉, 예수님은 일상생활의 영역을 벗어난 다른 어떤 영역을 선택하지 않으셨으며, 진정한 세상적 삶만이 잘못된 세상적 삶을 종식시킬 수 있음을 명백히 하셨던 것이다.[315]

이상의 주장에서 볼 수 있듯이 전통적인 교회 이해에서는 교회 활동의 의제를 교회가 스스로 정하는 것이었다면, 에큐메니칼 교회 이해에서는 교회의 사역을 교회 스스로가 정하는 것이 아니라 교회

---

313) Bassham, *Mission Theology*, 35.
314) WCC, *Evanston Report*(New York: Harper & Brothers, 1955), 86.
315) WCC, 『세계를 위한 교회』, 123.

가 위치하면서 사역하는 장인 세상이 그 의제를 알려 주게 된다. 교회는 철저히 세상 속에 위치하는 기구이고, 세상을 위하여 존재하는 기구라는 사실을 강조하고 있다.

III. 세계교회협의회의 교회 이해 평가

1. 세계적 관점으로부터 기술된 교회관

에큐메니칼 교회관은 다음 몇 가지의 질문을 제기하면서 교회 이해를 정립한다. 첫째, "'교회'로부터 시작해서 '교회가 무엇인가?' 하는 문제를 생각하기 전에 세계에 대한 연구로부터 시작해서 세계의 요청 항목에 따라 무언가 대책을 강구할 수는 없을 것인가?"[316]라는 것이다. 둘째, "우리의 현재 교회를 어떻게 갱신해서 그들의 오늘 세계에서 감당해야 하는 선교적 과제를 제대로 이행하게 만들 수 있을 것인가?"[317]라는 질문이다. 이상의 질문에서 볼 수 있듯이 에큐메니칼 교회관은 교회로부터 시작해서 교회와 세상을 보는 관점이기보다는 세상으로부터 시작해서 교회를 보는 관점이라 할 수 있다. 또한 세계의 문제 해결을 위해 어떤 교회가 되어야 할 것인가에 초점이 맞추어져 있다. 이 관점에서 보면 교회는 철저하게 세상의 역사 속에서 의미를 찾아야 한다. 이 세상과 그 역사를 떠난 교회란 있을 수 없다. 이런 점에서 협의회는 "따라서 교회는 그의 몸으로서 역사의 물결을 타며 이 역사 외에는 아무런 집을 짓지 않으며 항구적인

---

316) Ibid., 105.
317) Ibid., 107.

변화에 대응하는 자세를 취해야 한다.”[318]라고 말하고 있다.

이와 같은 방향은 “교회란 이 세계 속에 있으며 이 교회의 주님께서 자신을 이 세상과 자신을 동일시하셨듯이 교회도 그렇게 해야 한다. … [이런 의미에서] 그리스도의 세계에 대한 선교에 참여하지 않고는 아무도 그리스도에게 참여할 수 없다”[319]라는 신학적 입장에 기인한다. 또한 에반스톤 대회에서 말한 것처럼 교회는 이 세상 한복판에 있으며, 세상을 떠나서는 주님과도 함께 있을 수 없게 된다.[320] 이런 점에서 협의회의 교회관은 교회 자체만을 보거나 교회로부터 세상을 보는 관점을 벗어나서 전 세계적인 관점에서 교회를 기술하는 관점을 지니고 있다고 하겠다. 이와 같은 교회관은 자연스럽게 개인적인 문제나 개 교회의 문제보다는 주로 세계적인 사건들 혹은 문제들 속에서 주님의 뜻이 무엇인가를 찾고 선포하는 데 많은 관심을 기울일 필요를 요구한다.[321] 이와 같은 교회관은 교회의 사역을 주로 세계의 문제와 연결 짓는 ‘거대담론’의 성향을 지니게 된다.

이와 같은 거대담론 성향의 교회관은 교회로 하여금 세상과 깊은 연관을 가지며 세상에 대하여 책임적인 교회가 되도록 도전한다는 점에서는 장점을 지닌다. 그러나 반면에 지나치게 큰 문제에만 초점을 맞추다가 작은 문제를 간과하거나 개개인의 작은 요구에 대하여 효과적으로 대응하는 데 미흡할 가능성을 지니는 것도 사실이다. 즉, 세계를 변화시키고, 세계를 섬기고, 창조 세계를 보전하는 등의 큰 과제에 깊은 관심을 기울이는 반면 정작 바로 옆에서 주님을 모른 채 죽어가는 영혼들에 대하여는 관심을 기울이지 못할 수 있다.

---

318) Ibid., 126.
319) Bassham, *Mission Theology*, 35.
320) WCC, *Evanston Report*(New York: Harper & Brothers, 1955), 86.
321) WCC, 『세계를 위한 교회』, 41.

아울러 세상에서 지치고 힘들어서 개인적으로 말씀으로 위로와 용기를 얻기 위해 나온 심령들을 세심하게 돌보는 일에 준비가 미흡할 수도 있다. 이런 점에서 이형기도 거대담론으로 사회 구원을 강조했던 73 방콕 대회의 긍정적인 차원을 언급하면서도 "그럼에도 불구하고 본 대회는 교회의 사회 참여를 첨예화한 나머지 복음과 교회의 정체성, 개인 구원과 교회 성장 등과 무관한 것 같은 사회적, 경제적, 정치적 구원을 갈파하고 있다."[322]라고 평가하고 있다.

2. 세계 변혁에 대하여 책임적인 교회관

앞에서도 언급한 바 있듯이 협의회의 교회관에서 핵심 사항은 '교회'라기보다는 '세상'이다. 하나님의 관심은 세상에 있고 이 세상의 샬롬을 위하여 교회는 도구로 부름 받았을 뿐이다. 중요한 관심의 대상은 교회가 아니라 세상이다. 따라서 교회는 자체의 유지를 위해 존재하는 것이 아니라 세상을 섬기기 위하여 존재하는 것이다. 이런 점에서 세계교회협의회에서는 교회관과 연관하여 『세계를 위한 교회』라는 책이 나왔으며, 이 책에서는 "하나님의 관심의 대상은 세상이다"[323]라는 점을 분명히 밝히고 있다. 협의회는 이처럼 세계에 대한 교회의 책임을 강조하면서 자연히 세상에서 샬롬을 이루어 갈 주체 세력인 평신도들에 대한 기대와 관심을 매우 높게 가진다. 물론 전통적인 교회에서도 평신도에 대한 관심과 기대가 없었던 것은 아니다. 그러나 평신도들의 주된 과제는 세상에서 복음 전도를 하여 세상의 사람들을 교회로 인도하는 데 주된 과제를 두고

---

322) 이형기, "WCC에 나타난 교회와 사회 문제", 『WCC 역대총회종합보고서』, 575-576.
323) WCC, 『세계를 위한 교회』, 120.

있었다. 그런데 협의회의 교회관에서는 평신도들의 역할이 훨씬 더 증대된다. 세상에서 샬롬을 이루어 가야 할 사람들이 바로 평신도들이기 때문이다.

이러한 관점에서 협의회는 평신도들의 역할을 매우 중요시하며 평신도들의 위상을 한층 높이고 있다. 평신도의 역할에 대한 한 회의에서는 "평신도는 비성직자도 비전문가도 아닌 라오스(laos)의 멤버들, 즉 하나님께서 자신의 선교를 수행함에 있어서 특별한 몫을 주기 위해 선택한 백성들이라는 개념을 못 박아 놓았다."[324] 또한 "평신도는 세상에서 종(교역자)이 되도록 부름 받은 사람들이다. 그들의 선교는 공동체적 선교로서 교회의 주요 선교의 주가 되시는 그리스도로부터 받은 공동체적 위임을 수행하는 것이다."[325] 이와 같이 평신도의 위상을 높인 후 협의회는 평신도에게도 안수를 줄 수 있는 가능성까지도 제안하면서, "교회 사업의 어떤 그룹이나 어떤 분야에서 일하도록 신학 전문인들에게만 안수를 베풀 것이 아니라, 비신학인들에게도 안수하여 어느 특정 그룹이나 분야에서 교회를 대표하여 세속적 봉사를 할 수 있도록 그 가능성을 연구할 것"[326]이라고 말한다.

세계에 대한 교회의 책임을 이처럼 강조하는 협의회에서는 기존교회들의 세상에 대한 책임성이 약하다고 보면서, "…현재의 교회들은 출력 구조(go-structure)로 대치하는 대신에 입력 구조(come-structure)를 영구화할 위험에 빠져 있다고 말할 수 있다."[327]라고

---

324) Ibid., 140-141.
325) Ibid., 141.
326) Ibid., 84.
327) Ibid., 36. 기존의 교회들이 출력 구조에는 별 관심이 없고 입력 구조에만 관심이 있다는 평가는 납득키 어려운 점이 있다. 서구의 교회들은 몰라도 비서구의 교회들은 나름대로 출력 구조에 대하여 많은 관심을(선교, 복음 전도 , 사회봉사 등) 기울이고 있는 것이 현실이다. 실제로 출력 구조 없이 입력 구조가 어떻게 가

평가하고 있다.

또한 협의회의 교회관은 교회의 사회 변혁에 대한 책임을 강조한다. 이러한 책임을 특별히 강조하는 것은 기존의 교회들이 교회 확장에만 관심을 두었을 뿐 세계를 변혁시키는 데는 관심이 없거나 무능했다고 판단하였기 때문이다. 협의회는 세계를 하나님의 샬롬이 이룩되는 세계로 변혁하기 위하여 교회가 개혁의 길을 용감하게 외쳐야 하며, 샬롬의 징표가 되어야 하며, 필요하다면 때로 투쟁까지도 할 수 있어야 한다고 강조한다.[328]

이러한 교회 이해는 하나님의 나라를 이 땅 위에 실현해야 할 교회로서 당연히 추구해야 할 교회의 모습임에 틀림없다. 그러나 교회는 또한 "교회의 사회적 참여만을 강조하여 교회를 '개혁에 참여하는 세력' 혹은 '사회 비판의 단체' 정도로 정의하면 교회의 사회적 행동이 이론과 실제에 있어서 마르크스주의나 급진적 사회개혁주의로 흡수될 위험과 기독교 신앙의 자기 동일성을 상실할 위기에 직면하게 된다."[329]라는 경고도 귀담아 들으면서 사회 변혁을 추구해야 할 것이다.

세계의 변혁에 대하여 책임적인 교회관을 제시하는 것은 에큐메니칼 교회관의 주된 강점임에 틀림이 없고 전통적인 교회관이 보완해야 할 중요한 부분이다. 그러나 세상에 대하여 책임을 강조하는 교회들일수록 그 책임을 져야 할 교회 자체가 약화되어 가는 경향

능하겠는가? 나가서 복음을 전하고 사회를 섬기는 것 없이 어떻게 새로운 사람들이 교회로 유입되는 것이 가능하겠는가?

328) 구조악 해방을 위한 투쟁에 대하여 나이로비는 선언한다. "오늘날 구조악과 해방 투쟁은 교회에게 심각한 도전을 제기하고 있다. …사회 정의와 인간 해방을 위한 오늘의 투쟁 속에서 교회 자신만의 위치를 찾기 위해서 교회는 끊임없이 하나님의 명령(divine mandate)에 따라 인도함을 받아야 한다.", "제5차 총회: 케냐 나이로비(1975년), 『WCC 역대총회종합보고서』, 374.

329) 허호익, 『현대조직신학의 이해』(서울: 대한기독교서회, 2003), 244.

이 있다는 안타까운 현실도 잘 인식할 필요가 있다. 종교 사회학자 피터 버거는 사회학적 조사를 근거로 하여 인간 중심적으로 세상의 문제 해결을 위해 힘쓰는 종교들은 전통적인 신앙을 소홀히 여기면서 자연히 종교 열정의 약화와 그로 인한 종교의 약화가 일어난다는 사실을 언급하고 있다. 즉, 진보적 신학을 표방하는 주류 개신 교회들과 사회 변화 즉 모더니티에 순응하려고 애쓰던 종교 운동과 제도들은 한결같이 쇠퇴 국면을 맞이한다는 것이다.[330]

실제로 사회 참여를 강하게 외치는 진보적 주류 교단들은 점점 쇠퇴하면서 사회를 섬길 수 있는 역량을 점점 더 상실해 가는 반면, 복음화를 강조하는 보수적 교단들은 역동적으로 성장하면서 오히려 사회봉사를 잘 하는 현상도 나타나고 있다. 따라서 세계에 대하여 책임적인 교회관을 갖는 것은 매우 중요하지만 동시에 사회를 책임질 교회를 건강하게 세우는 것도 깊이 고려되어야 할 필요가 있다.[331] 훈련받은 병사가 전투를 잘하듯, 양육을 잘 받은 성도가 세상을 향한 책임을 제대로 감당할 수 있다. 사회적 책임을 강조하는 교회들이 사회적 책임을 감당하기도 전에 교회 자체가 약화되는 것은 성도들이 복음으로 양육을 받아 장성하기도 전에 세상에 대한 책임만을 성급하게 강조하기 때문이 아닌지 깊이 고려해 보아야 할

---

330) Peter L. Burger, *Desecularization of the World: Resurgent Religion and World Politics*, 『세속화냐? 탈세속화냐?: 종교의 부흥과 정치』, 김덕영 송재룡 역(서울: 대한기독교서회, 2002), 20-23.
331) 김균진은 모이는 교회의 중요성을 다음과 같이 강조한다. "교회는 먼저 사람들을 세상으로부터 불러내어야 하며 모이는 일에 힘써야 한다. …사람들이 모이지 않으면 교회는 이웃과 사회와 세계를 섬기는 구체적인 행동을 할 수 없다. 교회가 점점 더 비어 가는데 교직자가 사회적, 정치적 이론과 실천에 몰두하는 것은 지원부대 없는 전투를 수행하는 것과 같다. 성도들이 모이지 않으면 그들의 신앙은 사적, 개인적 일이 되어 버리며 힘을 잃어버린다. 그것은 결국 회의에 빠지며 차츰 불신앙으로 변한다." 김균진, 『기독교조직신학 IV』(서울: 연세대학교 출판부, 1999), 58.

것이다.[332]

3. 세상에 대하여 긍정적인 교회관

세계교회협의회에서 편집한 『세계를 위한 교회』에서는 교회와 세상과의 관계를 다음과 같이 정리하고 있다.[333]

① 교회는 자신을 세상으로부터 분리할 수 있거나 정신적으로 우월한 위치에 있다고 생각해서는 안 된다. 교회는 그 자신이 이 세상, 즉 하나님이 사랑하시고 사랑의 표현의 대상이 되는 이 세상의 한 부분임을 깨달을 때만 참 교회가 될 수 있다.

② 교회는 세상으로 하여금 참 본질을 깨닫게 하기 위하여 존재한다. 따라서 교회의 가장 중요한 임무는 세상과의 격리가 세상을 향한 하나님의 뜻에 불복종하는 것이요, 교회 자체를 파멸로 이끄는 것임을 알고 세상 속에 현존하는 것이다.

③ 하나님의 현존과 활동이 교회 안에서만 되지 않음을 교회가 깨달을 때, 교회는 하나님이 자신을 세상에 알리기 위해서 일하시는 징조(signs)를 식별하기 위해 언제나 깨어 있는 자세가 될 것이다. 비기독교인과의 겸손한 대화와 교제 없이는 참 교회일 수 없다. 이 대화에서의 교회의 역할은 경청하고 수용할 준비를 갖춘 파트너의 역할이다.

---

332) 허호익, 『현대조직신학의 이해』, 266-267. 이런 점에서 일찍이 칼빈은 교회를 '성도들의 어머니'라고 표현하였다. 칼빈은 '신자들은 하나님을 아버지로 교회를 어머니'로 모셔야 한다고 하면서 교회는 신자들을 잉태하고 양육하고 성장케 하며 보호하고 인도한다고 강조하였다. 어머니로부터 제대로 양육도 받지 못한 아이보고 나가서 세상을 섬기는 사람이 되라고만 요구하는 것은 너무 성급한 요구가 될 수 있다.
333) WCC, 『세계를 위한 교회』, 23.

세상에 대한 전통적인 견해는 다소 부정적인 측면이 있는 것이 사실이다. 즉, 전통적인 신학에서 세상이란 하나님을 알지 못하고 하나님을 거역하면서 죄를 물먹듯이 짓는 무리들이 사는 곳이며 머지않아 멸망할 곳으로 간주되면서, 세상은 구원을 받을 때만 소망이 있는 곳이다. 그러나 협의회의 신학에서 세상은 아주 다르게 이해된다. 앞서 보았듯이 세상은 교회보다 우선적인 하나님의 사랑의 대상이고, 교회와 세상은 분리될 수 없고, 세상 안에서도 하나님은 자신을 계시하시므로 세상에 나타나신 하나님을 알기 위하여 겸손히 세상과 대화를 나눌 준비를 하여야 하는 것이 교회의 임무가 되는 것이다. 세상에 대한 이러한 긍정적인 견해로 인해 이제 "하나님–교회–세계"의 도식은 "하나님–세상–교회"로 바뀌는 것이다. 즉, 하나님의 1차적 관계는 세상과의 관계이며, 하나님의 계획의 구심점은 세상이지 교회가 아니라는 사실을 협의회는 강조한다.[334]

협의회가 이처럼 세계에 대하여 아주 긍정적인 견해를 갖는 반면 회심으로 인한 교회 성장에 대하여는 다소 비판적인 견해를 지니면서, "전통적인 복음 전도에서 회심에의 일방적 강조는 교회 출석, 교인으로서의 사고와 행동 등과 같은 예견할 수 있는 결과를 전제하는 경향을 지녀왔다. 이러한 목표를 추구함으로써 복음 전도는 안에 있는 사람(insider) 편에서 밖에 있는 사람(outsider)을 안으로 초청해 들이는 개종(proselytism)의 형태가 되어 왔다."[335]라고 말하면서 전통적인 교회 성장에 대하여는 비판적인 평을 하고 있다.

전통적인 교회 이해에서 세상에 대하여 지나치게 부정적인 이해를 가지고 높은 담을 쌓고 세상의 변혁에 무력한 교회의 모습을

---

334) WCC. 『세계를 위한 교회』, 32.
335) Ibid., 132.

보여 주었던 것은 분명히 잘못된 것이고, 이러한 것을 고치기 위하여 세상에 대하여 긍정적인 이해를 가지고 세상과 하나 되는 교회를 강조하는 협의회의 교회관은 분명히 일정 정도 공헌을 하고 있음에 틀림없다.

그러나 세상에 대하여 지나치게 긍정적인 견해를 가지고 세상과의 경계선을 허무는 것은 자칫 잘못된 길로 오도될 수 있는 위험성을 안고 있다는 사실도 간과해서는 안 된다. 세상이 하나님의 사랑의 대상인 것은 틀림없는 사실이다. 또 하나님께서 세상을 위하여 교회를 도구로 택하신 것도 사실이다. 그러나 세상이 하나님의 사랑의 대상이라는 것과 세상이 하나님을 대항하여 죄를 지었다는 것은 엄연히 구분지어 생각해야 할 것이다. 탕자가 아버지의 무한한 사랑의 대상이지만 동시에 아버지를 떠난 죄인이라는 것을 함께 생각해야 하는 것과 같이, 세상이 하나님의 사랑의 대상이라는 점을 강조하지만 동시에 세상이 하나님을 대항한 죄의 무리들임도 동일하게 강조해야 한다.[336] 만일 전자만을 강조할 경우 자칫 세상이 하나님께로 회개하고 돌아오는 것보다는 사랑받는 대상인 세상의 고통을 해결하고 인간화를 이루는 것에만 교회 사역의 강조점을 두는 방향으로 오도될 수 있는 가능성이 충분히 있는 것이다.

세상과 교회의 경계선을 무의미한 것으로 만들어 버릴 경우 사람들은 교회에 나올 이유를 찾지 못하게 될 수 있다. 교회와 세상이 차이가 없다면 교회나 세상이나 똑같이 하나님의 역사 속에 있

---

[336] 성경은 세상에 대한 긍정적인 가르침도 베풀지만, 부정적인 측면을 분명히 제시하고 있다. 예를 들어 "내가 세상에 속하지 아니함 같이 그들도 세상에 속하지 아니하였사옵나이다"(요 17:16), "…누구든지 세상과 벗이 되고자 하는 자는 스스로 하나님과 원수 되는 것이니라"(약 4:4), "이 세상이나 세상에 있는 것들을 사랑하지 말라 누구든지 세상을 사랑하면 아버지의 사랑이 그 안에 있지 아니하니"(요일 2:15) 등의 말씀이 있다.

는 것이고, 세상도 하나님의 사랑의 대상이라면 굳이 힘들게 교회에 나와서 봉사하며 살아야 할 이유가 무엇이냐는 회의가 들 수 있다. 배는 분명 물에 있어야 하지만 배가 배로서의 역할을 잘 감당하기 위하여 배는 물과 분명히 구분될 필요가 있다. 배와 물이 하나가 될 때 배는 더 이상 배의 역할을 감당하지 못한다.

협의회의 교회 이해에서 세상과 하나 되는 교회관은 분명 장점이 있지만 자칫 교회의 정체성을 약화시켜서 세상을 변혁시킬 수 있는 역량 자체가 약화되어 버릴 위험성이 내재되어 있음도 기억해야 한다.[337] 교회가 세상을 긍정적으로 보고, 교회와 세상 사이의 경계선을 무너뜨릴 때 교회가 세상에 참여적이 되는 강점이 분명히 있지만, 동시에 교회의 정체성 자체가 사라지고 결국 교회는 세상을 제대로 섬기지 못하게 될 수도 있음을 간과해서는 안 된다. 우리는 이것을 이스라엘의 정체성 유지에 대한 하나님의 관심 속에서 잘 볼 수가 있다. 이스라엘의 종국적인 목적은 열방을 섬기는 것이었지만 하나님은 초기 단계에서 이스라엘이 이방과 섞이는 것을 철저히 경계하셨다. 먼저 이스라엘의 정체성이 분명히 서야 했기 때문이었다.[338]

요약 및 전망

협의회의 교회관을 담은 책 『세계를 위한 교회』라는 책의 제목이

---

337) 몰트만은 "신학과 교회가 현대 문제들에 부심하고 관계하면 할수록 자신의 기독교적 정체성이 더욱 더 위기에 떨어진다."라는 언급을 한 바 있는데, 세상과 담을 쌓을 때 참여에 무관심한 교회가 될 수 있는 반면, 세상과 가까이 할수록 교회의 정체성이 약화되는 위험이 있다는 딜레마를 말하고 있다. J. Moltmann, *The Crucified God*(New York: Harper & Row, 1974), 7.
338) John H. Piet, *The Road Ahead: Theology for the Church in Mission* (Grand Rapids, MI: Eerdmans, 1970), 41-42.

말해 주듯이 협의회의 교회관은 한마디로 세계와 타자를 위한 교회관이라 할 수 있다. 그것은 세계에 대하여 상당히 긍정적인 관점을 가지고 세계의 관점으로부터 기술된 것이며, 세계의 변혁에 깊은 관심과 책임감을 불러일으키는 교회관이라는 것을 살펴보았다. 협의회는 세계에 대하여 이와 같은 깊은 관심을 가지고 이 세계 속에서 활동하시는 하나님의 행동에 어떻게 교회가 자신의 구조와 삶을 변형시키면서 참여해야 하는가에 깊은 관심을 가진다. 전통적인 교회관이 구원 역사에 있어서 교회의 역할을 매우 강조하면서 교회가 성장하는 것이 곧 하나님 나라 성장이라는 등식을 가지고 교회 설립과 성장에 깊은 관심을 가졌다면 협의회의 교회관은 교회의 중요성보다는 세상의 중요성을 부각시키면서 교회가 세상을 제대로 섬기고 변혁시켜야 된다는 사실을 강조함을 보았다.

이와 같은 교회관은 교회가 자신만의 울타리를 넘어 세계를 향하여 나아갈 수 있는 눈을 열어 주며, 세계에 대하여 책임적인 교회가 되며 세계 변혁을 주도해 갈 교회로 만드는 데 도전을 주는 교회관으로 평가된다. 그러나 동시에 이런 교회관은 자칫 목적에만 너무 깊은 관심을 쏟은 나머지 그 목적을 이룰 교회의 동력을 키우는 일을 소홀히 할 수 있는 가능성도 있음을 간과해서는 안 된다. 아울러 세상을 강조한 나머지 세상과 교회의 경계선이 허물어져서 세상의 변화를 위해 부름 받은 무리들을 양육할 교회 자체가 약해질 가능성도 있음을 고려해야 한다. 따라서 바람직한 교회관은 목적과 함께 그 목적을 이루어 낼 동력을 함께 고려하고, 세상과의 연대를 강조하면서도 세상과 구별되는 교회의 정체성을 분명히 하는 교회관이 되어야 할 것이다.

7장

종말 이해 :

선교가 지향하는 마지막은 어떤 때인가?

종말론은 '마지막 일들(ta eschata)에 관한 가르침'을 의미하며, 신국 백성에게 있어서 종말은 마지막 때에 신국이 완성되는 기쁨과 희망의 때를 의미한다. 교회는 종말에 대한 믿음으로 인해 어떤 역경과 좌절 앞에서도 세상이 줄 수 없는 희망을 간직하게 되며, 이런 이유 때문에 몰트만(Jürgen Moltmann)은 종말 이해가 매우 중요하다는 것을 강조하면서, "종말론은 단순히 기독교 교리의 일부분이 될 수 없다. 오히려 모든 기독교 선교와 모든 기독교의 실존과 모든 교회의 성격이 종말론적으로 지배되어 있다."라고 설파한다.

이러한 종말 이해는 선교에 있어서도 매우 중요한 의미를 지닌다. 예를 들어 종말을 이해할 때, 전통적인 종말 이해 즉 종말의 때에 새로운 세계가 열릴 것이며, 이 새로운 세계에 들어갈 수 있는 사람은 오직 그리스도를 통해 구원을 받은 사람뿐이라는 이해를 갖는 경우, 선교는 자연히 영혼 구원을 가장 중점적인 사역으로 두게 된다. 반면에 종말의 성격을 오늘 이 땅 위에서 이루어지는 차원에 더 많은 강조점을 두고, 또 종말에 이루어질 구원의 대상을 창조 세계의 모든 피조물들을 포괄하는 것으로 생각할 때, 선교는 죽음 이후에 주된 관심을 두는 영혼 구원이 아니라 이 땅 위에서 이루어지는 전인적인 차원의 구원을 추구하게 되고, 그리스도를 믿는 자들만이 아니라 매우 포괄적인 구원 즉 사람을 포함한 모든 피조물들의 샬롬을 위한 활동을 추구하게 될 것이다.

우리가 흔히 '말세' 또는 '종말'이란 말을 할 때 이 말의 어원은 '에스카토스'(••••••)인데, 이 '에스카토스'란 용어가 장소를 가리킬 때에는 '제일 낮은 곳'을 의미하고, 시간을 지칭할 때에는 '마지막 끝 시간' 또는 '신국의 완성의 때'를 의미한다.[339] 종말론은 이러한 '마지막 일들(••••• •••)에 관한 가르침'을 의미하며, 신국 백성에게 있어서 종말은 마지막 때에 신국이 완성되는 기쁨과 희망의 때를 의미하게 된다.[340] 교회는 종말에 대한 믿음으로 인해 어떤 역경과 좌절 앞에서도 세상이 줄 수 없는 희망을 간직하게 되며, 이런 이유 때문에 몰트만은 종말 이해가 매우 중요하다는 것을 강조하면서, "종말론은 단순히 기독교 교리의 일부분이 될 수 없다. 오히려 모든 기독교 선교와 모든 기독교의 실존과 모든 교회의 성격이 종말론적으로 지배되어 있다."라고 설파한다.[341]

이러한 종말 이해는 선교에 있어서도 매우 중요한 의미를 지닌다. 종말에 대한 이해에 따라서 선교의 성격이 많이 달라지기 때문이다. 즉, 종말을 어떤 성격의 것으로 이해하느냐에 따라서 선교의 모습이나 강조점이 차이를 드러내게 된다. 예를 들어 종말을 이해할 때, 전통적인 종말 이해 즉 종말의 때에 새로운 세계가 열릴 것이며, 이 새로운 세계에 들어갈 수 있는 사람은 오직 그리스도를 통해 구원을 받은 사람뿐이라는 이해를 갖는 경우, 선교는 자연히 영혼 구원을 가장 중점적인 사역으로 두게 된다.[342]

---

339) 게르하르트 킷텔 외 편저, 『신약성서신학사전: 킷텔단권원어사전』(서울: 요단출판사, 1986), 304-305.
340) 이종성, 『조직신학개론』(서울: 종로서적, 1984), 231.
341) J. 몰트만, 『희망의 신학』, 전경연 박봉랑 역(서울: 현대사상사, 1975), 15.
342) 우리는 이러한 모습을 전통적인 복음주의 계통의 선교사들에게서 많이 볼 수 있다. 그들은 대부분 강력한 전천년설적인 종말 이해를 가졌었고, 이런 이해의 바탕 위에서 복음 전도 위주의 선교를 왕성하게 수행하였다. 그들은 언제 종말 즉 주님의 재림이 이루어질지 모르기 때문에 모든 수단과 힘을 다하여 복음을 전하고자 하였다. 이런 종말 이해 때문에 19세기까지의 선교는 여러 다양한 활동을 하

반면에 종말의 성격을 재림 이후에 이루어지는 차원보다는 오늘 이 땅 위에서 이루어지는 차원에 더 많은 강조점을 두고, 또 종말에 이루어질 구원의 대상을 그리스도를 통해 구원 얻은 사람들로만 제한하는 것이 아니라 창조 세계의 모든 피조물들을 포괄하는 것으로 생각할 때는 선교의 성격이 매우 다른 모습을 지니게 된다. 이러한 종말 이해를 가질 경우 선교는 죽음 이후에 주된 관심을 두는 영혼 구원이 아니라 이 땅 위에서 이루어지는 전인적인 차원의 구원을 추구하게 되고, 그리스도를 믿는 자들만의 구원이 아니라 매우 포괄적인 구원, 즉 사람을 포함한 모든 피조물들의 안녕과 행복을 위한 활동을 추구하게 될 것이다.

오늘날 기독교는 전통적인 종말 이해를 기초로 선교 활동을 추구하는 진영과 후자의 새로운 종말 이해를 기초로 선교 활동을 실천하는 진영으로 나누어지는 경향을 보인다. 물론 이 둘 사이의 경계가 확연히 구분되기 어려운 때도 있기는 하지만, 둘 사이에는 확실히 차이점이 나타난다. 후자의 새로운 종말 이해는 전통적인 종말 이해에 비하여 다소 짧은 역사를 지니며, 에큐메니칼 신학에 많이 나타나는 경향이 있는데, 이 장에서는 에큐메니칼 진영에서 드러나는 종말 이해를 분석하면서 종말 이해와 선교와의 관계를 살펴보고자 한다. 즉 에큐메니칼 진영이 수용하는 종말 이해의 배경, 특징, 선교에의 영향 등을 연구함으로써, 바람직한 선교를 위하여 우리가 지녀야 할 종말 이해 의 성격이 어떤 것이어야 하는가에 대한 지혜를 얻고자 한다.

였지만 항상 그 모든 활동들의 주된 목표는 복음을 전하고 한 영혼이라도 더 구하는 것에 초점이 맞추어져 있었다.

I. 에큐메니칼 종말 이해의 배경

1. 하나님의 선교(Missio Dei)의 긍정적 세상 이해

에큐메니칼 종말 이해가 전통적인 종말 이해와 다른 성향을 지니게 된 배경에는 여러 가지 요인들이 있다. 본 연구에서는 크게 세 가지 주된 배경 요인을 살펴보고자 하는데 그 첫 번째 요인은 1952년 빌링겐(Willingen) 대회를 기점으로 나타난 '하나님의 선교' 개념이다. '하나님의 선교' 개념은 전통적으로 행해져 온 '교회 중심의 선교'가 많은 문제점을 배태하므로 교회 중심을 지양하고, 철저하게 삼위일체 하나님을 중심으로 선교를 이해하면서 교회는 단지 하나님의 선교에 동참하는 존재여야 함을 강조하였다. 즉, 모든 선교는 철저하게 하나님이 행하시는 활동이며 교회의 선교는 단지 이 하나님의 선교에 참여하는 활동이어야 함을 강조하였다.

'하나님의 선교' 개념을 가장 먼저 주창한 하르텐슈타인(Karl Hartenstein)에 의해서 '하나님의 선교' 개념이 탄생될 때 이 개념의 주된 포커스는 '하나님'에 있었다. 즉, 선교의 주체는 '하나님'이어야 한다는 것이 주된 내용이었다.[343] 그런데 그 후 하나님의 선교 개념의 포커스는 점차 '하나님'으로부터 '세상'으로 옮겨지는 경향을 보였다. 하나님은 교회 안에만 갇혀 계시는 하나님이 아니라, 세상을 창조하시고 다스리시면서 세상 속에서 선교를 행하시고 계시므로 하나님을 따르는 선교란 단순히 사람들을 교회로 이끄는 선교가 아니라, 하나님의 창조와 섭리를 따라 이 세상을 섬기고 변화시키는 선

---

343) Rodger C. Bassham, *Mission Theology*(Oregon: Wipf and Stock Publishers, 1979), 332–333.

교가 되어야 한다는 것을 강조하게 되었다.

이와 같은 하나님의 선교 개념의 영향으로 말미암아 에큐메니칼 진영의 세상관은 전통적인 세상 이해와 큰 차이를 지니게 되었다. 즉, 전통적인 신학에서 세상이란 주로 "하나님을 배반하고 멀리 떠나 멸망할 수밖에 없는 곳"으로 여겨졌지만,[344] 에큐메니칼 신학에서는 하나님의 선교 개념의 영향으로 말미암아 세상이란 하나님의 창조물이고 하나님의 사랑의 대상이며 지금도 하나님의 섭리가 계속적으로 일어나는 곳으로 이해되었다. 즉, 하나님의 선교 개념으로 인해서 세상을 부정적으로 보던 견해가 세상을 긍정적이며 소망적으로 보는 견해로 전환되게 되었던 것이다. 하나님의 선교 개념의 탄생 배경이 되었던 빌링겐은 세상에 대하여 다음과 같이 깊은 관심을 나타내고 있다.

교회는 이 세상 속에 있다. 그리고 교회의 주님께서 자신을 인류와 전적으로 동일시하신 것처럼, 교회도 그렇게 해야만 한다. 교회가 그의 주님에게로 가까이 나아갈수록, 교회는 세상을 향하여 나아가는 것이다. 기독교인들은 세상과 분리된 다른 영토에서 사는 것이 아니다. 그들은 세상 속에 있는 하나님의 백성인 것이다…. 교회가 세상과의 연대(solidarity)를 거부하는 곳에서, 그 말씀과 그 행동을 달리하는 곳에서, 교회는 복음의 전달 가능성을 파괴하는 것이며, 세상을 향하여 '십자가의 진정한 걸림돌'이 아닌 걸림돌의 역할을 하게 되는 것이다.[345]

344) 특별히 전천년설에서는 세상이 그리스도의 재림과 함께 순식간에 멸망할 곳으로 비쳐졌다. 따라서 이 세상에 오직 한 가지 소망이 있다면 그것은 오직 그리스도의 재림밖에 없었다. 그리스도의 재림과 함께 이 세상은 사라지고 그리스도의 능력으로 새로운 세상이 펼쳐지므로 이 세상에 큰 기대를 걸 것이 별로 없었다. Donand G. Bloesch, *Essentials of Evangelical Theology, Vol. 2*(San Francisco: Harper & Row Publishers, 1979), 189-191.
345) International Missionary Council, *Missions Under the Cross*(London:

그 후 하나님의 선교 개념을 발전시키는 일에 크게 공헌한 호켄다이크(J. C. Hoekendijk)에 와서는 세상에 대한 관심이 더욱 강하게 나타났다. 호켄다이크는 교회 중심적 사고에 대하여 강력하게 반대하면서 교회를 하나님의 구속 행위의 도구로만 보았다. 그는 "교회는 하나님께서 온 세상(*oikoumene*)과 맺으시는 관계의 일부분으로서 쓰임 받는 만큼만 교회가 된다."[346]라는 점을 강조했다. 즉, 교회는 자체적으로 의미를 지닐 수 없고, 오직 세상과의 연대 속에서만 의미를 지닌다는 점에서 전통적으로 세상을 구원의 대상으로 보던 관점에서 세상의 위치를 교회보다 훨씬 더 높이 두었다. 이제 중심은 더 이상 교회가 아니라 세상이 되었다. 그리하여 모든 것은 세상과의 관계성 속에서 규정되게 되었다. 즉, 교회의 위상도 세상과의 관계 속에서 주어졌고, 선교의 의미도 세상과의 관계성 속에서 재정의 되게 되었다.

세상에 대한 이와 같은 긍정은 자연히 세상에 대해 부정적인 견해를 가지고 있었던 전통적인 종말 이해에 대한 수정으로 이어지게 되었다. 즉, 현 세상은 사라지고 하나님의 주권에 의해 전적으로 새로운 세상이 열린다는 전통적인 종말 이해는 긍정적인 세상 이해로 말미암아 이 세상을 점차 하나님의 나라로 바꾸어 가야 한다는 종말 이해에 자리를 내어 주게 되었다. 그리고 자연히 재림 이후에 이루어질 세계에 대한 관심보다는 종말 이전에 이 땅에서 선취되는 종말 이해가 더욱 큰 관심 사항이 되었다. 결국 하나님의 선교 개념의 영향으로 말미암아 에큐메니칼 진영의 종말 이해는 세상의 멸망을 생각하는 종말 이해로부터 세상을 긍정적으로 보면서 세상 속에서

Edinburgh House Press, 1953), 191-192.
346) J.C. Hoekendijk, *The Church Inside Out*(Philadelphia: The Westminster Press, 1964), 40.

이루어지는 종말 이해로의 변화를 추구하게 되었다.

2. 막시즘과 해방 신학의 종말 이해

빌링겐 보고서는 "계급 없는 사회라는 세속화 된 종말론에서 유래된 마르크스주의의 선교적 추진력은 선교적 메시지에서 종말론적 요소를 소홀히 하는 우리 [기독교인들]에 대한 심판이라는 것에 대해서는 모두가 동의했다"[347]라고 말하면서, 막시즘이 에큐메니칼 신학에 간접적으로 영향을 주었음을 암시하고 있다. 에큐메니칼 신학을 잘 정리하여 한국 교회에 소개한 대표적인 학자 중 하나인 이형기 역시 막시즘이 기독교 신학 특별히 에큐메니칼 신학에 영향을 주었다는 사실을 언급하였다.[348]

이와 같이 에큐메니칼 신학에 어느 정도 영향을 미쳤던 막시즘은 나름대로의 독특한 종말 이해를 지니고 있었다. 막시즘의 종말 이해는 계몽주의 철학 전통의 극단적인 형태였다고 할 수 있는데, 계몽주의 종말론의 특징은 인류 역사 자체의 발전을 통하여 또는 하나님이란 전제와 작업가설 없이 천년 왕국의 꿈을 실현하고자 하는 점이라 할 수 있다. 즉, 계몽주의의 종말 이해는 하나님의 구원 계획을 인류의 정신적·도덕적 교육과 발전으로 대체시키는 특징을 지닌다.[349] 이와 같은 계몽주의의 종말 이해와 연관성을 지니는 막시즘

---

347) International Missionary Council, *Missions Under the Cross*, 245.
348) 이형기, 『복음주의와 에큐메니칼 운동의 세 흐름에 나타난 신학』(서울: 한국장로교출판사, 1999), 135. "1968년에는 맑시즘과 같은 사회학적 통찰이 기독교 신학에 적극 수용되기 시작하였고(1968년 Medelin), 적절한 폭력까지 정당화되었으며, 선교의 개념이 '인간화'와 동일시되는 측면도 있었다." 특별히 에큐메니칼 선교의 중요한 목표로 여겨지는 '인간화' 개념은 막시즘과 깊은 연관성을 지닌다고 할 수 있다.
349) 김균진, 『종말론』(서울: 민음사, 1998), 103.

의 종말 이해는 이 땅이 끝난 후에 나타나는 종말이 아니라, 이 땅 위에서 역사의 발전을 통하여 최종적으로 계급 없는 평등 사회를 이루고자 하는 종말 이해를 지닌다.

이와 같은 막시즘은 해방 신학에 영향을 미쳤는데, 해방 신학의 종말론은 해방을 위한 투쟁으로 이루어지는 정의와 평화의 나라가 선물로서의 하나님의 나라와 합류한다는 종말 이해를 지니고 있다. 어떤 시점이 되면 역사 속에 지배와 착취와 소외 등의 비인간화로부터의 해방이 오면서 역사의 과정 속에 종말적 하나님의 나라가 실현되는 것이다. 그리하여 역사내적 해방 운동의 역사와 정의와 평화를 향한 모든 성취들은 종말에 다가올 하나님의 나라에 공헌하는 것이다. 그리고 정의와 평화를 향한 투쟁의 역사는 하나님의 구속 역사에 합류되기에 구속사와 세속사의 질적 차이가 사라지게 되는 것이다. 따라서 해방 신학에 따르면 역사는 세속과 거룩으로 나뉠 수 없고 역사의 주인이신 그리스도께서 책임을 지는 하나의 역사만 있으며, 역사의 완성인 종말은 저 세상에서 초월적으로 이루어지는 것이 아니라, 이 땅 위에서 이루어지는 것이다.[350]

해방 신학의 이러한 종말 이해는 1968년 웁살라 회의 때부터 [351] 에큐메니칼 신학에 적극적으로 수용되었다.[352] 그리고 멜버른

---

350) Gustavo Gutierrez, *A Theology of Liberation*(Maryknoll: Orbis Books, 1973), 153-165.

351) 이형기, 『복음주의와 에큐메니칼 운동의 세 흐름에 나타난 신학』(서울: 한국 장로교 출판사, 1999), 136.

352) 나이로비는 1969년 이래의 해방 신학 전통을 자기 것으로 삼은 것이 확실하다. 그리고 나이로비는 구조악의 문제를 과거 그 어느 때보다도 더 심각하게 생각하였다.”라고 이형기는 말한다. 이형기, 『복음주의와 에큐메니칼 운동의 세 흐름에 나타난 신학』, 137. 또한 멜버른 회의를 정리하면서 “이 점에서 멜버른은 1910년 에든버러 및 18-19세기적 유산을 어느 정도 물려받고 있다고 하겠다. 그럼에도 불구하고, 1970년대 이후 본격적으로 등장한 해방 신학적 요소들이 더 강세를 보이고 있다는 사실을 알 수 있다.”라고 언급한다. 이형기, 『복음주의와 에큐메니칼 운동의 세 흐름에 나타난 신학』, 169.

CWME에서 이것이 더욱 강하게 나타나면서, "교회의 특수 과제는 예수 그리스도 안에 나타난 하나님의 종말적 계시를 노출시키고, 성령의 도우심으로 하나님 나라의 가시적 표지판들을 세우는 것이다"[353]라고 말하였는데, 여기에서 '하나님 나라의 가시적 표지판'이란 주로 교회 밖에서 즉 보편사 속에서 일어나는 해방 운동들을 의미한다. 해방 신학에서 이해하는 종말은 단순히 마지막 날에 이루어질 희망으로 남아 있는 것이 아니라 이 땅 위에 이루어지는 현실이 되는 것이다. 즉, 재림 이후에 나타나는 구원이 아니라 오늘 이 땅 위에서 나타나는 구원을 위해 행동을 촉구하는 종말 이해가 되는 것이다.[354] 이러한 종말 이해를 갖게 될 때 교회는 복음을 전하면서 영혼을 구원해 내는 선교에 집중하기보다는 현실의 모든 불의와 부정의에 맞서서 투쟁하는 선교에 더 많은 강조점을 두는 방향으로 나아가는 경향을 지니게 될 것이다.

3. 폭 넓어진 생명에 대한 관심

전통적인 신학에서는 생명을 생각할 때 주로 사람의 생명에만 관심을 두었고, 그것도 영적인 생명에 더욱 많은 관심을 두었다. 그러나 생태계가 심각하게 파괴되고 많은 생물종들이 빠른 속도로 멸종해 가며, 지구 온난화 등의 문제로 인해 인간의 생명과 온 생태계의 생명이 위험에 처하게 되면서 근래의 신학에서는 사람뿐 아니라 모

---

353) CWME, *Your Kingdom Come*(Geneva: WCC, 1980), 181.
354) 이형기는 이와 같은 해방 신학의 종말 이해에 대하여 "그러나 이것은 어디까지나 역사 내적인 것이지 부활을 통한 영생, 나아가서 신천신지 같은 초월적인 것과는 아무 상관이 없다. …이 같은 내재주의 경향은 초월적인 하나님 개입으로서의 역사 내적 심판과 역사와 종말에 있을 최후 심판을 인정하지 않는다."라고 평가한다. 이형기, 『WCC, Vatican II, WARC 해방 신학 및 민중신학이 지향하는 교회의 사회 참여』(서울: 성지출판사, 1990), 194-195.

든 피조물의 생명에 대하여 깊은 관심을 갖게 되었다. 특별히 에큐메니칼 신학은 세계에 대하여 깊은 관심을 가지고 있으므로 자연히 전 지구적 차원의 생명 보존 문제를 관심 있게 다루어 왔다.[355] 이러한 관심 가운데서 산 안토니오 CWME는 인류의 생명이 얼마나 심각하게 유린당하고 있는지를 언급한다.

> 현재 우리는 온갖 종류의 경제적 억압에 짓눌려 있다. 지구의 도처에서 소망과 생명을 파괴하는 외채에 눌려 있다. 현재 우리는 핵 재난과 확장되는 생태학적 자살로 전 지구적 파멸 앞에 놓여 있다. 현재 우리는 전쟁, 고문, 기아, 조국 상실, 무모한 욕심, 무감각한 교만, 가진 자들과 갖지 못한 자들의 깊은 골로 생기는 불가항력적 고통을 겪고 있다. 현재 기독교 공동체는 분열을 한없이 거듭하고 있어 '우리가 하나 된 것 같이 저희도 하나 되게 하려 함이니라'고 하는 그리스도의 기도를 조롱한다….[356]

이런 상황 때문에 산 안토니오 CWME는 생태 문제를 본격적으로 다루면서 처음으로 "지구는 주님의 것이다."라는 확언을 의사일정의 한 부분으로 다루면서 종말론적 관점에서 생명 보존을 위한 교회의 책임을 다음과 같이 언급했다.

---

355) 전통적인 신학은 사람을 이분법 혹은 삼분법으로 나누면서 육체에 비하여 영혼을 훨씬 더 소중히 여기는 경향을 지닌 반면, 에큐메니칼 신학에서는 생명을 총체적이고 다차원적인 개념으로 이해하고 있다. 인간의 생명을 영과 육으로 분리할 수 없는 존재로 보면서 영과 육을 모두 소중히 여기고, 나아가서 인간의 생명뿐 아니라 전 지구적인 피조물을 다 포함하는 생명 이해를 갖게 되면서 생명의 개념을 매우 폭넓게 가지게 되었다.
356) Frederick R. Wilson, ed., *The San Antonio Report: Your Will be Done Mission in Christ's Way*(Geneva, WCC, 1990), 116.

우리는 '창조의 보전(Integrity of Creation)'을 위한 헌신뿐만 아니라, 땅과 바다의 공정한 분배(just sharing)를 위한 투쟁을 지원하기 위해서도 헌신하도록 부름을 받았다. 또한 우리는 인류 공동체를 분열시키는 문화적 상징들과 구조들을 벗겨 내기(dismantling) 위하여, 포괄적인 인류 공동체의 실현을 위하여 헌신하도록 요구받는다. 지금까지 한동안, WCC는 전체적으로 복음과 문화 사이의 관계에 관련되어 온 것이다. …우리의 모든 실험들은 온 인류가 하나의 오이쿠메네를 향한 충만한 삶에 참여하기 원하시는 하나님 의도의 잠정적인 징표에 불과하다. 이것은 그리스도의 십자가에 나타난 하나님 화해의 사랑 안에 뿌리내린 우리의 종말론적인 소망인 것이다.[357]

그 뒤 호주 캔버라에서도 생태 문제가 크게 부각되었는데, 1991년 2월 호주의 캔버라에서 열린 제7차 WCC에서는 그 전체 주제를 "성령이여, 오소서! 전 창조의 세계를 새롭게 하소서!"로, 제1분과의 제목은 "생명의 시여자시여, 당신의 창조 세계를 지탱하소서!"로 하면서 JPIC(Justice, Peace, Integrity of Creation) 중에서도 특별히 'Integrity of Creation(창조 질서 보존)'의 문제를 역사상 유래 없이 강조하였다.

생명 개념 이해의 확대와 생명에 대한 관심의 확대는 자연히 종말 이해의 변화를 가져오게 되었다. 전통적인 신학에서는 생명을 말할 때, 영혼을 중시하고 따라서 영혼 구원에 깊은 관심을 가졌기 때문에 자연히 종말은 영혼 구원이 이루어진 자에게 최종적인 구원이 주어지는 때로 인식되었다. 그러나 에큐메니칼 신학에서는 생명 개념이 전 생태계 차원으로 확대되었으므로 자연히 종말도 모든 인간

---

357) Ibid., 146-147.

을 포함하는 전 생태계가 구원을 얻는 때로 인식되는 경향이 강하다. 즉, 폭 넓어진 생명 개념으로의 변화가 폭 넓어진 종말 이해로의 변화를 가져오게 된 것이다.

II. 에큐메니칼 종말 이해의 주된 특징

1. 성부 중심의 종말 이해 경향

일반적으로 삼위일체의 사역은 성부의 창조 사역, 성자의 구속 사역, 성령의 성화 사역으로 설명된다. 전통적인 종말론은 이 중에서 성자의 구속 사역에 중점을 두면서, 종말이란 곧 성자의 구속 사역이 완성되는 때라는 잠재적 이해를 가지고 있었고, 이런 토대 위에서 종말은 거의 구원에 초점이 맞추어져 있었다. 그러나 하나님 선교 개념의 영향으로 에큐메니칼 신학은 성자 중심의 전통적인 입장이 바뀌어야 함을 피력하면서[358] 성부 하나님과 그의 지으신 창조 세계에 대한 관심을 갖게 되었다.

물론 전통적인 신학이 성부의 사역에 대한 관심이 없다거나, 에큐메니칼 신학이 성자의 사역에 대한 언급이 없다는 것을 말하는 것은 아니다. 전통적인 신학에서는 삼위일체의 사역 중 성자의 사역에 많은 관심을 두면서 성부와 성령의 사역마저도 성자의 구원 사역을 중심으로 보는 경향이 강했던 반면, 에큐메니칼 신학에서는 성부의 사역에 많은 관심을 두면서 성자와 성령의 사역을 성부의 창조 사역

---

358) 이와 관련하여 산 안토니오는 "서방 교회의 그리스도 중심주의는 삼위일체 교리보다 폭넓은 맥락에서 이해되어야 한다."라고 강조한다. Frederick R. Wilson, ed., *The San Antonio Report*, 103–104.

중심으로 풀어 나가려는 경향을 보인다는 것이다.[359] 즉, 전통적인 신학에서는 성자에게 포커스가 맞추어졌던 반면, 하나님의 선교 개념의 출현과 함께 에큐메니칼 신학에서는 성부에게 포커스가 맞추어지는 경향이 나타난다는 것이다.

아울러 이러한 경향과 함께 에큐메니칼 신학은 세상에 대한 새로운 시야를 지니게 되었다. 즉, 하나님의 창조로 이루어진 이 세상은 더 이상 멸망할 곳이 아니라 하나님의 사랑의 대상이며, 하나님의 선교와 구원의 역사가 펼쳐지는 장이 된다는 것이다. 이러한 시야의 확장으로 인해 전통적인 성자 중심의 삼위일체 관점은 매우 폭이 좁은 것으로 인식하게 되었다. 앤더슨의 다음 말에서도 우리는 이러한 입장을 볼 수 있다.

> 문화 중심적, 인간 중심적, 계시 중심적, 종말론 중심적, 하나님의 나라 중심적, 성서 중심적, 교회 중심적, 그리스도 중심적 등등의 관점으로부터 시도되어 왔다. 이들 모든 시도는 본질적인 기독교의 교리의 갖가지 측면을 강조했는데, 그 어느 하나가 선교 신학의 초점 내지는 방향으로 삼아지면 그것은 부적당하다는 것을 알게 된다. 왜냐하면 그것은 선교의 범위를 좁히고 미로에 몰아넣는 경향이 있기 때문이다. 이제 선교 신학을 철저한 하나님 중심적 입장에서 수행한다는 시도가 있

---

359) 에큐메니칼 신학은 '삼위일체' 라는 용어를 많이 사용하는 경향이 있다. 신학의 가장 중심적인 문제는 하나님의 문제이지만, 그 하나님은 막연한 신이 아니라 그리스도 안에서 자신을 계시하시는 하나님이시므로 그리스도를 통해서 하나님을 가장 잘 이해할 수 있다는 것이 전통적인 신학의 입장이라 할 수 있다. 이런 점에서 전통적인 신학은 '성자' 중심으로 신학을 풀어 나가는 경향이 강하다. 이에 비해 에큐메니칼 신학은 삼위일체적으로 신학을 풀어 나가야 한다는 점에서 '삼위일체' 라는 표현을 사용하지만 엄밀히 말하면 전통적인 신학이 성자 중심의 삼위일체라면, 에큐메니칼 신학은 성부 중심의 삼위일체라고 볼 수 있다. 비교, 김균진, 『기독교조직신학 II』 (서울: 연세대학교 출판부, 1986), 137.

어야 하겠다.[360]

그렇다면 성자 중심의 삼위일체 이해에서 성부 중심의 삼위일체 이해로의 변화는 종말 이해에 어떤 변화를 가져오는지를 생각해 보자. 성자를 중심한 종말 이해를 강조할 경우 종말이란 곧 성자가 이룩한 구원이 완성되는 때이고, 성자의 구원의 은총을 받아들이는 사람에게만 최종적인 신국의 축복이 주어지는 것이 강조된다. 성자는 이 일을 이루시기 위하여 오셨고, 이 일을 이루시기 위하여 돌아가셨기 때문이다. 반면에 성부를 중심한 종말 이해를 강조할 경우 종말의 관심은 성부께서 창조하신 우주 만물의 보존과 구원에 주어지게 된다. 모든 피조물이 성부 하나님에 의해서 지음을 받았기에 그것은 멸망을 향해 정향된 것이 아니라 오히려 창조의 완성으로서의 구원을 향해 정향되어 있다는 것에 강조점이 주어지게 된다. 세상을 창조하신 성부는 고통 속에 신음하는 피조물을 멀리서 관망만 하고 계시는 분이 아니라 인류를 구원하시기 위해 사랑의 손을 내미시는 분이라는 점이 강조된다. 그리고 이것은 전통적으로 그리스도를 구주로 받아들이는 자들만 구원을 얻게 된다는 전통적인 종말 이해와는 달리 모든 피조물이 구원의 반열에 들게 된다는 방향으로 종말이 이해되는 경향을 나타내는 것이다.

이러한 변화는 선교에도 영향을 미치게 된다. 즉, 영혼 구원을 강조하던 전통적인 선교 방향에서부터 이제는 이 세계를 아름다운 세상으로 바꾸면서 창조 세계를 보존하는 사역에 많은 관심을 두는 선교 사역이 떠오르게 되는 것이다. 이런 점에서 산 안토니오는 "그

---

360) 제랄드 H. 앤더슨, "20세기 프로테스탄트 교회의 선교 신학", 『선교 신학서설』, 박근원 역(서울: 대한기독교서회, 1975), 22.

리스도의 방법에 의한 선교는 하나님의 창조 세계에까지 확장되어
야 한다. 이 지구가 주님의 것이기 때문에, 지구에 대한 교회의 책임
은 교회의 선교의 중차대한 부분이다. 이러한 선교는 그리스도의 부
활에 근거한 소망인, 복음의 소망을 모든 창조 세계에 공급한다."[361]
라고 언급하였다.

2. 실현된 차원을 강조하는 종말 이해의 경향

구약 성서 안에는 두 가지의 종말 이해가 공존하고 있는데, 전통
적인 예언자들의 종말 이해와 묵시적 종말 이해가 그것이다. 전자의
경우는 '하나님의 뜻이 역사 안에서 이루어진다'는 믿음을 가지고 지
상 위에 이루어질 새로운 이스라엘 왕조의 도래를 희망하면서 역사
와 종말의 긴장을 견지하는 반면, 후자는 '하나님의 뜻은 초자연적
종말과 더불어 실현된다'는 믿음에 따라 초월적인 인자의 도래를 고
대하면서 역사와 종말의 긴장을 소멸시켰다. 전자는 현 역사를 하나
님이 다스린다고 보는 반면, 후자는 현 역사를 악한 세력이 지배한
다고 보았다. 또한 전자는 새 이스라엘과 새 예루살렘이 이루어질
것을 기대한 반면, 후자는 새 하늘과 새 땅을 바라보았다.[362]

구약에 나타난 이러한 두 가지의 종말 이해의 흐름은 오늘날에
도 유사하게 흐르는 경향이 있다. 즉, 복음주의 진영은 묵시적 종
말 이해와 유사한 경향을 많이 보이는 반면, 에큐메니칼 진영은 예
언자들의 종말 이해와 많이 닮은 모습을 보이는 경향이 있다. 물론
종말은 항상 '현재와 미래' 또는 '이미와 아직'의 긴장 관계를 지니고

---

361) Frederick R. Wilson, ed., *The San Antonio Report*, 52f.
362) 허호익, 『현대조직신학의 이해』(서울: 대한기독교서회, 2003), 355.

있다. 그리스도의 사역을 보더라도 그가 가져온 구원으로 인해 종말이 이미 이 땅에 이루어진 측면과 미래에 이루어질 측면이 동시에 공존한다.

그러나 이런 긴장 가운데서도 전통적인 종말 이해는 주로 미래적 차원에 많은 초점이 맞추어져 있었다. 전통적인 종말 이해에서는 주로 개인의 죽음과 부활, 마지막 세상의 끝과 심판, 영벌과 영생과 같은 미래에 속한 주제들을 많이 다루었다.[363] 즉, 세계의 멸망과 심판 또는 죽음 이후에 영원히 죽지 않고 사는 영생의 문제와 피안의 세계에 관한 것에 많이 집중되는 경향이 없지 않았다. 다시 말하면 전통적인 종말 이해에서는 현 세상에 대한 관심이 다소 적었다. 현 세상은 어차피 영원히 거할 곳이 아니라는 생각이 있었기 때문에 주로 저 세상과 그곳에 들어갈 수 있는 준비로서의 영혼 구원에 깊은 관심이 있었다.

이에 비해 에큐메니칼 종말 이해는 이 땅 위에 이루어진 종말에 깊은 관심을 갖는 경향이 강하다.[364] 즉, 에큐메니칼 종말 이해는 역사 안에서 하나님이 활동하고 계심을 강조하면서 역사 속에서 이루어질 하나님 나라 이해를 강조하는 경향을 보인다. 특별히 정의와 평화가 무너지고, 생태계가 심각하게 위협을 받는 상황이 지속되는 상황 속에서 이 모든 것을 이 땅 위에 회복하는 차원의 종말에 깊은 관심을 갖는다. 이는 종말을 미래의 것으로만 생각지 않고, 오

---

363) Ibid., 349.
364) 이러한 경향은 19세기 자유주의 신학의 패러다임에서 잘 나타나고 있는데, 자유주의 신학에서는 미래적 차원의 종말보다 현실에 나타나는 종말의 경향이 더욱 강하게 강조되었다. 즉, 종말은 예수 재림 후에 이루어지는 것이라기보다는 정치·경제·도덕적인 개혁을 통하여 지상 위에 세워질 '의로운 사회질서'로 나타나게 되는 것으로 이해되었다. 특별히 19세기 사회복음(Social Gospel)의 영향으로 종말의 모습은 지상에 세워질 공의로운 사회 질서(a righteous social order)로 많이 이해되었다. 이런 점에서 본다면 종말의 현재적 차원에 강조점을 두는 에큐메니칼 종말 이해는 자유주의 신학의 종말 이해와 연결점이 있다고 할 수 있다.

늘 이 땅 위에 이루어지는 종말의 차원을 중요하게 생각하는 것이
다.[365] 이처럼 에큐메니칼 종말 이해는 종말을 미래의 차원에서 현
재의 차원으로 가져오고자 하며 이런 경향은 멜버른의 다음 표현에
서도 잘 나타난다.

> 교회들은 이러한 투쟁들 속에서 그리고 이러한 투쟁이 지닌 불투명
> 성 속에서 하나님 나라를 지향하는 표지판들과 그것의 반대 표지판들
> 을 구별하는 예언자적 과제를 안고 있다. 교회는 자신의 예언자적 역할
> 을 다시 깨닫고 하나님 나라의 효과적 표지판들을 세워 나가기 위하여
> 성령의 은사를 간구하지 않으면 안 된다. 교회들은 자신들에게 맡겨진
> 복음에 의해서 자신들의 삶의 태도와 스타일을 바꾸고, 갱신되어야 한
> 다. 그래야 이들은 많은 투쟁들 속에서 무엇이 일어나고 있는지를 인류
> 에게 해석해 주면서, '하나님께서 그분 안에서 모든 것을 총괄하시는'
> 예수 그리스도를 가리킬 수 있다. 교회들은 투쟁들에 의미를 부여하는
> 메시지와 이 투쟁들 속에서의 화해 가능성에 대한 메시지를 가지고 있
> 는 것이다.[366]

3. 포괄적 종말 이해 경향

전통적인 종말 이해에서는 종말 때에 구원의 반열에 들어오는 사

---

365) 이것은 역사 이해와도 긴밀하게 연관되어 있는데, 전통적인 역사 이해는 구원
사와 세계사를 구분하는 반면, 에큐메니칼 신학의 핵심인 하나님의 선교 개념에서
는 구원사와 세계사를 하나로 보면서 전체로서의 세계를 하나님의 구원행동의 장
으로 보기 때문에 자연히 전 세계의 구원의 가능성이 열려지게 되며 종말의 차원
을 이 땅 위로 가져오는 경향이 강하다. 박정진, "최근의 선교학 동향", 조성노 편,
『최근신학개관』(서울: 현대 신학연구소, 1993), 377-380. 참조.
366) Commission on World Mission and Evangelism, *Your Kingdom
Come*(Geneva: WCC, 1980), 192.

람을 예수 그리스도와 연관된 사람으로 한정을 지으면서, 예수 그리스도 밖에 있는 사람들에게는 구원을 약속하지 않는다. 칼빈의 예정설은 말할 것도 없고, 만인화해론[367]으로 표현될 수 있는 바르트의 주장도 그리스도의 구속의 사건을 믿음으로 수용하는 자가 구원을 얻게 되는 것을 말함으로써 구원의 범위를 그리스도와 연관 지었다. 즉, 종말의 날에 구원의 범주에 들어갈 수 있는 사람은 이미 예정되어 있다고 보거나, 그리스도를 믿음으로 구원을 받은 자로 한정함으로써 제한적인 종말 이해를 지니고 있다.

이것은 천년왕국설에서도 마찬가지다. 흔히 천년왕국설이라고 불리는 신학에는 세 가지의 천년왕국 이해 즉 전천년설, 후천년설, 그리고 무천년설이 있고, 그 강조점들은 모두 차이가 있지만 세 가지 모두가 일관되게 강조하는 점은 모든 사람이 하나님의 심판대 앞에 서게 될 것이며, 거기에서 그리스도를 믿는 믿음을 기준으로 구원받을 사람과 멸망받을 사람이 구분되어서 전자는 그리스도와 함께 영원한 복락의 세계로 가게 되나, 후자는 영원한 형벌의 세계로 가게 된다는 것을 강조한다.[368]

성경에는 포괄적인 만유구원론으로 해석될 수 있는 구절들도 있고,[369] 제한적인 구원론으로 해석될 수 있는 구절들도 있지만, 전자

---

367) 바르트에 따르면 그리스도의 죽으심으로 만민은 하나님과 화해되었다. 그러나 인간의 구원은 예수 그리스도를 통해서 주어진 화해의 사건을 믿음으로 받아들일 때만 자신의 것이 된다고 보았기 때문에, 자신의 만인화해론이 만인구원론으로 해석되는 것은 거부했다. 비교, 김명용, "몰트만의 종말론," 한국조직신학회 편, 『몰트만과 그의 신학: 희망과 희망 사이』(서울: 한들출판사, 2005), 250-253.
368) 이종성, 『조직신학개론』, 227.
369) 몰트만은 만유구원론을 뒷받침할만한 구절들로 다음의 구절들을 예로 든다. J. Moltmann, *Das Kommen Gottes*(Muchen: Kaiser, 1995), 268-270. "…만물을 회복하실 때까지는 하늘이 마땅히 그를 받아 두리라"(행 3:21), "그의 십자가의 피로 화평을 이루사 만물 곧 땅에 있는 것들이나 하늘에 있는 것들이…"(골 1:20), "아담 안에서 모든 사람이 죽은 것 같이 그리스도 안에서 모든 사람이 삶을 얻으리라"(고전 15: 22), "하나님이 모든 사람을 순종하지 아니하는 가운데 가두어 두심은 모든 사람에게 긍휼을 베풀려 하심이로다"(롬 11:32).

는 짧게 언급되거나 다양한 해석이 가능할 정도로 희미하게 나타나 있는 반면, 후자는 매우 명확하게 다양한 곳에 나타나고 있다.[370] 그런데 전통적으로 견지되어 온 기독교의 제한적인 종말 이해에 비하여 에큐메니칼 종말 이해는 상당히 포괄적인 이해, 즉 종말에 이루어질 구원의 대상은 인간뿐 아니라 전 피조 세계가 모두 포함되는 것으로 이해하는 경향이 강하다. 예를 들어 "세계 교회가 고백해야 할 하나의 신앙고백"은 다음과 같이 말한다.

> 또한 하나님께서는 성령을 통하여 십자가에 달리셨던 분을 부활시키사, 새 생명, 썩어지지 않을 생명이 되게 하셨으니, 이 생명은 종말적 미래에 우리의 생명들과 전 창조 세계의 최종적 변화와 영화를 가져올 것이다.[371] …하나님께서는 예수 그리스도 안에서 그의 창조 세계를 구원하시기 위하여 행동하셨다. 하나님께서는 새 창조의 첫 열매인 예수 그리스도를 통해서 인류를 새롭게 하셨고, 계속해서 새롭게 하신다.[372]

이상과 같이 에큐메니칼 신학은 종말에 전 창조 세계의 변화와 영화를 기대하고 있다. 그러나 이전 창조 세계의 변화 속에 모든 인간이 다 포함될 것인가에 대해서는 명확한 입장 표명이 잘 나타나지 않는다. 즉, 온 인류를 구원코자 하는 하나님의 계획이 십자가 위에서 이루어졌고, 이 구원 계획은 인간들의 불신앙에도 불구하고 결국 이루어질 것이라는 희망을 갖는 몰트만의 만유구원론이 아직 공

---

370) 예를 들면, 마태복음 25:31-46에 보면 마지막 날에 '창세로부터 예비해 둔 나라'를 상속받는 사람과 '영원한 불'에 들어가는 사람이 나뉘는 것이 나타난다. 이종성, 『조직신학개론』, 221.
371) WCC, 『세계교회가 고백해야 할 하나의 신앙고백』, 이형기 역(서울: 한국장로교출판사, 1996), 40.
372) Ibid., 67.

식적으로는 받아들여지지 않은 것으로 보인다. 다만 "…하나님께서는 어떤 세대, 어떤 사회에서도 그들에게 예수를 증거하지 않은 채로 방치하지 않으셨다고 진정 믿는다. 또한 우리는 하나님께서 교회 밖에서부터 기독교인들에게 말씀하시고 계실 가능성을 배제할 수도 없다."[373]라고 나이로비에서 언급한 것에서 볼 수 있듯이 전통적인 종말 이해에서 갖는 제한적 구원 이해보다는 훨씬 더 포괄적인 구원 이해와 종말 이해를 갖는 것만큼은 분명해 보인다.

III. 에큐메니칼 종말 이해가 선교에 미칠 수 있는 영향

1. 세계 참여적인 그리스도인 양성을 위한 선교 수행 도전

전통적인 종말 이해는 기본적으로 이 땅을 긍정적으로 보지 않았다. 이 땅은 어차피 멸망할 세상이었다. 따라서 이 땅 위의 삶을 개선하고 변화시키는 일에 너무 많은 에너지를 쏟는 것은 불필요한 일로 여겨졌다.[374] 에너지를 쏟으려면 오히려 참된 세계요 영원히 지속되는 저 세상을 준비하는 일에 쏟아야 하고 그 나라에 더욱 많은 사람들이 들어가도록 하는 전도에 더욱 많이 힘을 써야 한다고 믿었다. 물론 전통적인 종말 이해가 이 땅을 무시했다는 말은 아니다. 이 땅 위에서의 삶을 불성실하게 살아도 좋다고 생각했다는 것

---

373) WCC, "제5차 총회: 케냐 나이로비(1975)", 『역대총회종합보고서』, 이형기 역 (서울: 한국장로교출판사, 1993), 326-327.
374) 에큐메니칼 신학이 "배가 침몰할 때 배를 구하지 아니하고 어떻게 개인을 구원하겠는가?"라는 질문을 제기하는 경향이 있다면, 전통적인 신학은 "배가 침몰하는데 그 배를 수선하고 페인트칠을 하는 것이 무슨 의미인가?"라는 질문을 제기한다고 말할 수 있다. 전호진 편, 『한국 교회와 선교 제1집』(서울: 엠마오, 1985), 114-116.

도 물론 아니다.

전통적인 종말 이해에 근거하여 수행된 선교는 학교, 병원, 고아원, 각종 복지 시설 등을 많이 제공하면서 선교지의 사회 개선 사업에 큰 공헌을 하였던 것이 사실이다. 그러나 여전히 전통적인 종말 이해는 이 땅에서의 삶보다는 저 세상에서의 삶을 더 귀하게 여겼고, 그래서 여러 가지 다양한 복지와 연관된 사역을 하면서도 그러한 활동들은 항상 구령 사역을 위한 수단이었으며 영혼 구령만이 선교의 최우선적인 사역으로 여겨졌다.

이러한 종말 이해의 장점은 영혼 구령과 교회 성장에 강한 선교를 수행하게 한다는 것이다. 오늘날 기독교가 전 세계적인 종교가 될 수 있게 한 가장 강력한 동인 중의 하나도 바로 구령과 교회 성장을 강조한 전통적 종말 이해의 영향이라 할 수 있다. 그러나 동시에 약점도 있는데, 미래적인 차원의 종말에 너무 많은 관심을 쏟을 때 이 땅의 일을 소홀히 할 수 있다는 것이다. 자칫 이 땅에서 책임적이고 성실한 사회인을 만들고 이 땅을 하나님이 원하시는 아름다운 세계로 만들어 나가는 일에 미흡하게 될 수 있는 점이다. 특별히 시한부 종말론과 같이 극단적인 미래 중심적인 종말론에 심취한 사람들의 경우 문제는 더욱 심각하다. 이들은 임박한 휴거나 종말을 주장하면서 일상적인 삶에 의미를 두지 않는 경우가 많다. 이들은 종말을 초역사적인 것이고 개인적인 것으로만 생각하기에 일상생활을 포기하여 학교나 직장 그리고 심지어는 가족까지 버리는 경우가 있다. 이들은 기독교 종말론의 이 세상적 요소와 역사적 차원을 제거해 버림으로써 '사회 병리학적 염세주의의 오류'를 범하게 될 수도 있다.[375]

성부 하나님의 구원 계획은 성자의 십자가 사건을 통하여 현재에

---

375) 허호익, 『현대조직신학 이해』, 379.

나타나게 되었고, 성령의 인도하심을 통해서 오늘도 현실화되고 있다. 이런 관점에서 보면 종말은 기다려야 할 미래의 사건만이 아니라 바로 오늘의 삶 속에서 경험되는 현재적 사건이기도 하다. 그리고 역사 속에서 일어나는 다양한 사건들을 하나님의 종말적 사역으로 받아들이며 종말의 빛으로 역사를 해석할 필요가 있다. 종말은 우리와 멀리 떨어져 있는 미래의 미지의 사건만이 아니라 바로 오늘 여기에서 경험하는 역동적인 사건이 되는 것이다. 결국 현재적 종말에 대한 강조는 삶 자체를 종말적 관점으로 이해하면서 미래의 하나님 나라에 대해서만 관심을 갖는 것이 아니라 현실에서 책임적인 그리스도인들이 되도록 만드는 데 기여할 수 있다. 이런 점에서 이 땅 위에 실현되는 종말을 강조하는 에큐메니칼 종말 이해의 관점은 세계 속에서 책임적인 성도를 만드는 데 도움이 될 수 있다고 보인다.

에큐메니칼 신학이 찾아내고 강조한 하나님 나라의 이해는 현존하는 세계와 동일시되는 것을 거부하고, 현존의 상황들이 하나님의 진리를 향하여 변혁되어야 함을 강조한다. 즉, 세계의 '이미 주어져 있는 것'에 대하여 '아직 주어지지 않은 것'을 제시함으로써 세계를 변혁시키고자 한다. 이로써 크리스천들은 역사 속에서 일하시며 활동하시며 인간과 세상을 변화시키시는 하나님의 역사 속에서 달란트를 맡은 종처럼 적극적으로 참여하게 될 수 있다.[376) 교회와 선교가 사회적 책임을 안고 가야 하는 것은 교회가 담당해야 할 일이며, 이런 점에서 에큐메니칼 종말 이해는 세계 참여적 그리스도인이 되도록 도전하는 일에 일정 부분 기여하는 바가 있다고 평가할 수 있다.

---

376) 김균진, 『종말론』, 24. 참조.

2. 전 창조 세계를 아우르는 선교 수행 도전

전통적인 종말 이해에서는 인간 이외의 존재에 대해서 별 관심이 없었다. 종말에 이루어질 구원도 주로 인간에게만 초점이 맞추어져 있었다. 인간 이외의 피조물이 구원을 받는다는 것은 거의 관심 밖이었다.[377] 또한 전통적인 신학은 "하나님이 그들에게 복을 주시며 하나님이 그들에게 이르시되 생육하고 번성하여 땅에 충만하라, 땅을 정복하라, 바다의 물고기와 하늘의 새와 땅에 움직이는 모든 생물을 다스리라 하시니라"(창 1:28)의 말씀을 인간의 세계 지배권으로 해석하는 경향이 있었다. 또한 서양 현대 사상의 기조인 진보 사상은 인간이 자연을 정복하는 과학 탐험을 증대하고, 인간의 편리를 위해 자연을 변화시킴으로 말미암아 생태계의 파괴를 확대 재생산하는 데 기여하였다고 할 수 있다.[378]

그러나 전 세계가 무분별한 개발, 자연 훼손, 경제성장에 따른 자원의 탕진을 자행하면서 생태계의 위기가 심각한 수준에 다다랐다. 또한 성장과 소비 지향의 가치관과 생활양식, 환경오염, 그리고 인구의 급격한 팽창 등으로 생태계 문제는 갈수록 더 심각한 수준에 다다르게 되었다. 이런 상황에서 인간을 세계의 지배자가 아니라 하나님의 청지기로 보는 관점이 강하게 힘을 얻게 되었다. 인간에게는 청지기로서 자연을 보호하고 훼손된 생태계를 복구해야 하는 의무가 주어지게 된 것이다. 이러한 생각과 함께 모든 피조물들도 인간과 동

---

377) 생태가 심각하게 파괴되고 이것이 인류의 불행이 될 수 있다는 것을 인류가 깨닫게 된 것은 비교적 최근의 일이다. 따라서 전통적인 종말 이해에 생태계의 구원 문제가 다루어지지 않은 것은 당시의 시대적 한계였다고 볼 수 있다. 여기에 더하여 앞서도 언급했듯이 전통적인 종말 이해는 이 세상 자체를 멸망할 세상으로 보는 경향이 강했던 것도 한 원인이 되었다고 할 수 있다.
378) 허호익, 『현대조직신학의 이해』, 339.

일하게 하나님의 구원의 대상으로 인정하게 된 것이다.

생태신학적인 측면에서 보면 죄는 생태계의 파괴이며, 구원은 파괴된 생태계의 회복이다. 에큐메니칼 신학은 이러한 생태신학을 받아들여 우주 만물을 구원의 대상으로 포함함으로 말미암아 절실한 생태계 문제를 신학적 입장에서 적극적으로 대응할 수 있는 기틀을 마련하고 지구 전체를 보존해 나가는 일에 힘을 쏟고 있다. 특별히 이 세상을 하나님이 창조하셨고 지금도 다스리고 계시고 종국적으로는 모든 세계를 구원할 것이라는 견해를 갖고 있는 에큐메니칼 신학으로서는 생태 문제에 대해서 특별히 더 많은 관심을 갖는 것은 당연한 귀결일 것이다. 이런 점에서 전통적인 종말 이해와 달리 전 창조 세계가 다 함께 구원을 받을 것이라는 믿음을 갖는 에큐메니칼 종말 이해는 생태계 보존을 위해 힘쓰는 선교가 수행되도록 도전하는 데 기여할 수 있다.

3. 구령 차원의 선교 사역 약화 가능성

전통적인 종말 이해는 그 결론이 항상 구령의 열정으로 귀결되었다. "이 천국 복음이 모든 민족에게 증언되기 위하여 온 세상에 전파되리니 그제야 끝이 오리라"(마 24:14)는 말씀과 함께 종말은 곧 복음 전도와 긴밀한 관계성을 지녔다. 즉, 전통적 종말 이해를 가진 사람들은 자신들이 땅끝까지 복음을 전파할 때 종말이 임할 것이라 믿었기 때문에 복음 전도에 최선을 다했으며,[379] 이러한 선교 사역에

---

379) 사도행전 1:6-7절의 말씀과 연관지어 생각해 볼 때, 하나님 나라 도래의 '때'는 하나님만이 아시는 것이며, 그것은 분명 '그 자신의 권한' 아래 있다. 그렇지만 제자들이 깨달은 분명한 사명은 바로 그 날이 오기까지 온 세계에 두루 복음을 전파해야 한다는 사실이었으며, 이것이 강력한 복음 전도의 동기가 되었다. 오스카 쿨만, "신약성서의 종말론과 선교",『선교 신학서설』, 제랄드 H. 앤더슨 편, 박근원

대하여 여러 가지 비판이 있기는 하지만 이런 믿음이 오늘날 세계 방방곳곳에 복음이 전해지고 그 결과로 교회가 세워지는 데 기여하였다는 것은 부인하기 어렵다.

에큐메니칼 종말 이해는 종말 이해의 기본적 두 영역인 우주적 차원의 종말과 개인적 차원의 종말 가운데 개인적 차원의 종말보다는 우주적 차원의 종말에 더 많은 관심을 쏟고 있다. 또한 우주적 종말 이해에서도 전통적인 차원인 새 하늘과 새 땅보다는 이미 창조된 모든 세계가 구원받을 것이란 이해를 가지고 있다. 즉, 전 창조 세계가 종말에 구원을 받을 것이라는 믿음과 함께 은연 중에 만유구원론적인 견해를 내포하고 있다.[380] 이처럼 전 창조 세계의 구원을 상정하는 종말 이해는 창조 세계 보전을 위해서는 좋은 기여를 할 수 있지만, 구령 차원의 선교 사역에는 치명타가 될 수 있다. 모든 창조 세계의 구원은 자칫 모든 인간의 구원으로 연결될 수 있으며, 이처럼 모든 인간이 결국엔 구원을 받는다고 하면 굳이 어렵게 복음을 전할 이유가 없어지기 때문이다.[381] 이런 점에서 에큐메니칼 종말 이해는 구령의 열정을 약화시킬 수 있는 잠재성을 배태하고 있다.

복음 전도는 결코 쉬운 것이 아니다. 기독교 선교 역사에서 복음

___

역(서울: 대한기독교서회, 1975), 57.

380) 만유구원론의 견해는 상당히 합리적인 설명을 제공한다는 점에서 나름대로 강점을 지니고 있지만, 성경의 핵심적인 가르침과는 상충되는 면이 많다. 에밀 부룬너(E. Brunner)는 "성서는 모든 사람의 구원에 대해 말하고 있지 않고, 오히려 그 반대로 이중적 결과에 대해, 곧 몰락과 저주에 대해 말하고 있다" 고 강조했다. E. Brunner, *Dogmatik I*(Zurich: Theologisher Verlag, 1972), 358. 또한 게르하르트 에벨링(G. Ebling) 역시 "성서는 명백하게 천국과 지옥이라는 상징으로 마지막 날의 이중적 결과에 대해 말하고 있다"고 주장했다. G. Ebeling, *Dogmatik des Christlichen Glaubens I*(Tubingen: Mohr, 1979), 527-528.

381) 김명용은 몰트만의 만유구원론을 정리한 후에 그 이론의 부작용 중 하나로 전도의 절박성을 위태롭게 할 가능성에 대하여 언급하였다. 몰트만은 이 가능성을 의도하지는 않았지만 만유구원론이 언급되면 이와 같은 부작용의 가능성이 충분히 있다고 언급한다. 김명용, "몰트만의 종말론," 『몰트만과 그의 신학: 희망과 희망 사이』, 한국조직신학회 편(서울: 한들출판사, 2005), 273.

전도는 종종 생명을 바쳐야만 이루어지는 일이었다. 증인(martys)라는 단어는 순교자(martyr)라는 단어와 같은 어원을 지니고 있는데, 이것은 곧 증인이 되기 위해서는 자신의 증거(martyria)를 자기의 피로써 감당하는 순교자가 되어야 함을 함축하고 있는 것이다.[382] 어떤 사람이 자기의 가장 소중한 목숨까지 바쳐 가면서 복음을 증거하겠는가? 그것은 복음을 받는 상대방이 복음을 받을 때에만 영원한 형벌로부터 구원을 받을 수 있다는 확신이 있을 때에 가능한 것이다. 어찌되었든 종국에 가서는 모든 피조물이 구원을 받을 수 있다고 하면 복음 전도를 위해서 목숨을 바치는 것은 무모한 일이 되며, 그러한 무의미한 일을 위해 자신의 소중한 생명을 헌신할 사람은 아무도 없을 것이다.

따라서 포괄적 종말 이해를 지닌 에큐메니칼 종말 이해는 복음 전도의 절박성을 약화시킬 수 있고, 그것은 곧 기독교의 약화로 이어지게 될 수 있다. 실제로 오늘날 이슬람과 같은 타종교는 왕성하게 성장하는 반면, 기독교는 본래의 선교 중심부였던 유럽을 중심으로 거의 허물어져 가고 있다. 헌팅턴(Huntington)은 총 인구의 약 30% 정도 차지하는 기독교가 2025년까지 25%로 떨어지는 반면, 현재 약 20% 정도를 차지하는 이슬람이 2025년까지 30%를 차지하게 될 것으로 전망하고 있다.[383] 멀리 갈 것 없이 2/3세계의 선교 종주국이라고 자부하는 한국 교회마저 그 수가 감소되고 있는 상황이다. 이런 상황에서 구령의 가장 강력한 동기가 될 수 있는 종말 이해를 견지하는 자세는 그 어느 것보다도 중요한 과제가 아닐 수 없다.

---

382) 최성일, "선교의 종말론적 특성에 관한 이해", 「신학사상」, 123집, 2003년 겨울, 220.
383) Samuel P. Huntington, *The clash of civilizations and the remaking of world order*, 『문명의 충돌』, 이희재 역(서울: 김영사, 1997), 82.

4. 종말의 현재적 차원과 인본적 차원에 치우칠 수 있는 가능성

전통적인 종말 이해는 다분히 미래적 차원과 신적 차원에 초점이 맞추어진 경향이 있었다. 즉, 종말이 이 땅 위에 어느 정도 이루어지지만 완전한 성취는 재림 이후의 미래에 이루어지며, 그 나라는 기본적으로 하나님의 주권에 의해 이루어지므로 인간이 해야 할 가장 중요한 일은 복음을 전하는 일이라는 믿음을 지니고 있었다.[384] 이에 비해 에큐메니칼 종말 이해는 현재적 차원과 인본적 차원에 치우치는 경향을 보인다. 즉, 이 땅 위에 이루어지는 종말의 차원에 깊은 관심을 기울이며, 이 일을 위한 인간들의 참여와 투쟁이 강조된다.

앞서도 언급했듯이 에큐메니칼 종말 이해의 주요한 배경 중에는 막시즘과 해방 신학의 전통이 있다. 김균진은 마르크스가 묘사하는 공산주의 사회와 기독교가 말하는 하나님의 나라는 여러 면에서 매우 흡사한 면이 많이 있지만 결정적인 차이는 공산주의 사회는 '하나님 없는 하나님의 나라(Gottes Reich ohne Gott)'라고 분석한다.[385] 즉, 막시즘에서는 하나님의 나라를 이루는 역사의 주체를 철저히 비형이상학적으로 파악한다. 역사의 주체는 절대 정신, 삼위일체 하나님, 또는 하나님의 섭리가 아니라 오직 인간으로 파악된다. 인간 자신만이 역사 속에서 자기해방과 자기실현의 창조적 주체가 되어야 하며, 바로 이 인간이 천년왕국 완성의 주체가 된다는 것이

---

384) 예를 들어 오스카 쿨만의 경우 그는 "종말은 새로운 창조이다. 최후의 말은 '빛이 있으라'고 하신 저 최초의 말씀과 똑같은 신적 권위를 가지고 말씀하시는 하나님의 명령에 의해 나타날 것이다. 창조도 종말로 더불어 하나님의 주권적 행위인 것이다. 이것은 어떠한 인간의 노력이나 지식이 언제 하나님의 나라가 도래할 것인가를 확인하는 것이 못 된다는 것을 의미한다."라고 말하였다. 오스카 쿨만, "신약성서의 종말론과 선교", 『선교 신학서설』, 제랄드 H. 앤더슨 편, 박근원 역(서울: 대한기독교서회, 1975), 49.
385) 김균진, 『종말론』, 207-208.

다.[386] 막시즘은 종말에 이루어질 천년왕국을 이 땅 위에 인간의 힘으로 완성하고자 하는 이데올로기인 것이다.

이러한 경향은 에큐메니칼 종말 이해에도 어느 정도 묻어나고 있다. 이형기는 멜버른을 평가하면서 "무엇보다도 멜버른은 하나님 나라를 지역별 해방 운동과 인권 운동들에 결부시켜 구체화시키고 있다."[387]라고 언급하였는데, 이는 에큐메니칼의 종말 이해에 막시즘의 영향이 간접적으로 미친 것을 보여 주는 한 예라 할 수 있다. 이러한 영향 속에서 에큐메니칼 선교는 인권 운동을 통해 하나님 나라를 현실 속에서 실현해 내고자 하는 경향을 보인다. 예를 들어 산 안토니오는 다음과 같이 말한다.

저항의 형태들은 상황의 위급성에 달렸다. 이 저항은 피켓, 단식 투쟁, 행진과 데모, 연좌, 파업, 노래, 유인물, 그림, 보이콧, 문서를 통한 프로테스트, 철야기도 등과 같은 형태를 통해서 표현된다. 불의한 상황에서 저항하며 변화를 일으키려는 선택은 고난을 초래한다. 그리스도의 방법은 우리의 희생을 요구한다. 왜냐하면 억압에 반대하는 투쟁과 사회적, 경제적, 정치적 정의를 위한 투쟁에 있어서 이와 같은 충돌과 고난은 불가피하기 때문이다.[388]

이상과 같은 활동을 불러일으키는 에큐메니칼의 종말 이해의 경향은 교회로 하여금 사회 참여적인 되도록 만드는 장점이 있기도 하

---

386) 김균진, 『종말론』, 111. 막시즘의 영향을 받은 해방 신학도 신국은 초자연적으로 도래하지 않고 인간에 의해 건설된다고 본다. 따라서 신국은 대가를 지불하는 혁명을 통해서 이루어진다고 보며 이런 이유에서 피억압자의 폭력을 정당화한다. 비교, Gustavo Gutierrez, *A Thology of Liberation*, 232-233.
387) 이형기, 『복음주의와 에큐메니칼 운동의 세 흐름에 나타난 신학』, 195.
388) Frederick R. Wilson, ed., *The San Antonio Report: Your Will be Done Mission in Christ's Way*(Geneva: WCC, 1990), 41.

지만 약점도 지니는데, 스텐리 그렌즈는 이와 같은 종류의 종말 이해의 약점에 대하여 말하기를, "역사의 하나님과 협력해야 할 우리의 역할에 대한 인식은 쉽게, 우리가 우리의 역사를 결정하는 자들이라는 인식으로 변질될 수 있다. 그리고 역사적 활동의 목표로서 하나님 나라를 선포하는 것은 불행히도 역사 안에서 하나님의 나라를 건설하려는 시도들로 변질될 수 있다."[389]라고 지적한다. 이종성도 다음과 같이 지적한다.

> 19세기와 20세기의 신학자들 가운데는 종말 사건의 현재성을 강조하는 나머지 그것의 미래성을 부인하는 사람도 있었다. …그들은 현 역사를 고도로 발전시킴으로써 현 역사는 무한이 성장하고 발전할 것이며, 최후 대심판을 통해서 해결할 문제가 이 지상에서 다 해결될 수 있으므로 역사의 종말을 새삼스럽게 믿을 필요가 없다고 한다. 그러나 이러한 생각은 성서의 교리도 아니며 체험적으로도 불가능한 일이다.[390]

에큐메니칼의 종말 이해가 종말의 미래적 차원을 부인하는 것은 결코 아니다. 그러나 전통적인 종말 이해에 비하여 미래적 차원이 약화되고 현재적 차원과 인본적 차원이 강조되면서 종말의 초월적인 차원이 약화되고 현실에서 해결점을 찾으려하는 경향이 강해진 것만은 사실인 것 같다. 이러한 경향으로 인해 에큐메니칼의 종말 이해를 인간의 능력과 인간의 세계를 넘어서 이루어지는 초월적인 종말을 이 땅 위에 이루어지는 복지사회 정도로 낮추어버리면서, 그리스도를 철저하게 믿고 의지함으로 나아가는 세계가 아니라 우리 스

---

389) 스텐리 그랜즈, 『조직신학』, 신옥수 역(서울: 크리스천 다이제스트, 2003), 871.
390) 이종성, 『조직신학개론』, 236.

스로 이룰 수 있는 세계로 변형시킴으로 말미암아 신앙이 약화되거나 신앙을 가질 필요가 없어지는 결과를 가져올 수 있는 가능성을 내포하는 것이다. 보쉬는 자유주의 신학과 해방 신학을 비교하면서 "두 신학은 하나님 중심적이기보다는 인간 중심적인 것처럼 보인다. 서구 신학들처럼 해방 신학은 내재주의와 '신앙의 증발'로 비난을 받는다."[391]라고 갈파했는데, 에큐메니칼 종말 이해는 이러한 '내재주의'와 '인간 중심주의'의 오류에 빠지지 않도록 조심해야 할 것이다.

요약 및 전망

하나님의 선교 개념, 막시즘과 해방 신학, 그리고 폭넓어진 생명에 대한 관심 등을 배경으로 하여 나타난 에큐메니칼 종말 이해는 성부 중심의 종말 이해 경향, 실현된 종말 차원을 강조하는 경향, 그리고 포괄적인 종말 이해 경향을 보이면서 전통적인 종말 이해의 한계성을 많이 극복하는 가능성을 보여 주고 있다. 즉, 전통적인 종말 이해가 미래에 많이 치우치면서 이 땅 위의 삶을 소홀히 할 수 있는 가능성이 있는 반면, 에큐메니칼 종말 이해는 종말을 미래에 있을 미지의 사건이 아니라 현재의 삶 속에서 경험하는 사건으로 받아들이며 매 순간을 종말의 사건과 심판의 대상으로 이해함으로써 사회적 삶의 책임성을 강화시키는 데 일정 부분 기여한 바가 있다. 또한 전통적인 종말 이해가 주로 인간에게만 초점을 맞춤으로 말미암아 너무 협소한 종말 이해를 지닌데 반해, 에큐메니칼 종말 이해는 구

---

391) David J. Bosch, *Transforming Mission : Paradigm Shifts in Theology of Mission*, 『변화하고 있는 선교』, 김병길 장훈태 공역(서울: 기독교문서선교회, 1991), 647.

원의 영역을 전 인류 그리고 전 창조 세계로 확장시킴으로써 오늘날 세계적 문제로 자리한 생태계 문제와 세계화 문제 등에 대하여 적극적으로 대응할 수 있는 신학적 기반을 만들고 전 창조 세계를 아우르는 선교를 수행하도록 도전하는 데 기여하였다고 평가된다.

그러나 에큐메니칼 종말 이해는 모든 창조 세계가 구원을 받게 된다는 우주적 차원의 종말 이해의 경향을 나타내면서 개인적 차원의 종말 준비에서 가장 핵심적인 사역인 복음 전도의 필요성을 약화시킬 수 있는 가능성을 지니고 있다. 또한 종말의 현재적 차원을 강조함으로써 초월적인 종말을 이 땅 위에 이루어지는 복지사회 정도로 낮추거나, 하나님이 이루시는 하나님 나라보다는 인간들이 이루어 내는 차원을 강조함으로 말미암아 신앙을 가질 필요가 없어지거나 약화시키는 결과를 가져올 수 있는 가능성을 지니는 것으로 평가된다.

허호익은 몰트만의 종말 이해를 정리하면서 "선취의 종말론은 종말이 역사를 삼켜버린 초월적 종말론도 아니며, 역사가 종말을 삼켜버린 현재적 종말론도 아니다."[392]라고 주장하는데, 에큐메니칼 종말 이해는 혹 후자의 문제점에 빠질 수 있는 가능성이 있지 않은지를 살펴보는 것이 필요할 것이다. 특별히 에큐메니칼 종말 이해가 구령의 열정을 약화시킬 수 있는 가능성이 있음을 심각하게 볼 필요가 있다. 그렇지 않으면 머지않은 장래에 기독교는 미미한 종교로 전락되어, 에큐메니칼 신학이 그렇게도 강조하던 정의, 평화, 창조 질서 보존에 기여하는 것은 고사하고, 자체를 유지할 수 있는 힘마저도 상실될지도 모른다. 우리는 이미 회교사원과 각종 이교도들의 사원으로 팔려 버린 유럽의 교회들에서 이런 모습을 보고 있지 않은가?

---

392) 허호익, 『현대조직신학 이해』, 374.

따라서 바람직한 에큐메니칼 종말 이해의 방향은 그동안 약화되었던 종말의 미래적 차원, 초월적 차원, 개인적 차원의 회복을 이루면서 구령 열정의 약화를 극복할 수 있는 방안을 모색하는 방향으로 나아가야 하지 않을까 생각된다.

1. 한서류

공일주, 『이슬람문명의 이해』, 서울: 예영 커뮤니케이션, 2006.

김균진, 『기독교조직신학 I』, 서울: 연세대학교출판부, 1984.

김균진, 『기독교조직신학 II』, 서울: 연세대학교 출판부, 1986.

김균진, 『기독교조직신학 II』, 서울: 연세대학교 출판부, 1987.

김균진, 『종말론』, 서울: 민음사, 1998.

김균진, 『기독교조직신학 IV』, 서울: 연세대학교 출판부, 1999.

김균진, 『생명의 신학』, 서울: 연세대학교 출판부, 2007.

김명용, "몰트만의 종말론", 한국조직신학회 편, 『몰트만과 그의 신학: 희망과 희망 사이』, 서울: 한들출판사, 2005.

김성건, 『한국사회와 개신교』, 서울: 서원대학교출판부, 2005.

김은수, 『현대 선교의 흐름과 주제』, 서울: 대한기독교서회, 2001.

박정진, "최근의 선교학 동향", 조성노 편, 『최근신학개관』, 서울: 현대 신학연구소, 1993.

안승오, 『현대 선교의 핵심 주제 8가지』, 서울: 기독교문서선교회, 2006.

안승오, 박보경, 『현대 선교학개론』, 서울: 대한기독교서회, 2008.

안승오, 『성장하는 이슬람 약화되는 기독교』, 서울: CLC, 2010.

안승오, 『한 권으로 읽는 세계선교역사 100장면』, 서울: 평단, 2010.

이종성, 『그리스도론』, 서울: 대한기독교출판사, 1984.

이종성, 『조직신학개론』, 서울: 종로서적, 1984.

이형기, 『WCC, Vatican II, WARC 해방 신학 및 민중 신학이 지향하는 교회의 사회 참여』, 서울: 성지출판사, 1990

이형기, 『21세기를 향한 새로운 신학적 패러다임의 모색』, 서울: 장로회신학대학교출판부, 1997.

이형기, "WCC에 나타난 교회와 사회 문제", in WCC, 『WCC 역대 총회종합보고서』, 서울: 한국장로교출판사, 1993.

이형기, 『21세기를 향한 새로운 신학적 패러다임의 모색』, 서울: 장로회신학대학교출판부, 1997.

이형기, 『복음주의와 에큐메니칼운동의 세 흐름에 나타난 신학』, 서울: 한국장로교출판사, 1999.

전호진, 『한국 교회와 선교 I』, 서울: 엠마오, 1985.

한국일, 『세계를 품는 선교』, 서울: 장로회신학대학교출판부, 2004.

허호익, 『현대조직신학의 이해』, 서울: 대한기독교서회, 2003.

황선명, 『종교학개론』, 서울: 종로서적, 1982.

2. 번역서류

그랜즈, 스탠리, 『조직신학』, 신옥수 역, 서울: 크리스천 다이제스트, 2003.

니버, 리차드, 『인간의 본성』, 이상설 역, 서울: 민중서관, 1958.

몰트만, 위르겐, 『인간』, 전경연 역, 서울: 향린사, 1974

몰트만, 위르겐, 『희망의 신학』, 전경연 박봉랑 역, 서울: 현대사상사, 1975.

몰트만, 위르겐, 『오늘 우리에게 그리스도는 누구신가?』, 이신건 역, 서울: 대한기독교서회, 1997.

바빙크, J.H., 『기독교 선교와 세계 문화』, 권순태 역, 서울: 성광문화사, 1987.

버거, 피터 L., 『세속화냐? 탈세속화냐?: 종교의 부흥과 정치』, 김덕영 송재룡 역, 서울: 대한기독교서회, 2002.

보쉬, 데이비드, 『선교 신학』, 전재옥 역, 서울: 두란노서원, 1985.

보쉬, 데이비드, 『변화하고 있는 선교』, 김병길 장훈태 공역, 서울: 기독교문서선교회, 2000.

브라텐, K., 『신의 미래』, 채 위 역, 서울: 대한기독교서회, 1974.

비체돔, 게오르그, 『하나님의 선교』, 박근원 역, 서울: 대한기독교출판사, 1980.

세계교회협의회, 『세계를 위한 교회』, 박근원 역, 서울: 대한기독교출판사, 1979.

세계교회협의회, 『세계교회 협의회 역대총회 종합보고서』, 이형기 역, 서울: 한국장로교출판사, 1993.

세계교회협의회, 『세계교회가 고백해야 할 하나의 신앙고백』, 이형기 역, 서울: 한국장로교출판사, 1996.

소빅, A., 『오늘의 구원』, 박근원 역, 서울: 대한기독교출판사, 1980.

순더마이어, 데오, 『선교 신학의 유형과 과제』, 채수일 엮어 옮김, 서울: 대한기독교서회, 1999.

앤더슨, 제랄드 H., "20세기 프로테스탄트 교회의 선교 신학", 『선교 신학서설』, 제랄드 H. 앤더슨 편, 박근원 역, 서울: 대한기독교서회, 1975.

카핀, B.C., 『풀핏성경주석: 마태복음(상)』, 송종섭 역, 서울: 보문출판사, 1977.

칼빈, 존, 『기독교 강요 (상)』, 원광연 역, 고양: 크리스천 다이제스트, 2003.

케인, 허버트, 『세계 선교의 오늘과 내일』, 신서균 역, 서울: 기독교문서선교회, 1994.

쿨만, 오스카, "신약성서의 종말론과 선교", 『선교 신학서설』, 제랄드 H. 앤더슨 편, 박근원 역, 서울: 대한기독교서회, 1975.

핫지, 찰스, 『고린도전서』, 김영배 역, 서울: 아가페 출판사, 1985.

핸드릭슨, 윌리엄, 『요한복음(상)』, 문창수 역, 서울: 아가페출판사, 1983.

헌팅턴, 사무엘 P., 『문명의 충돌』, 이희재 역, 서울: 김영사, 1997, 82.

헤셀그레이브, D. J. 『현대 선교의 도전과 전망』, 장로회신학대학교 세계선교연구원 역, 서울: 한국장로교출판사, 1991.

호켄다이크 J., 『흩어지는 교회』, 이계준 역, 서울: 대한기독교서회, 1994.

휀함, 고든 J., 『WBC 주석: Genesis 1-15』, 황수철 역, 서울: 임마누엘, 1992.

3. 양서류

Barth, Karl, *Church Dogmatics*, III/2, Edinburgh: T & T Clark, 1960.

Bassham, Rodger C., *Mission Theology: 1948-1975 Years of Worldwide Creative Tension Ecumenical, Evangelical, and Roman Catholic*, Eugene: Wipf and Stock Publishers, 1979.

Bloesch, Donald G., *Essentials of Evangelical Theology*, Vol. I, San Francisco: Harper & Row Publishers, 1978.

Bloesch, Donald G, *Essentials of Evangelical Theology*, Vol. II., New York: Harper and Row Publishers, 1979.

Brunner, E., *Dogmatik I*, Zurich: Theologisher Verlag, 1972.

Commission on World Mission and Evangelism, *Bangkok Assembly 1973*, New York: WCC Publications Service, 1973.

Commission on World Mission and Evangelism, *Your Kingdom Come, Mission Perspective, Report on the World Conference on Mission and Evangelism*, Geneva: CWME, 1980.

Dussel, Enrique, *Ethics and the Theology of Liberation*,

Maryknoll: Oribis Books, 1974.

Ebeling, G., *Dogmatik des christlichen Glaubens I*, Tubin-
gen: Mohr, 1979.

Gill, David, ed., *Gathered for Life, Official Report VI As-
sembly*, WCC, WCC Publications, 1983.

Glasser, Arthur, "Bangkok: An Evangelical Evaluation"
in *The Conciliar-Evangelical Debate: The Crucial
Documents 1964-1976*, ed. by Donald McGavran
(Pasadena, CA: William Carey Library, 1977.

Goodall, Norman, ed., *The Uppsala Report 1968*, Geneva:
WCC, 1968.

Gutierrez, Gustavo, *A Theology of Liberation*, Maryknoll:
Orbis Books, 1973.

Hartenstein, Karl, "Theologische Besinnung," in Walter
Freytag ed., *Mission zwishen Gestern und Morgen*,
Stuttgart: Evang. Missionsverlag, 1952.

Hoekendijk, J.C., *The Church Inside Out*, Philadelphia: The
Westminster Press, 1964.

Hoekstra, Harvey, "Eye Witness Report from Nairobi" in
*The Conciliar-Evangelical Debate: The Crucial
Documents 1964-1976*, ed. by Donald McGavran,
Pasadena, CA: William Carey Library, 1977.

International Missionary Council, *Missions Under the
Cross*, London: Edinburgh House Press, 1953.

International Missionary Council, "Witness of a Revolutionary Church: Whitby, Ontario, Canada, July 5–24, 1947" in *International Missionary Council 1947*, New York: London, 1947.

Lausanne Committee for World Evangelization, "The Lausanne Covenant," no. 5, in James A. Scherer & Stephen B. Bevans, eds., *New Directions in Mission and Evangelization 1*, New York: Orbis Books, 1992.

Marsden, George M., *Fundamentalism and American Culture: The Shaping of Twentieth–Century Evangelism, 1870–1925*, New York/ Oxford: Oxford University Press, 1980.

Matthey, Jacques, "Missiology in the World Council of Churches", in Lalsangkima Pachuau, ed., *Ecumenical Missiology*, Bangalore, India: The United Theological College, 2002.

Moltmann, J., *Das Kommen Gottes*, Muchen: Kaiser, 1995.

Moltmann, J, *The Crucified God*, New York: Harper & Row, 1974.

Neill, Stephen, "Looking toward the Fifth Assembly", in *The Conciliar–Evangelical Debate: The Crucial Documents 1964–1976*, ed. by Donald McGavran(Pasadena, CA: William Carey Library, 1977.

Paton, David M., ed., *Breaking Barriers Nairobi 1975*, Grand Rapids: WCC & Eerdmans, 1976.

Piet, John H., *The Road Ahead: Theology for the Church in Mission*, Grand Rapids, MI: Eerdmans, 1970.

Stott,, John, "Does Section Two Provide Sufficient Emphasis on World Evangelization?" in Donald McGavran, ed., *The Conciliar— Evangelical Debate: The Crucial Documents 1964–1976* (Pasadena: William Carey Library, 1972.

James A. Scherer, *Gospel, Church & Kingdom: Comparative Studies in World Mission Theology*, Minneapolis: Augsburg Publishing House, 1987.

James A. Scherer and Stephen B. Bevans, ed., *New Directions in Mission and Evangelization I: Basic Statements 1974–1991*, New York: Orbis Books, 1991.

WCC, *The Evanston Report, 1954*, NY: Harper & Brothers, 1955.

WCC, *The New Delhi Report*, NY: Association Press, 1961.

WCC, *Drafts for Sections Prepared for the Fourth Assembly of the World Council of Churches*, Uppsala, Sweden: WCC, 1968.

WCC, *Your Kingdom Come*, Geneva, WCC, 1980.

WCC, *Signs of the Spirit: Official Report, Seventh Assembly*, Geneva: WCC Publications, 1991.

WCC, *Mission and Evangelism in Unity Today*, Geneva: WCC, 1998.

WCC, *Together on the Way: Official Report of the Eighth*

Assembly of the World Council of Churches, Geneva: WCC Publications, 1999.

Wilson, Frederick R. ed., *The San Antonio Report: Your Will be Done Mission in Christ's Way*, Geneva WCC, 1990.

Winter, Ralph, ed., *The Evangelical Response to Bangkok*, South Pasadena, CA: William Carey Library, 1973.

4. 논문 및 기타자료

강희창, "에큐메니칼 문서에 나타난 선교 신학의 패러다임 변화에 대한 연구", 미간행 박사학위논문, 서울: 장로회신학대학교 대학원, 2003.

박종천, "WCC와 복음주의 선교학의 역사와 새로운 방향",『한국적 선교학의 모색: 염필형 박사 회갑기념 논문집』, 박종천 외 편, 서울: 성서연구사, 1998.

이종록, "성서적 고찰로 본 생명",『그리스도께서 주신 생명과 평화』, 대한예수교 장로회 총회교육부 편, 서울: 한국장로교출판사, 1996.

조동진, "오늘의 구원: 1973년 WCC 방콕 '오늘의 구원을 위한 세계대회' 리포트",《월간목회》, 2005년 7월호.

채은수, "선교에 있어서 상황화",《신학지남》, 1997년 겨울호.

최성일, "선교의 종말론적 특성에 관한 이해",《신학사상》 123집, 2003년 겨울.

킷텔, 게르하르트 외 편, 『신약성서 신학사전: 킷텔 단권 신약원어 신학사전』, 서울: 요단출판사, 1986.

Hoekendijk, J., "The Church in Missionary Thinking," *International Review of Mission*, July, 1952.

World Council of Churches, "Called to be the One Church", 23. 02. 2006. cited from http://www.oikoumene.org/en/resources/documents/assembly/porto-alegre-2006/1-statements-documents-adopted/christian-unity-and-message-to-the-churches/called-to-be-the-one-church-as-adopted.html

Wieser, Thomas "Report on the Salvation Study," International Review of Mission, 62:246 (1973).